« CONSTRUIRE LES ALTERNATIVES »

Pour un monde multipolaire

Samir Amin

Collection « Construire les alternatives »
Samir Amin, Rémy Herrera, François Houtart

La collection « Construire les alternatives » a pour objet de publier certaines des productions du Forum Mondial des Alternatives (FMA). Ce réseau international d'instituts de recherche du Nord et du Sud – dont notamment le Forum du Tiers Monde (Dakar) et le Centre Tricontinental (Louvain-la-Neuve) – rassemble des chercheurs qui travaillent, dans un esprit militant, à l'élaboration d'alternatives véritables à la globalisation néolibérale. Les ouvrages de cette collection combinent la théorie et la pratique, conçues comme indissociables l'une de l'autre. Ils engagent des débats de fond sur les grandes problématiques du monde moderne, sans négliger leurs fondements théoriques, et en articulant toujours ces réflexions sur des propositions pratiques, susceptibles de mobiliser un large public. L'objectif est de dépasser la simple critique du néolibéralisme, pour contribuer plus directement à la construction d'alternatives concrètes et réalistes au système mondial capitaliste.

Samir Amin est le directeur du Forum du Tiers Monde à Dakar et président du Forum Mondial des Alternatives.
Rémy Herrera est chercheur au CNRS et enseigne à l'université de Paris 1.
François Houtart est président du Centre Tricontinental de Louvain-la-Neuve.

ISBN : 2-84950-063-1

Éditions Syllepse
69 rue des Rigoles, 75020 Paris
edition@syllepse.net
www.syllepse.net
Photo de couverture : Marc Silberstein

Table des matières

À la mémoire de ma petite Anna

Introduction

Le choix du titre de cet ouvrage est par lui-même indicatif de la position politique de son auteur : oui, je souhaite la construction d'un monde multipolaire, ce qui implique évidemment la déroute du projet hégémoniste de Washington, qui s'est défini lui-même par « le contrôle militaire de la planète ». Je prétends donc, sans détour ni réserve, que ce projet est à la fois démesuré et de ce fait nécessairement criminel, qu'il engage le monde dans des guerres sans fin, mettant par là même un terme à tout espoir de progrès démocratique et social, dans les pays du Sud en particulier, mais également – même si cela est à un degré moins sévère en apparence – dans ceux du Nord. J'ai écrit à ce propos, dès 1991, qu'il s'agissait d'un « Empire du chaos ».

Cela dit, l'expression utilisée – monde multipolaire –, appelle des éclaircissements. Comme toutes les expressions largement utilisées par le monde politique, celle-ci reste indéfinie tant qu'on en n'a pas précisé le sens qu'on lui donne. Pour ma part, l'expression implique la reconnaissance que non seulement le système social dans lequel nous sommes est bel et bien « mondial » (« mondialisé », « globalisé » en jargon franglais), mais que toute alternative à la forme qui est la sienne (c'est-à-dire fondée sur les principes du capitalisme libéral, voire de son expression extrême dite « néolibérale ») ne peut être elle-même que tout autant « mondiale ». Autrement dit je suis « altermondialiste » comme on dit et non « antimondialiste » entendu au sens d'adversaire de toute forme de mondialisation, ce qui me paraît non seulement irréaliste, mais encore non souhaitable.

Les divergences portent donc sur ce qu'on entend par « multipolarité ». Pour les uns il ne s'agit que d'assurer à chacun des partenaires de la Triade – en l'occurrence à l'Europe (l'Union européenne et les puissances principales qui la composent) et au Japon – une place égale à celle des États-Unis dans la direction des affaires mondiales. Autrement dit, il s'agit de « rééquilibrer l'atlantisme ». Certains admettront, en sus de ce rééquilibrage, de donner également une place dans le concert à d'autres grands pays – on pense en particulier à la Chine, mais également à la Russie, à l'Inde, au Brésil – et parfois même à certains autres pays du Sud, plus ou moins considérés comme « émergents » ou capables de l'être.

Pour moi, cette « multipolarité » est tout à fait insuffisante et ne permet pas de donner des réponses satisfaisantes aux vrais défis auxquels les peuples sont confrontés et de créer les conditions permettant leur progrès social sans lequel la démocratisation aura beaucoup de difficulté à trouver un ancrage solide. Ma vision de la multipolarité nécessaire implique une révision radicale des « rapports Nord-Sud » dans toutes leurs dimensions. Cette révision doit créer un cadre permettant de réduire la puissance des forces qui agissent dans le système (capitaliste, pour l'appeler par son nom) dans le sens de l'aggravation de la polarisation de la richesse et de la puissance. Dans l'analyse qui est la mienne, cette révision interpelle la tradition « impérialiste » – que le terme plaise ou pas – qui préside aux rapports centres/périphéries dans le système capitaliste réellement existant (qui est tout autre chose que le système imaginaire du marché généralisé des économistes conventionnels), et par là même interpelle le capitalisme dans ce qu'il a de plus fondamental. Néanmoins, je précise d'emblée que mon argumentaire vise à ouvrir sur le sujet un débat politique avec tous ceux qui refusent de s'aligner sur le projet unilatéraliste de l'hégémonisme des États-Unis, par-delà la diversité de leurs analyses de la réalité du système et de ce qui leur paraît possible et souhaitable.

La vision du capitalisme comme constituant un système mondial, c'est-à-dire autre chose et plus que la juxtaposition de sociétés plus ou moins avancées sur la voie de leur transformation capitaliste, n'est pas nouvelle chez moi. Mon premier travail écrit, remontant à 1954-1955, portait pour titre « L'accumulation à l'échelle mondiale ».

Cette vision est demeurée l'axe central de mes analyses et de mes propositions concernant les objectifs des luttes pour « changer le monde ». Ce n'est pas ici le lieu de revenir sur ce que j'ai écrit à ce propos. J'en résumerai donc les conclusions en rappelant que j'ai proposé de distinguer les quatre grandes phases de la mondialisation moderne associée à l'expansion capitaliste : (i) la phase « mercantiliste » (1500-1800) au cours de laquelle le système centres/périphéries est mis en place par l'Europe atlantique, à travers la conquête et le façonnement des Amériques, la traite négrière et l'amorce de l'agression commerciale de l'Asie (et à moindre degré de l'Afrique) ; (ii) la phase « classique » (1800-1950) du système fondé sur le contraste centres industrialisés/périphéries non-industrialisées (associé à la tendance à soumettre les périphéries à des statuts politiques coloniaux et semi-coloniaux) ; (iii) la phase de l'après-guerre (1950-1980) au cours de laquelle les périphéries étaient parvenues à imposer, par les victoires de leurs mouvements de libération nationale (et/ou les révolutions socialistes, que j'ai interprétées comme des libérations nationales radicales), la révision des termes anciens de l'asymétrie dans le système mondial et étaient entrées dans l'ère de l'industrialisation. Ce moment de mondialisation « négociée » a été exceptionnel. Il est intéressant de remarquer que la période a été celle de la croissance la plus forte qu'on ait connue dans l'histoire, à travers le monde entier, et la moins inégale dans la répartition qu'elle produisait ; (iv) la phase nouvelle en cours de construction d'un nouveau système mondial caractérisé par ce que j'ai appelé les « cinq monopoles » – identifiés plus loin – qui donnent aux centres (la Triade) la maîtrise à leur bénéfice de la reproduction du système.

Le système de la mondialisation moderne du capitalisme réellement existant a donc toujours été polarisant par nature (par le fait même du fonctionnement de la « loi de la valeur mondialisée », distincte chez moi de la « loi de la valeur tout court »). Dans mon analyse, polarisation et impérialisme sont donc synonymes. Je ne suis donc pas de ceux qui réservent ce qualificatif d'impérialiste à des comportements politiques – visant à soumettre une nation à une autre –, qu'on retrouverait d'ailleurs dans les âges successifs de l'aventure humaine, associés à des modes de production et d'organisation sociale divers. Je ne suis intéressé dans cette analyse que par l'impérialisme des temps modernes, le produit de la logique immanente de l'expansion capitaliste.

Dans ce sens, l'impérialisme n'est pas un stade du capitalisme, mais le caractère permanent de son expansion globalisée qui, depuis ses origines jusqu'à ce jour, a toujours produit la polarisation de la richesse et de la puissance au bénéfice de ses centres. Les « monopoles » dont bénéficient les centres dans la construction de leurs relations asymétriques avec les périphéries du système définissent chacune des phases successives de l'histoire du système impérialiste mondialisé.

De la révolution industrielle (débuts du 19e siècle) aux décennies de l'après deuxième guerre mondiale, ce monopole était celui de l'industrie, centres et périphéries étant alors synonymes de pays industrialisés ou non-industrialisés. On comprend alors que les mouvements de libération nationale des périphéries aient donné la priorité à l'industrialisation, dans la perspective d'un « rattrapage ». Leur succès a contraint l'impérialisme à s'ajuster à cette exigence. Cela ne signifie nullement que nous sommes effectivement engagés sur la route du « rattrapage » et entrés dans une étape de l'histoire « post-impérialiste ». Car les centres se sont réorganisés autour de nouveaux « monopoles » leur assurant le contrôle des technologies, de l'accès aux ressources naturelles de la planète, des flux financiers internationaux, des communications et de la production des armements de destruction massive, qui doivent nécessairement reproduire et approfondir la polarisation à l'échelle mondiale.

L'impérialisme – de ses origines au 16e siècle jusqu'à la seconde guerre mondiale – se conjuguait au pluriel. Le conflit des impérialismes, permanent, souvent violent, occupait de ce fait une place importante dans le façonnement du monde. La seconde guerre mondiale s'est soldée par une transformation majeure de ce point de vue : la substitution d'un impérialisme collectif de la « Triade » (États-Unis, Europe, Japon) à la multiplicité des impérialismes.

Je suggère ici que la formation du nouvel impérialisme collectif trouve son origine dans la transformation des conditions de la concurrence. Il y a encore quelques décennies les grandes firmes livraient leurs batailles concurrentielles pour l'essentiel sur les marchés nationaux. Les vainqueurs des « matchs » nationaux pouvaient se produire en bonne position sur le marché mondial. Aujourd'hui, la taille du marché nécessaire pour l'emporter au premier cycle de matchs approche des 500-600 millions de « consommateurs potentiels ». La bataille doit donc être livrée d'emblée sur le marché mondial et gagnée sur ce terrain. Et ce sont ceux qui l'emportent sur ce marché qui s'imposent alors et de surcroît sur leurs terrains nationaux respectifs. La mondialisation approfondie devient le cadre premier de l'activité des grandes firmes. Autrement dit, dans le couple national/mondial les termes de la causalité sont inversés : autrefois la puissance nationale commandait la présence mondiale, aujourd'hui c'est l'inverse. De ce fait les firmes transnationales, quelle que soit leur nationalité, ont des intérêts communs dans la gestion du marché mondial. Ces intérêts se superposent aux conflits permanents et mercantiles qui définissent toutes les formes de la concurrence propres au capitalisme, quelles qu'elles soient.

La solidarité des segments dominants du capital transnationalisé de tous les partenaires de la Triade est réelle, et s'exprime par leur ralliement au néolibéralisme globalisé. Les États-Unis sont vus dans cette perspective comme les défenseurs (militaires si nécessaire) de ces « intérêts communs ». Il reste que Washington n'entend pas « partager équitablement » les profits de son leadership. Les États-Unis s'emploient au contraire à vassaliser leurs alliés, et, dans cet esprit, ne sont prêts à consentir à leurs alliés subalternes de la Triade que des concessions mineures. Ce conflit d'intérêts du capital dominant est-il appelé à s'accuser au point d'entraîner une rupture dans l'alliance atlantique ?

La vision de la mondialisation que je défends est donc celle d'une multipolarité réellement complète au sens qu'elle donne leur place à toutes les nations de la planète, concerne 100 % de l'humanité. Elle fait contraste avec la multipolarité tronquée de tous ceux qui, implicitement sinon toujours explicitement, pensent d'abord aux nations de la Triade centrale (15 % de l'humanité), pour ensuite, à la rigueur, faire quelques concessions pour ce qui concerne les « autres » (85 % !). J'ai toujours refusé cette distorsion systématique associée à la vision culturelle occidentalo-centrique dominante.

Parce que « mondialisation » (moderne) et capitalisme sont inséparables, les options faites par les uns et les autres concernant le type de mondialisation « souhaitable » (unipolaire, multipolaire hiérarchisée, multipolaire non-hiérarchisée) sont en relation étroite avec leurs préférences pour ce qui est du modèle de société qu'ils souhaitent promouvoir (le capitalisme libéral, une autre forme de capitalisme « social », un socialisme parmi d'autres).

Toute option en faveur du capitalisme « normal » (c'est-à-dire libéral pour l'essentiel) implique une posture impérialiste dans la conception des rapports Nord-Sud, que commande la logique immanente de l'accumulation du capital. À l'autre extrême de l'éventail, je situerai une vision radicalement anti-impérialiste qui reconnaîtrait la nécessité de corriger l'inégalité gigantesque des conditions de production entre le Nord et le Sud, créée par cinq siècles d'expansion capitaliste. Je dirai que ce correctif implique non seulement, d'évidence, une perspective socialiste (au sens de située au-delà des logiques fondamentales de l'accumulation du capital), mais encore une vision d'un socialisme mondialisé qui n'est pas nécessairement celui des socialismes historiques du passé (communiste et social-démocrate), ni celui de tous les courants de la nouvelle pensée sociale et même socialiste.

Les analyses qui suivront tenteront toujours d'expliciter ces rapports entre les options qui concernent les mondialisations alternatives proposées et celles qui concernent les visions sociales.

Les analyses conduites dans cet ouvrage sont « géopolitiques ». Je précise néanmoins qu'elles ne s'inspirent en aucune manière des méthodes de la géopolitique conventionnelle. Cette science, produite à l'origine par la pensée nationaliste des classes dirigeantes des pays impérialistes, traite des États-nations comme des invariants homogènes ayant des « intérêts » que dictent leur localisation géographique et leurs ambitions économiques, ces dernières étant *de facto* assimilées à celles du capital dominant. D'excellents ouvrages de géopolitique conventionnelle – comme celui de Paul Kennedy – trouvent ici leurs limites.

Par contre, les analyses que je propose partent de la constatation que les sociétés (toutes, celles des centres et celles des périphéries) sont traversées de contradictions sociales et que par conséquent ni les visions sociales, ni celles qui concernent la place du pays en question dans l'ordre international ne sont unifiées aux niveaux prétendus nationaux. Classes dominantes et classes dominées n'ont pas nécessairement la même perception des défis et des réponses à leur donner, tant au plan interne qu'à celui des relations avec l'extérieur, même lorsqu'un semblant de consensus paraît aligner les classes populaires sur leurs gouvernements. Je placerai donc l'accent sur ces contradictions. Leur analyse seule permet de mesurer les « chances » des différents « scénarios » imaginables. Elle permet également de dégager plus clairement les options difficiles mais possibles que je souhaite voir se renforcer. Dans ce sens mes analyses tenteront de tenir compte des points de vue de ce qu'on appelle les « mouvements sociaux » (« altermondialistes » en particulier) et des propositions qu'ils avancent, explicitement ou implicitement.

Sans trop simplifier, je dirai que dans les pays du centre les blocs hégémoniques en place, articulés autour des segments dominants du capital (en particulier de la finance transnationalisée), sont à la fois « libéraux » (au sens économique) et impérialistes dans leur vision des rapports Nord-Sud. Les conflits entre les pouvoirs des États qu'ils gouvernent se situent dans cette marge, qu'ils s'alignent sur les stratégies de l'hégémonisme des États-Unis ou qu'ils tentent d'en limiter les effets ou même de s'en libérer. Mais d'autres blocs hégémoniques sont possibles (en particulier en Europe), dont il faudra alors dégager les conditions d'émergence et la marge des options alternatives qu'ils pourraient faire avancer. Ces blocs alternatifs ne seront pas nécessairement appelés à rompre radicalement avec les exigences du capitalisme, mais peuvent fort bien le contraindre à s'ajuster à des demandes qui ne ressortissent pas de sa logique propre exclusive. De la même manière je dirai que dans les pays de la périphérie les blocs hégémoniques en place dans le moment actuel sont, par-delà leur diversité qu'il faudra analyser concrètement et avec précision, de nature «*compradore*», au sens que les intérêts qu'ils promeuvent se situent dans la logique de l'expansion du capitalisme mondialisé tel qu'il est. Mais ici encore d'autres blocs alternatifs sont possibles, qui, à leur tour, en cas de succès, peuvent contraindre le système mondial à s'ajuster à leurs exigences.

J'ai choisi, pour permettre une lecture fluide de l'ouvrage, de ne signaler dans le texte aucune référence à des lectures complémentaires utiles qu'on trouvera mentionnées dans l'annexe 2.

1
La Triade : unie ou éclatée ?

La phase du déploiement mondial du capitalisme amorcée depuis 1945, entravée jusqu'à l'effondrement des ordres sociaux de l'après-guerre (le *Welfare State*, le soviétisme, les populismes nationaux du Sud), est caractérisée par l'émergence d'un impérialisme collectif. La « Triade » (les États-Unis et leur province extérieure canadienne, l'Europe à l'ouest de la frontière de la Pologne, le Japon – auxquels on ajoutera l'Australie et la Nouvelle-Zélande) définit l'espace de cet impérialisme collectif qui « gère » la mondialisation capitaliste dans sa dimension économique par le moyen des institutions à son service (l'OMC, le FMI, la Banque mondiale et l'OCDE) et dans sa dimension politique et militaire par l'OTAN, dont les responsabilités ont été redéfinies pour lui permettre *de facto* de se substituer à l'ONU.

Mais le moment actuel de cette phase est également caractérisé par l'offensive des États-Unis, qui tentent d'imposer leur « leadership » à la Triade dans les termes que l'administration du président George W. Bush a conçus, fondés sur le « contrôle militaire de la planète ».

La question que pose immédiatement cette conjoncture est de savoir si elle est « tenable » : les partenaires de la Triade sont-ils contraints d'accepter le leadership en question, dans les formes décidées unilatéralement par Washington ou dans des formes atténuées par des « concessions » permettant un partage des responsabilités et des bénéfices moins déséquilibré ? Ou bien on s'oriente vers la remise en cause radicale – fût-elle graduelle – de l'« atlantisme » (et de son complément l'alliance asymétrique États-Unis-Japon) et donc l'éclatement de la Triade ? Dans un cas comme dans l'autre, il faudra préciser ce qu'impliquent ces évolutions différentes pour ce qui concerne les relations Nord-Sud.

Les États-Unis bénéficient, dans le terme immédiat, d'un avantage stratégique évident : leur projet est le seul qui est clairement et ouvertement formulé, il est le seul à occuper la scène par les initiatives prises par Washington. Jusqu'à présent, tous les autres partenaires de la communauté internationale – les alliés de la Triade et les autres – ne font que réagir : s'aligner, « rechigner » ou tenter d'en limiter quelques-unes des conséquences les plus fâcheuses pour chacun d'eux. Mais ils le font tous à la fois sans avoir véritablement d'alternative positive qui guiderait leur stratégie et dans un ordre tout à fait dispersé, chacun privilégiant dans l'immédiat ce qu'il juge constituer la défense de ses intérêts propres, comme on le verra dans l'analyse de leurs politiques respectives proposée dans les chapitres qui suivent.

La réponse à la question posée n'est pas simple. Car le monde contemporain est le théâtre de transformations d'une ampleur gigantesque. L'Europe, devenue la première puissance commerciale, est engagée dans une construction politique commune qui exclura probablement le retour aux guerres intra-européennes dont est tissé son passé. Le Japon est devenu une grande puissance économique et une bonne partie de l'Asie est engagée sur la route d'un développement accéléré. Les États-Unis, de leur côté, ont fait une rentrée fracassante. Simultanément, la disparition du système du socialisme réellement existant laisse penser que le capitalisme constitue le seul avenir possible pour toutes les nations. Dans ces conditions la géométrie des rapprochements possibles entre les divers pôles de puissance et de richesse est devenue extrêmement complexe.

Pour y voir clair, il est bon d'ouvrir le dossier par une analyse du projet de la classe dirigeante des États-Unis, d'en identifier les forces et les faiblesses. On verra ensuite comment l'Europe – ou les Europes – (et accessoirement le Japon) répondent au défi et quelles sont les conditions qui commandent les options différentes que les partenaires de la Triade peuvent faire pour donner à leur réponse l'efficacité nécessaire.

Cette analyse permettra alors de préciser la nature des conflits éventuels au sein de la Triade, d'identifier les terrains sur lesquels ils se déploient. Elle permettra également d'amorcer le débat sur ce qu'impliquent les évolutions différentes possibles des uns et des autres pour ce qui concerne les rapports Nord-Sud.

Le projet de la classe dirigeante des États-Unis : étendre la doctrine Monroe à toute la planète

Ce projet que la classe dirigeante des États-Unis nourrit depuis 1945 vise aujourd'hui cinq objectifs : (i) neutraliser et asservir les autres partenaires de la Triade (l'Europe et le Japon) et minimiser la capacité de ces États d'agir à l'extérieur du giron américain ; (ii) établir le contrôle militaire de l'OTAN et « latino-américaniser » les anciens morceaux du monde soviétique ; (iii) contrôler sans partage le Moyen-Orient et ses ressources pétrolières ; (iv) démanteler la Chine, s'assurer la subordination des autres grands États (Inde, Brésil) et empêcher la constitution de blocs régionaux qui pourraient négocier les termes de la globalisation ; (v) marginaliser les régions du Sud qui ne représentent pas d'intérêt stratégique.

Le projet a toujours donné un rôle décisif à sa dimension militaire. Il a été conçu après Potsdam, fondé sur le monopole nucléaire. Très rapidement les États-Unis ont mis en place une stratégie militaire globale, partagé la planète en régions et affecté la responsabilité du contrôle de chacune d'elles à un *US Military Command*. L'objectif n'était pas seulement « d'encercler l'URSS » (et la Chine), mais tout également de disposer des moyens faisant de Washington le maître en dernier ressort de toutes les régions de la planète. Autrement dit d'étendre à toute la planète la doctrine Monroe, qui effectivement donne aux États-Unis le « droit » exclusif de gérer l'ensemble du Nouveau Monde conformément à ce qu'ils définissent comme leurs « intérêts nationaux ».

L'instrument privilégié de l'offensive hégémoniste en cours est donc militaire. Cette hégémonie, qui garantirait à son tour celle de la Triade sur le système mondial, exigerait donc que leurs alliés acceptent de naviguer dans le sillage américain, comme la Grande-Bretagne, et le Japon en reconnaissent la nécessité sans états d'âme, pas même « culturels ». Mais du coup les discours dont les politiciens européens abreuvent leurs auditoires – concernant la puissance économique de l'Europe – perdent toute portée réelle. En se situant exclusivement sur le terrain des disputes mercantiles, sans projet propre, l'Europe est battue d'avance. On le sait bien à Washington.

Le projet implique que la « souveraineté des intérêts nationaux des États-Unis » soit placée au-dessus de tous les autres principes encadrant les comportements politiques considérés comme des moyens « légitimes » ; il développe une méfiance systématique à l'égard de tout droit supranational.

La classe dirigeante des États-Unis proclame sans retenue aucune qu'elle ne « tolérera » pas la reconstitution d'une puissance économique et militaire quelconque capable de mettre en question son monopole de domination de la planète, et elle s'est donnée, à cette fin, le droit de conduire des « guerres préventives ». Trois adversaires potentiels principaux sont visés ici.

En premier lieu la Russie, dont le démembrement, après celui de l'URSS, constitue désormais un objectif stratégique majeur des États-Unis. La classe dirigeante russe ne paraissait pas l'avoir compris, jusqu'ici. Elle semblait convaincue qu'après avoir « perdu la guerre », elle pourrait « gagner la paix », comme cela l'a été pour l'Allemagne et le Japon. Elle oubliait que Washington avait besoin du redressement de ses deux adversaires de la seconde guerre mondiale, précisément pour faire face au défi soviétique. La conjoncture nouvelle est différente, les États-Unis n'ayant plus de concurrent sérieux. Leur option est alors de détruire définitivement et complètement l'adversaire russe défait. Poutine l'a-t-il compris et amorce-t-il une sortie de la Russie de ses illusions ?

En second lieu la Chine, dont la masse et le succès économique inquiètent les États-Unis qui ont donc pour objectif stratégique le démembrement de ce grand pays.

L'Europe vient en troisième position dans cette vision globale des nouveaux maîtres du monde. Mais ici l'establishment nord-américain ne paraît pas inquiet, tout au moins jusqu'à ce jour. L'atlantisme inconditionnel des uns (la Grande-Bretagne, mais aussi les nouveaux pouvoirs serviles de l'Est), les « sables mouvants du projet européen », les intérêts convergents du capital dominant de l'impérialisme collectif de la Triade, contribuent à l'effacement du projet européen, maintenu dans son statut de « volet européen du projet des États-Unis ». La diplomatie de Washington était parvenue à maintenir l'Allemagne dans son sillage ; la réunification et la conquête de l'Europe de l'Est ont même semblé renforcer cette alliance : l'Allemagne serait encouragée à reprendre sa tradition de « poussée vers l'Est » (le rôle joué par Berlin dans le démembrement de la Yougoslavie par la reconnaissance hâtive de l'indépendance de la Slovénie et de la Croatie en a été une expression) et, pour le reste, invitée à naviguer dans le sillage de Washington. Renversement de la vapeur en cours ? La classe politique allemande paraît hésitante et peut être divisée quant à ses choix de stratégie.

L'alternative à l'alignement atlantiste appelle, en contrepoint, un renforcement d'un axe Paris-Berlin-Moscou qui deviendrait alors le pilier le plus solide d'un système européen indépendant de Washington.

L'opinion courante est que la puissance militaire des États-Unis ne constituerait que le sommet de l'iceberg, prolongeant une supériorité de ce pays dans tous les domaines, notamment économiques, voire politiques et culturels. La soumission à l'hégémonisme auquel il prétend serait donc de ce fait incontournable. Je prétends, en contrepoint, que dans le système de l'impérialisme collectif les États-Unis ne disposent pas d'avantages économiques décisifs. Le système productif des États-Unis est loin d'être « le plus efficient du monde ». Au contraire, presque aucun de ses segments ne serait certain de l'emporter sur ses concurrents sur un marché véritablement ouvert comme l'imaginent les économistes libéraux. En témoigne le déficit commercial des États-Unis qui s'aggrave d'année en année, passé de 100 milliards de dollars en 1989 à 500 en 2002. De surcroît ce déficit concerne pratiquement tous les segments du système productif. La concurrence entre Ariane et les fusées de la Nasa, Airbus et Boeing témoigne de la vulnérabilité de l'avantage américain. Face à l'Europe et au Japon pour les productions de haute technologie, à la Chine, à la Corée et aux autres pays industrialisés d'Asie et d'Amérique latine pour les produits manufacturés banals, à l'Europe et au cône sud d'Amérique latine pour l'agriculture, les États-Unis ne l'emporteraient probablement pas sans le recours à des moyens « extra-économiques » qui violent les principes du libéralisme imposés aux concurrents !

L'économie nord-américaine vit en parasite au détriment de ses partenaires dans le système mondial. Le monde produit, les États-Unis (dont l'épargne nationale est pratiquement nulle) consomment. « L'avantage » des États-Unis est celui d'un prédateur dont le déficit est couvert par l'apport des autres, consenti ou forcé. Les moyens mis en œuvre par Washington pour compenser ses déficiences sont de nature diverse : violations unilatérales répétées des principes du libéralisme, exportations d'armements, recherche de sur-rentes pétrolières (qui supposent la mise en coupe réglée des producteurs, l'un des motifs réels des guerres d'Asie centrale et d'Irak). Il reste que l'essentiel du déficit américain est couvert par les apports en capitaux en provenance de l'Europe et du Japon, de la Chine et du Sud (pays pétroliers riches et classes *compradore* de tous les pays du tiers-monde, plus pauvres inclus), auquel on ajoutera la ponction exercée au titre du service de la dette imposée à la presque totalité des pays de la périphérie du système mondial. La superpuissance américaine vit au jour le jour grâce au flux des capitaux qui alimente le parasitisme de son économie et de sa société. La vulnérabilité des États-Unis constitue, de ce fait, une menace sérieuse pour le projet de Washington.

La stratégie hégémoniste des États-Unis se situe dans le cadre du nouvel impérialisme collectif. L'objectif de cette stratégie est tout simplement d'établir le contrôle militaire des États-Unis sur la planète entière. Ce contrôle est le moyen par lequel Washington pourrait garantir son accès privilégié à toutes les ressources naturelles du globe, contraignant ainsi ses alliés subalternisés, la Russie, la Chine et le tiers-monde dans son ensemble à se soumettre à des statuts de vassaux. Le contrôle militaire de la planète constitue le moyen d'imposer en dernier ressort un « tribut » ponctionné par la violence politique, se substituant au « flux spontané » des capitaux qui compensent le déficit américain, source majeure de la vulnérabilité grandissante de l'hégémonie des États-Unis. L'objectif de cette stratégie n'est ni de « garantir pour tous l'ouverture égale des marchés » (ce discours de propagande est confié aux thuriféraires du néolibéralisme), ni évidemment de faire régner partout la démocratie !

L'Europe en particulier, mais le reste du monde en général, devront choisir entre l'un ou l'autre des deux options stratégiques suivantes : placer le « surplus » de leurs capitaux (« d'épargne ») dont ils disposent pour financer le déficit des États-Unis (de la consommation, des investissements et des dépenses militaires) ; ou conserver et investir chez eux ce surplus et relancer l'économie. Car la transfusion exige la soumission des Européens à des politiques « déflationnistes » (terme impropre du langage de l'économie conventionnelle) – je dirai « *stagnationnistes* » – de manière à dégager un surplus d'épargne exportable. Elle fait dépendre une reprise en Europe – toujours médiocre – de celle – soutenue artificiellement – des États-Unis. En sens inverse, la mobilisation de ce surplus pour des emplois locaux en Europe permettrait de relancer simultanément la consommation (par la reconstruction de la dimension sociale de la gestion économique dévastée par le virus libéral), l'investissement – en particulier dans les technologies nouvelles (et financer leurs recherches) –, voire la dépense militaire (mettant un terme aux « avantages » des États-Unis dans ce domaine). L'option en faveur de cette réponse au défi implique un rééquilibrage des rapports sociaux en faveur des classes travailleuses. Conflits des nations et luttes sociales s'articulent de cette manière. En d'autres termes le contraste États-Unis/Europe n'oppose pas fondamentalement les intérêts des segments dominants du capital des différents partenaires.

L'option néolibérale de l'Europe, renforcée par la gestion de sa monnaie commune (l'euro) prétendue « apolitique », constitue un handicap majeur pour toute stratégie qui viserait à faire sortir le continent de la stagnation. Cette gestion monétaire absurde convient parfaitement à Washington, dont la monnaie (le dollar) est gérée d'une tout autre manière (qui n'a rien à voir avec les dogmes néolibéraux !), parfaitement politique ! Jointe au contrôle éventuel exclusif de Washington sur les ressources pétrolières du globe, cette gestion garantit que ce que j'appelle l'étalon dollar/pétrole (*oil dollar standard*) demeure le seul instrument monétaire international en dernière instance, reléguant l'euro au statut de monnaie régionale subalterne.

Le conflit politique qui pourrait opposer l'Europe (ou tout au moins certains des pays importants du continent) aux États-Unis ne résulte pas de divergences fondamentales à travers lesquelles s'exprimerait le conflit d'intérêts capitalistes dominants. Je le situe ailleurs dans le conflit de ce qu'on peut appeler les « intérêts nationaux » et dans l'héritage de cultures politiques profondément différentes. Je résumerai ma réponse à la question posée (la Triade : unie ou éclatée ?) en une phrase : la tendance économique dominante opère en faveur de l'unité de la Triade, la politique inspire son éclatement, en raison de la diversité des intérêts nationaux et des cultures politiques.

Les sables mouvants du projet européen

Tous les gouvernements des États européens sont jusqu'à présent ralliés aux thèses du libéralisme. Ce ralliement ne signifie donc rien de moins que l'effacement du projet européen, sa double dilution économique (les avantages de l'union économique européenne se dissolvent dans la mondialisation économique) et politique (l'autonomie politique et militaire européenne disparaît). Il n'y a pas, à l'heure actuelle, de projet européen. On lui a substitué un projet nord-atlantique (ou éventuellement de la Triade) sous commandement américain.

Les guerres « made in USA » ont certainement réveillé les opinions publiques – partout en Europe contre la dernière en date, celle d'Irak – et même certains gouvernements, en premier lieu celui de la France, mais aussi ceux de l'Allemagne, de la Russie et au-delà de la Chine. Il reste que ces mêmes gouvernements n'ont pas remis en cause leur fidèle alignement sur les exigences du libéralisme. Cette contradiction majeure devra être surmontée d'une manière ou d'une autre, soit par la soumission aux exigences de Washington, soit par une véritable rupture mettant un terme à l'atlantisme.

La conclusion politique majeure que je tire de cette analyse est que l'Europe ne peut pas sortir de l'atlantisme tant que les alliances politiques qui définissent les blocs au pouvoir resteront centrées sur le capital transnational dominant. C'est seulement si les luttes sociales et politiques parviennent à modifier le contenu de ces blocs et à imposer de nouveaux compromis historiques entre le capital et le travail qu'alors l'Europe pourra prendre quelques distances à l'égard de Washington, permettant le renouveau d'un projet européen éventuel. Dans ces conditions, l'Europe pourrait – devrait même – également s'engager sur le plan international, dans ses relations avec l'Est et le Sud, sur un autre chemin que celui tracé par les exigences exclusives de l'impérialisme collectif, amorçant ainsi sa participation à la longue marche « au-delà du capitalisme ». Autrement dit, l'Europe sera de gauche (le terme de gauche étant pris ici au sérieux) ou ne sera pas.

Le « projet européen » est né comme le volet européen du projet atlantiste des États-Unis, conçu au lendemain de la seconde guerre mondiale, dans l'esprit de la « guerre froide » mise en œuvre par Washington, projet auquel les bourgeoisies européennes – à la fois affaiblies et craintives à l'égard de leurs propres classes ouvrières – ont adhéré pratiquement sans conditions.

Cependant le déploiement lui-même de ce projet – fût-il d'origine douteuse – a progressivement modifié des données importantes du problème et des défis. L'Europe de l'Ouest est parvenue à « rattraper » son retard économique et technologique par rapport aux États-Unis, ou en a les moyens. Par ailleurs « l'ennemi soviétique » n'est plus. D'autre part le déploiement du projet a gommé les adversités principales et violentes qui avaient marqué un siècle et demi d'histoire européenne : les trois pays majeurs du continent – la France, l'Allemagne et la Russie – sont réconciliés. Toutes ces évolutions sont, à mon avis, positives et riches d'un potentiel encore plus positif. Certes ce déploiement s'est inscrit sur des bases économiques inspirées par les principes du libéralisme, mais d'un libéralisme qui a été tempéré jusqu'aux années 1980 par la dimension sociale prise en compte par et à travers le « compromis historique social démocrate » contraignant le capital à s'ajuster à la demande de justice sociale exprimée par les classes travailleuses. Depuis, le déploiement se poursuit dans un cadre social nouveau inspiré par le libéralisme « à l'américaine », antisocial.

Ce dernier virage a plongé les sociétés européennes dans une crise multidimentionnelle. D'abord, il y a la crise économique tout court, inhérente à l'option libérale. Une crise aggravée par l'alignement des pays de l'Europe sur les exigences économiques du leader nord-américain, l'Europe consentant jusqu'ici à financer le déficit de ce dernier, au détriment de ses intérêts propres. Ensuite, il y a une crise sociale qui s'accentue par la montée des résistances et des luttes des classes populaires contre les conséquences fatales de l'option libérale. Enfin, il y a l'amorce d'une crise politique – le refus de s'aligner, sans conditions tout au moins, sur l'option des États-Unis : la guerre sans fin contre le Sud.

Les peuples et les États européens face à ce triple défi

Les européanistes de principe se partagent en trois ensembles passablement différents :

- Ceux qui défendent l'option libérale et acceptent le leadership des États-Unis, à peu près sans conditions.
- Ceux qui défendent l'option libérale mais souhaiteraient une Europe politique indépendante, sortie de l'alignement américain.
- Ceux qui souhaiteraient (et luttent pour) une « Europe sociale » c'est-à-dire un capitalisme tempéré par un nouveau compromis social capital/travail opérant à l'échelle européenne, et simultanément une Europe politique pratiquant « d'autres relations » (sous-entendu amicales, démocratiques et pacifiques) avec le Sud, la Russie et la Chine. L'opinion publique générale dans toute l'Europe a exprimé, au Forum social européen (Florence 2002, Paris 2003 et

Londres 2004) comme à l'occasion de la guerre d'Irak, sa sympathie pour cette position de principe.

Sur quelles forces s'appuie chacune de ces tendances et quelles sont leurs chances respectives ?

Le capital dominant est libéral, par nature. De ce fait il est porté, logique avec lui-même, à soutenir la première des trois options. Tony Blair représente l'expression la plus cohérente de ce que j'ai qualifié « d'impérialisme collectif de la Triade ». La classe politique ralliée derrière la bannière étoilée est disposée, si nécessaire, à « sacrifier le projet européen » – ou tout au moins à dissiper toute illusion à son sujet – en le maintenant dans le carcan de ses origines : être le volet européen du projet atlantiste.

De ce fait, je crois la seconde option difficile à tenir. Elle est cependant celle des gouvernements européens majeurs – la France et l'Allemagne. Exprime-t-elle les ambitions d'un capital suffisamment puissant pour être capable de s'émanciper de la tutelle des États-Unis ? Question à laquelle je n'ai pas de réponse. Possible, mais intuitivement je dirais peu probable. Cette option est néanmoins celle d'alliés face à l'adversaire nord-américain qui constitue l'ennemi principal de toute l'humanité. Je dis bien « d'alliés » parce que je suis persuadé que, s'ils persistent dans leur option, ils seront amenés à sortir de la soumission à la logique du projet unilatéral du capital (le libéralisme) et à chercher des alliances à gauche (les seules qui puissent donner force à leur projet d'indépendance vis-à-vis de Washington). L'alliance entre les ensembles deux et trois n'est pas impossible. Tout comme le fut la grande alliance antinazie.

Si cette alliance prend forme, alors devra-t-elle et pourra-t-elle opérer exclusivement dans le cadre européen, tous les européanistes étant incapables de renoncer à la priorité donnée à ce cadre ? Je ne le crois pas, parce que ce cadre, tel qu'il est et restera, ne favorise systématiquement que l'option du premier groupe proaméricain. Faudra-t-il alors faire éclater l'Europe et renoncer définitivement à son projet ? Je ne le crois pas non plus nécessaire, ni même souhaitable. Une autre stratégie est possible : celle de laisser le projet européen « figé », pour un temps, à son stade actuel de développement, et de développer parallèlement d'autres axes d'alliances.

Je donnerais ici une toute première priorité à la construction d'une alliance politique et stratégique Paris-Berlin-Moscou prolongée jusqu'à Pékin et Delhi si possible. Je dis bien politique ayant l'objectif de redonner au pluralisme international et à l'ONU toutes leurs fonctions. Et stratégique : construire ensemble des forces militaires à la hauteur du défi américain. Ces trois ou quatre puissances en ont toutes les moyens, technologiques et financiers, renforcés par leurs traditions de capacités militaires devant lesquelles les États-Unis font pâle figure. Le défi américain et ses ambitions criminelles l'imposent. Mais ces ambitions sont démesurées. Il faut le prouver. Constituer un front anti-hégémoniste est aujourd'hui, comme hier constituer une alliance antinazie, la toute première priorité.

Il n'y aura aucun progrès possible d'un quelconque projet européen tant que la stratégie des États-Unis n'aura pas été mise en déroute.

Le conflit des cultures politiques

Dois-je reprendre ici ce que j'ai proposé depuis 1990 comme constitutif du terrain véritable de l'affrontement entre « Nord-Américains » et « Européens » ? Mon analyse de « l'Empire du chaos » (le titre que j'ai choisi depuis 1990 pour désigner le domaine de la réflexion) situait le conflit non pas principalement sur le terrain des « intérêts économiques » des partenaires en compétition mais sur celui de la diversité de leurs cultures politiques.

Quand on parle d'« intérêts économiques », il serait utile de distinguer clairement les « intérêts » des segments dominants du capital (les grandes « transnationales » et leur avant-garde financiarisée ancrés dans la mondialisation libérale) de ce qu'on appelle d'un terme vague les « intérêts (économiques) nationaux ». S'il y a impérialisme collectif c'est bien parce que l'ensemble de ces segments dominants du capital partagent des intérêts communs dans la gestion du système mondialisé. Certes, chaque transnationale est en concurrence avec d'autres et certes chaque État (en particulier les États-Unis) s'emploie à soutenir les siennes dans cette compétition. Mais ces conflits, qui opposent souvent des blocs d'intérêts transnationaux à d'autres, définissent des géométries variables d'alliances et de conflits, qui ne se réduisent pas à celles des rapprochements ou distanciations entre les États.

La conception de l'État qui est la mienne refuse de réduire celui-ci à la fonction d'« agent d'exécution du bon vouloir des segments dominants du capital ». Il se peut, dans certaines conjonctures, qu'il en soit ainsi ou presque. C'est le cas dans le moment actuel, du fait des déséquilibres politiques créés par l'effondrement des compromis historiques (capital/travail) de l'après-guerre. Mais cette transformation n'est pas durable. Elle est menacée par la reconstruction de la force politique d'autres intérêts sociaux que ceux que défend le capital dominant. On retrouve alors ce qu'on peut appeler les « intérêts nationaux ». Ceux-ci ne constituent en aucune manière un ensemble cohérent sans faille, bien que les géopoliticiens conventionnels aient souvent tendance à les simplifier de cette manière. Il y a ici les intérêts du capital en général, puisque nous sommes dans des sociétés capitalistes, c'est-à-dire ceux qui s'expriment à travers les stratégies et les revendications de l'ensemble du système productif « national ». La défense de ces intérêts entraîne derrière elle des fractions importantes des classes moyennes et de ce fait pèse dans les balances électorales. Mais il y a aussi les intérêts des classes populaires – des travailleurs. Ceux-ci sont parfois exprimés avec force comme étant distincts de ceux du capital et de ses prétentions à parler seul au nom de la « nation ». Il en est ainsi non seulement lorsque les classes travailleuses – en grande ou en moins grande partie – cherchent à promouvoir une alternative « socialiste » – radicale ou moins –, mais encore même dans les cas où elles y ont renoncé pour se satisfaire d'obtenir la « part du gâteau » à laquelle elles estiment avoir droit. Cette dernière distinction nous permet déjà de faire le contraste entre les États-Unis et l'Europe. Aux États-Unis le syndicalisme, inspiré par la pensée de Samuel Gompers, ne remet pas en question l'option capitaliste, même en perspective lointaine. Les traditions des Européens, pour distinctes soient-elles d'un pays et d'un moment aux autres, sont différentes.

On en vient alors à la question des cultures politiques. Le qualificatif de « politiques » employé ici signale ma position théorique. Je ne parle pas des « cultures » en général, comme le fait le discours culturaliste à la mode des « différences ». J'entends par culture politique le produit complexe à la fois du déploiement historique des luttes sociales internes propres au pays concerné et de l'articulation de ces luttes sur les conflits internationaux, définissant la place de la nation dans l'ordre mondial.

J'ai défini, dans ce cadre conceptuel, « la » (ou « les ») culture(s) politique(s) de l'Europe (ou d'une bonne partie du continent) comme étant le produit historique (i) de la philosophie des Lumières ; (ii) des « révolutions bourgeoises » qui ont inauguré la modernité (en tenant compte des variantes radicales ou non de celles-ci), et singulièrement de la Révolution française (la plus radicale de celles-ci, qui est de ce fait à la fois une révolution bourgeoise et une révolution populaire) ; (iii) de l'essor précoce du mouvement ouvrier qui marque les 19e et 20e siècles (dans toutes ses tendances « réformistes » et « révolutionnaires ») ; (iv) de l'impact de la Révolution russe, et de la cassure qui a opposé de ce fait les communistes aux sociaux-démocrates. Le produit complexe de cet itinéraire a façonné le contraste droite/gauche propre à l'Europe, comme il a façonné des concepts sociétaires fondamentaux, articulant les valeurs conflictuelles de la liberté et de l'égalité et les pratiques de la démocratie laïque et citoyenne.

La culture politique des États-Unis s'est constituée d'une tout autre manière. À l'origine il y a évidemment la création de la Nouvelle-Angleterre par des émigrés religieux. De ce fait, l'analyse des dimensions diverses de la Réforme doit prendre ici une place d'une importance qu'elle n'a pas dans le façonnement de la suite de l'histoire en Europe. J'ai dit à ce propos que la Réforme était l'expression de réactions diverses des classes sociales des pays concernés au défi du capitalisme naissant. Plus précisément il y a eu, parmi ces réactions, celles des victimes des transformations entraînées par l'essor des rapports sociaux nouveaux. Ces victimes – les « pauvres » – ont produit une idéologie religieuse qui rejetait les Lumières. L'idéologie américaine est, de ce fait, dans son noyau premier, non pas une variante des Lumières, mais une protestation contre celles-ci. On comprend alors que la vie sociale et culturelle des États-Unis ait été traversée par des épisodes « sorcières de Salem » qui se répètent inlassablement. Tous les cinquante ans, le pays traverse une « crise morale » de ce type, se réfugie dans un imaginaire de la « défense du bien contre le mal » que l'histoire européenne ignore. Maccarthysme des années 1950 et révolution néo-conservatrice en cours sont les expressions de cette permanence idéologique.

Le second élément particulier à la formation de la culture politique américaine est le produit de la constitution de ses classes travailleuses (ouvriers urbains et conquérants de l'Ouest) à partir de vagues successives de migrations. Celles-ci font avorter à chacune des générations successives la cristallisation d'un mouvement ouvrier à l'instar de ceux qui ont façonné l'Europe. Elles lui substituent la cristallisation de « communautarismes ».

Les autres constituants de la formation de la culture politique des États-Unis – l'esclavage et le legs raciste qu'il implique, le génocide des Indiens et le mépris des autres peuples qu'il exprime – sont aussi d'évidence spécifiques, et n'ont pas leurs pareils en Europe, dont les colonies (esclavagistes ou pas, souvent associées à des massacres) lui étaient extérieures.

La culture politique des États-Unis a finalement produit un système conceptuel fort différent de celui de l'Europe. Elle définit un concept de liberté, en plaçant l'accent sur la liberté d'entreprise, qui lui est particulier. Elle a dévalorisé le concept d'égalité, comparativement à ce qu'il en est en Europe. Par contraste avec l'Europe – qui est allé plus loin dans ce domaine – elle n'a jamais compris la laïcité autrement que comme tolérance de la diversité religieuse.

Cette culture politique des États-Unis est merveilleusement fonctionnelle pour assurer la dominance incontestée du capital, contraint en Europe à être souvent sur ses gardes. Les États-Unis ont inventé, sur ce plan, un système politique parfaitement adéquat à cette domination incontestée et intériorisée : le système présidentiel, le « parti unique » en deux fractions (Démocrates et Républicains), annulant par là même la portée potentiellement dangereuse ailleurs de la pratique de la démocratie électorale.

La culture politique du capitalisme avait défini des droits, et développé un concept de la loi et de la démocratie qui lui est propre. Il est utile, pour en préciser les contours, de soumettre à l'analyse le mode de pensée encore dominant dans la société des États-Unis, parce que cette culture se présente ici dans sa forme la moins « contaminée » par celle de ses victimes et adversaires. À l'origine, les seuls « droits » reconnus sont ceux des individus (même la reconnaissance de la personnalité des « corporations » n'est venue que tardivement), en fait des hommes « blancs » (à l'exclusion des femmes, des esclaves auxquels on peut assimiler les peuples colonisés). De ce fait le « contrat » entre individus prévaut sur la loi réduisant à la marge le rôle législatif de l'État. Un « contrat » banal aux États-Unis peut faire deux cents pages là où ailleurs, en Europe où prévaut la loi, deux pages suffisent. Ces concepts fondamentaux accompagnent une culture politique fondée sur la séparation rigoureuse entre le domaine de la vie économique (gérée par la propriété privée et la liberté des propriétaires, ignorant les dimensions sociales qui lui sont attachées, et par là même dévalorisant la valeur « égalité ») et celui de la vie politique. Celle-ci, étriquée, est alors réduite à la seule pratique de la « démocratie représentative », c'est-à-dire à la formule « pluripartisme et élections ». Elle exclut toute forme de démocratie plus avancée, participative par définition. Le concept de « société civile » dans son acceptation américaine, couronne l'édifice. Celle-ci est alors réduite à une nébuleuse d'organisations non-gouvernementales « apolitiques », supposées être – surtout lorsqu'elles sont fondées sur des bases « communautaires » religieuses, parareligieuses, ethniques ou de voisinage, ce qu'elles sont le plus souvent –, tout comme le secteur privé commercial, « plus proche du public » (conçu lui-même comme constitué de consommateurs plutôt que de citoyens) et de ce fait plus efficaces pour la gestion des biens collectifs (éducation et santé en particulier). Que ces procédures approfondissent les inégalités gêne d'autant moins que l'aspiration à l'égalité n'est pas considérée comme une valeur éthique importante.

Les cultures politiques de la France et de l'Europe continentale, depuis la Révolution française, bien que s'inscrivant dans un cadre parfaitement capitaliste, sont passablement différentes. Ici, dès l'origine, les valeurs liberté et égalité sont placées sur pied d'égalité, ce qui impose une gestion sociale de leur conflit. L'État est alors appelé à réguler le déploiement du capitalisme en fonction des objectifs de celle-ci. Cette approche d'emblée différente ouvre la possibilité – si les luttes sociales l'imposent – de l'amorce d'une démocratie participative qui, par sa nature même, accuse le conflit avec les logiques de l'accumulation du capital, puisque la « majorité » des citoyens peuvent alors s'opposer à la minorité des « propriétaires », seuls reconnus comme citoyens actifs réels par les logiques exclusives du capitalisme. L'approche ouvre alors la voie à la reconnaissance de droits sociaux positifs, ignorés par principe dans le modèle libéral américain. Car ces droits impliquent comme on le sait l'intervention active du législateur et de l'exécutif d'État, par opposition aux seules libertés politiques et civiques qui exigent seulement que l'État s'abstienne d'en entraver l'usage. Le concept de services publics assumant la gestion des services collectifs (éducation, santé) en vue d'assurer l'égalité maximale, prend alors une place majeure dans la gestion sociale. Que cette formule soit en fait plus efficace que celle mise en œuvre par le libéralisme, la preuve en est fournie par la comparaison des dépenses de santé (largement inférieures en proportion du PIB pour l'Europe en comparaison aux États-Unis) et des résultats qui leur sont associés (bien meilleurs en Europe). Dans ces conditions également, un concept de société civile différent est ici possible, qui donne toute leur importance aux organisations populaires de défense des droits sociaux (comme les syndicats) et aux organisations citoyennes politisées. Cette culture politique ouvre la voie au dépassement des limites que la logique de l'expansion capitaliste impose. L'avenir socialiste est déjà là, en puissance potentielle, dans ce présent encore capitaliste.

Le conflit entre la culture du passé et celle de l'avenir est désormais ouvert par l'offensive prise par Washington pour imposer à la planète entière sa vision pourtant étriquée et rétrograde. Objectif d'autant plus arrogant que la *Common Law* anglaise dont est constituée son infrastructure juridique est une forme primitive de la loi, largement dépassée ailleurs, en Europe et dans de nombreux pays du Sud. Il n'empêche que l'objectif est affiché : la loi des États-Unis doit être acceptée comme substitut au droit international. L'ambition de Moscou d'imposer une vision du socialisme réduite à l'imitation du modèle soviétique est ici largement dépassée. Il suffit, pour prendre la mesure des reculs enregistrés dans cette bataille contemporaine, d'examiner les termes du langage de la politique et des médias dominants contemporains. Termes disparus : État, politique, pouvoir, classes et luttes de classes, changement social, alternatives et révolutions, idéologies. À leur place les termes insipides de gouvernance, communautés, partenaires sociaux, pauvreté, consensus, alternance.

Le contraste entre les cultures politiques des États-Unis et de l'Europe résistera-t-il à l'américanisation du vieux continent ? Le projet de Constitution de l'Union européenne est de ce point de vue, fort inquiétant. Il gravait dans le marbre le libéralisme économique et les fonctions de l'OTAN consacrant l'atlantisme et, de surcroît, confirmait par son article 51, le rôle des Églises dans la vie sociale. Il sonnait le glas de la laïcité, appellait à l'alignement sur la religiosité à l'américaine, à la banalisation des sectes et des intégrismes, à la cristallisation des communautarismes. Cette avancée fantastique de l'obscurantisme marquait le succès de l'Opus Dei, dont l'idéologie réactionnaire a inspiré les rédacteurs du projet, Giscard d'Estaing en particulier, et dont les ambitions sont de gommer de la mémoire européenne les Lumières, la Révolution française et le socialisme. Il ne resterait plus, motivant des conflits éventuels entre les partenaires de la Triade, que les divergences d'intérêts nationaux, sans fondements dans la diversité des cultures politiques.

Le conflit « civilisationnel » qui oppose les États-Unis et l'Europe se situe, à mon sens, sur ce terrain. Ce conflit est, en Europe (et dans de bonnes parties du reste du monde), le conflit entre le capitalisme et le socialisme. Il n'existe pas aux États-Unis.

Et le Japon ?

On se souvient des développements enthousiastes qui, il y a une vingtaine d'années, faisaient du Japon l'*hégémon* montant appelé à succéder aux États-Unis. Le Japon inventeur des formes nouvelles du travail (le « toyotisme »), le Japon à la pointe de la recherche-développement, le Japon qui, grâce à son excédent d'épargne, rachetait l'industrie américaine ! Ces développements ne m'avaient jamais impressionné tant ils me paraissaient ignorer les faiblesses structurelles de l'Empire du Soleil levant.

D'abord sa position géographique qui en faisait un prisonnier de Washington. Face à l'URSS, puissance militaire alors encore décisive – un adversaire potentiel il est vrai disparu depuis. Face à la Chine dont je n'ai jamais imaginé un instant qu'elle accepte de se situer dans le sillon de Tokyo, ce à quoi même la Corée ne consentirait pas !

Ensuite parce que le succès même de la croissance de l'industrie et des exportations du Japon, à l'époque impressionnantes par comparaison avec l'Europe et les États-Unis, ne garantissait en aucune manière son accès à une position hégémonique.

L'excédent de sa balance extérieure, placé aux États-Unis, ne m'est jamais apparu comme un signe de puissance, mais au contraire de faiblesse. Cet excédent était en fait le résultat des politiques économiques imposées par les États-Unis au Japon, contraignant l'allié subalterne à financer de cette manière son « concurrent » (et maître) et à pallier ses insuffisances. Tout comme l'excédent de l'Europe aujourd'hui est le produit des politiques déflationnistes mises en œuvre sur ce continent, lesquelles précisément servent à la perfection les intérêts nord-américains, auxquels elles permettent la poursuite d'une politique expansionniste sans avoir les moyens de la financer. Excédents du Japon et de l'Europe, déficits des

États-Unis constituent l'endroit et l'envers de la même médaille sur laquelle est gravé : leadership des États-Unis/ajustement dépendant des partenaires.

Enfin parce que la culture politique du Japon ne préparait pas son peuple à assumer les tâches qui incombent à un *hégémon* mondial. Non parce que cette culture serait peu familière avec les exigences de la démocratie, au-delà de la pratique formelle d'élections en faveur d'un parti conservateur pratiquement unique. Car ces limites et ce caractère particulier de la gestion politique des affaires étaient précisément largement le produit de la soumission au maître américain. Mais parce que la culture politique façonnée par l'histoire du Japon depuis Meiji à ce jour ne prépare pas ses classes populaires à remettre en question l'ordre social sur lequel repose la stabilité de son système. Faisant contraste avec la Chine moderne, produite par une révolution radicale, le Japon n'exerce aucune attraction digne de ce nom sur les peuples d'Asie.

Le modèle japonais était appelé à entrer dans une crise profonde dès lors que la conjoncture mondiale, qu'il ne maîtrisait pas mais dans laquelle il se contentait de s'inscrire, s'est retournée. On sait que la stagnation opiniâtre qui frappe depuis plus de dix ans l'économie du Japon n'entraîne presque aucune réaction, ni de la classe dirigeante, ni du peuple, permettant d'entrevoir la sortie du tunnel. La responsabilité de l'avenir est entièrement confiée au « monde », et en premier lieu au leader américain.

Dans ces conditions je n'imagine, pour l'avenir visible, aucun rôle actif du Japon dans la reconstruction du système mondial. Le Japon restera probablement dans le sillage du projet militariste de Washington. Sauf si – et lorsque – ses classes populaires entreront à leur tour, par l'aiguisement de leurs luttes, dans une remise en cause de son système. Entretemps, les profits que le capital japonais pourrait tirer de cet alignement demeureront modestes et limités par les concessions éventuelles que Washington pourrait faire à Tokyo dans l'exploitation des ressources naturelles et de la main-d'œuvre à bon marché d'Asie du Sud-Est.

2
L'émergence de la Chine : remise en question de l'ordre impérialiste ?

À l'origine de l'émergence de la Chine : la révolution ou l'ouverture ?

Les discours dominants prétendent que l'héritage du sous-développement produit par l'impérialisme est en voie d'être dépassé par l'Asie qui « rattrape son retard » en s'affirmant au sein du système capitaliste, et non pas en rompant avec celui-ci ; et les apparences confortent bien cette vision de l'avenir. En effet au cours du dernier quart de siècle cette Asie a enregistré des taux de croissance économique remarquables, au moment même où tout le reste du monde s'enfonçait dans la stagnation. Une projection linéaire permettrait de conclure qu'on se dirige vers un renouveau du système capitaliste mondialisé mieux « équilibré » en faveur de l'Asie. Un capitalisme qui perdrait de ce fait son caractère impérialiste du moins en ce qui concerne l'Asie de l'Est et du Sud, sinon le reste du tiers-monde. Ajoutons également que, de surcroît, la région dispose désormais de capacités militaires importantes en voie de modernisation et que la Chine et l'Inde sont des puissances nucléaires.

L'avenir « certain » que cette évolution traduirait est celui d'un monde multipolaire, organisé autour au moins de quatre pôles de puissance (économique et militaire) équivalente, au moins potentiellement : les États-Unis, l'Europe, le Japon, la Chine. Et peut-être même autour de six pôles si l'on ajoute aux précédents la Russie et l'Inde. L'ensemble de ces pôles et des pays et régions qui leur sont directement associés (le

Canada, l'Europe de l'Est, l'Asie du Sud-Est, la Corée) rassemble la grande majorité des peuples de la planète. Ce système multipolaire se distinguerait de ce fait des formes successives du déploiement de l'impérialisme multipolaire (jusqu'en 1945) puis monopolaire (avec la constitution de l'impérialisme collectif de la Triade) qui ne rassemblaient qu'une minorité des peuples du monde.

L'analyse sur laquelle repose ce raisonnement me paraît courte. En premier lieu parce que cette prévision ne tient pas compte des politiques que Washington entend déployer pour mettre en échec le projet chinois. Et comme de surcroît l'Europe n'est pas encore parvenue à imaginer qu'elle puisse rompre avec l'atlantisme qui la situe dans le sillage des États-Unis, et que pour des raisons analogues et/ou particulières le Japon demeure déférent à l'égard de son protecteur d'outre-pacifique, les jours de l'impérialisme collectif de la Triade sont encore loin d'être comptés. En second lieu, la mesure du « succès » par les seuls taux de croissance de l'économie demeure trompeuse et la validité de sa projection au-delà de quelques années douteuse. La poursuite éventuelle de la croissance en Asie dépend de nombreux facteurs internes et externes qui s'articulent de manières diverses selon, d'une part les modèles stratégiques de modernisation sociale choisis par les classes dominantes locales et, d'autre part, les réactions de l'extérieur (c'est-à-dire des puissances impérialistes qui constituent la Triade). Une croissance soutenue, de longue haleine, capable d'améliorer d'une manière sensible – et ressentie comme telle – les niveaux de vie encore très bas des peuples asiatiques, garante par là même du maintien de la solidarité nationale (héritage positif de la révolution en Chine et au Vietnam) ou capable de la construire ailleurs (en Inde et en Asie du Sud-Est), exige une cohérence planifiée des choix économiques et des moyens politiques. Celle-ci ne peut pas être le produit spontané des modèles mis en œuvre dans le moment actuel, largement influencés par la dogmatique du capitalisme, de surcroît libéral. Ajoutons que la croissance envisagée exigerait un accroissement considérable de la consommation d'énergie (et de pétrole en particulier). Au-delà de ce que représenterait une évolution de ce genre du point de vue de l'équilibre écologique de la planète, le conflit avec les pays de la Triade impérialiste bénéficiaires exclusifs jusqu'ici de l'ensemble des ressources de la planète est de ce fait appelé à s'aiguiser.

Le discours dominant attribue le succès de la Chine post-maoïste aux seules vertus du marché et de l'ouverture extérieure. Ce discours simplifie outrageusement l'analyse de la réalité de la Chine maoïste comme il ignore les problèmes posés par l'option capitaliste. Durant les trois décennies du maoïsme (1950-1980), la Chine avait déjà enregistré une croissance exceptionnelle à des taux doubles de ceux de l'Inde ou d'une quelconque grande région du tiers-monde. Cela étant, les performances des deux dernières décennies du siècle apparaissent encore plus extraordinaires. Aucune grande région du monde n'a jamais fait mieux dans l'histoire. Ce qu'il faut néanmoins rappeler avec force ici, c'est que ces réalisations sans pareilles n'auraient pas été possibles en l'absence des bases économiques, politiques et sociales construites au cours de la période précédente. L'accélération du développement a été accompagnée par un bond en avant des taux de croissance de la consommation. Autrement dit, tandis que dans la période maoïste la priorité était donnée à la construction d'une base solide à long terme, la nouvelle politique économique a mis l'accent sur l'amélioration immédiate de la consommation rendue possible par l'effort précédent. Que la distorsion en faveur de la construction des bases à long terme ait caractérisé les décennies maoïstes n'est pas une hypothèse absurde. Mais, en sens inverse, l'accent placé sur les industries légères et les services à partir de 1980 ne peut durer indéfiniment, car la Chine en est encore à un stade qui exige l'expansion de ses industries de base.

La question de l'ouverture, c'est-à-dire de la participation à la division internationale du travail et à tous les autres aspects de la mondialisation économique (le recours au capital étranger, l'importation de technologies, l'adhésion aux institutions de la gestion de l'économie mondiale), voire idéologiques et culturels, ne peut être réglée dans les termes polémiques extrêmes – ouverture ou fermeture ! – dans lesquels les défenseurs dogmatiques du néolibéralisme triomphant tentent d'enfermer le débat.

Il faut savoir gérer l'ouverture pour être capable d'en tirer profit. Car pour accélérer le développement qui implique une certaine dose de rattrapage, il faut emprunter des technologies plus avancées donc des équipements (qu'on peut importer) ; et il faut les payer par des exportations. Ce qu'on peut offrir sur le marché mondial, c'est évidemment, à ce stade, des produits qui bénéficient de « l'avantage comparatif » de leur forte intensité en travail. Mais il faut savoir alors que dans ce commerce inégal on est exploité et qu'on accepte cette situation – provisoirement – faute d'alternative. Le danger apparaît lorsque le succès de cette option inspire un renversement de l'ordre des enchaînements qui commandent la logique de la stratégie d'un développement digne de ce nom. Celle-ci implique la soumission des objectifs quantitatifs du commerce extérieur aux exigences du déploiement du projet de développement qui assure le renforcement de la solidarité sociale à l'intérieur et partant la capacité de s'imposer à l'extérieur avec le maximum d'autonomie. La dogmatique libérale propose exactement le contraire, c'est-à-dire l'inscription maximale dans la division internationale du travail fondée sur la priorité donnée à l'expansion des activités pour lesquelles le pays « bénéficie » de l'avantage comparatif de sa main-d'œuvre abondante. Si la Chine devait s'arrêter à l'option qui est celle du pouvoir en place, ses taux de croissance s'affaibliront pour rejoindre ceux de l'Inde, situés à hauteur de moitié. La première option est celle que j'ai qualifiée de « déconnexion », qui veut dire refus de la soumission à la logique dominante du système capitaliste mondial et non pas autarcie ; la seconde est celle de l'ajustement toujours passif en réalité (même lorsqu'on le qualifie d'« insertion active ») aux exigences de l'intégration au système mondial.

La question centrale est alors la suivante : la Chine évolue-t-elle vers une forme stabilisée de capitalisme ? Ou demeure-t-elle dans la perspective possible d'une transition au socialisme ? Quelles sont les contradictions et les luttes qui ont pour théâtre la Chine contemporaine ? Quelles sont les forces et les faiblesses de la voie adoptée (au demeurant largement capitaliste) ? Quels sont les atouts des forces anticapitalistes (socialistes au moins potentiellement) ? À quelles conditions la voie capitaliste peut-elle triompher, et quelle forme de capitalisme plus ou moins stabilisé pourrait-elle produire ? À quelles conditions le moment actuel pourrait s'infléchir dans des directions qui en feraient une étape (longue) dans la transition (encore plus longue) vers le socialisme ?

La question est alors de savoir si – par les choix qu'elle a faits – la classe dominante peut parvenir à ses fins et quelles pourraient être alors les caractères (spécifiques ou non) du capitalisme chinois en construction et en particulier son degré éventuel de stabilité. Quelles sont les possibilités offertes à la voie capitaliste dans la Chine d'aujourd'hui ?

Dans la perspective du déploiement de l'impérialisme de la Triade, les formes nouvelles en construction du contraste centre/périphéries, fondées sur les nouveaux monopoles signalés plus haut, sont appelées à approfondir la polarisation à l'échelle mondiale, non à l'atténuer.

En contrepoint de ce modèle correspondant à une nouvelle étape du déploiement du capitalisme dans un cadre toujours impérialiste, la route en direction de l'alternative socialiste sera plus longue et différente de celles imaginées par les 2e et 3e Internationales. Et dans cette perspective un « socialisme de marché » pourrait en constituer une première phase. Mais il y a des conditions pour qu'il en soit ainsi. Je situe la question agraire au cœur de ce défi auquel la Chine contemporaine est confrontée.

Le socialisme de marché : étape dans la transition socialiste ou raccourci vers le capitalisme ?

La question fondamentale que je me pose est la même depuis 1980, c'est-à-dire depuis que la Chine a amorcé, avec Deng Xiaoping, son option en faveur d'une forme d'« économie de marché » qui l'a conduite là où elle est aujourd'hui. Une dizaine d'années avant même que ne disparaisse l'URSS, je posais cette question, à partir de la critique du « modèle soviétique » dit du « socialisme réellement existant ». Cette question reste ouverte, et certainement le restera longtemps. Mais elle doit être – ou devrait être – au cœur même des préoccupations de tous ceux qui, n'étant pas convaincus des vertus du capitalisme, assimilé alors à la raison humaine transhistorique, et partant, constituant de ce fait la « fin de l'histoire », demeurent soucieux de penser au-delà de ce système, aux exigences et aux possibilités d'une construction sociale nouvelle, supérieure, socialiste.

L'histoire est souvent plus longue qu'on ne le pense, ou le souhaite. La première vague d'expériences qui se sont voulues socialistes, du moins à l'origine, et qui ont occupé la majeure partie du siècle dernier, ont graduellement épuisé leur potentiel, se sont érodées, effondrées parfois, ou ont amorcé leur remise en question. Une seconde vague viendra certainement, qui ne peut être un remake de la précédente ; non seulement parce qu'il faut bien tirer quelques leçons des échecs, mais encore parce qu'entre-temps le monde (capitaliste) a changé. Après tout, en y regardant de près, la première vague de transformations capitalistes, qui avait eu pour théâtre les villes italiennes de la Renaissance, a bel et bien avorté ; mais elle a été suivie par une seconde vague, localisée dans le quart nord-ouest-atlantique de l'Europe, qui, elle, a donné le capitalisme historique dans les formes essentielles qui sont les siennes jusqu'à ce jour.

Le débat sur la question de l'avenir du socialisme reste donc vivant et central. Ce débat, bien évidemment, peut et doit être abordé sous les angles multiples que la diversité même de la réalité sociale, toujours complexe, offre à l'analyse et à l'action transformatrice. Je n'aborderai cette question centrale qu'à partir des réflexions que l'évolution de la Chine peut inspirer. En sachant bien que la même question est posée ailleurs, sous des angles différents et à partir de réflexions inspirées par d'autres expériences, qu'il s'agisse de celles du Vietnam et de Cuba, ou de celles du monde ex-soviétique, ou de celles de la social-démocratie des pays capitalistes développés, ou encore de celles des populismes nationaux radicaux du tiers-monde.

Ma question centrale est la suivante : la Chine évolue-t-elle vers une forme stabilisée de capitalisme ? Ou demeure-t-elle dans la perspective possible d'une transition au socialisme ? Je ne pose pas cette question en termes de « prévisions » du plus probable. Je la pose dans de tout autres termes : quelles sont les contradictions et les luttes qui ont pour théâtre la Chine contemporaine ? Quelles sont les forces et les faiblesses de la voie adoptée (au demeurant largement capitaliste) ? Quels sont les atouts des forces anticapitalistes (socialistes au moins potentiellement) ? À quelles conditions la voie capitaliste peut-elle triompher, et quelle forme de capitalisme plus ou moins stabilisé pourrait-elle produire ? À quelles conditions le moment actuel pourrait s'infléchir dans des directions qui en feraient une étape (longue) dans la transition (encore plus longue) vers le socialisme ?

Un esprit militant, qui se définit par la volonté de mettre sa capacité d'analyse au service de l'action transformatrice, ne peut éviter de faire des prévisions, ne serait-ce que parce qu'il lui faut supputer les conséquences de la ligne qu'il critique et de celle qu'il défend. Mais il ne peut pas davantage se contenter de « prévoir l'avenir », comme un observateur détaché peut croire le pouvoir. Sa préoccupation majeure demeurant celle de savoir comment infléchir le cours de l'histoire, il lui faut pour cela aller bien au-delà de la seule lecture du cours des évolutions.

L'option capitaliste de la classe dirigeante chinoise

La classe dirigeante chinoise a choisi la voie capitaliste, sinon depuis Deng, au moins après lui. Mais elle ne le reconnaît pas. La raison en est qu'elle tient toute sa légitimité de la révolution qu'elle ne saurait répudier sans se suicider. La révolution chinoise est, comme l'a été la Révolution française, l'événement majeur, la coupure décisive dans l'histoire des deux peuples concernés. Les deux peuples tiennent leur entrée massive et consciente sur la scène de leur histoire à ces révolutions, si imparfaites, voire décevantes à certains égards eussent-elles été. Elles sont « sacrées », quand bien même des intellectuels réactionnaires, dans les deux cas, s'emploient-ils à vouloir les dénigrer, voire en nier la portée.

Mais on doit juger les êtres humains – et les forces politiques qu'ils représentent – par ce qu'ils font et non par ce qu'ils disent. Cela étant, la question qu'il faut alors se poser concerne l'avenir de cette option fondamentale de fait. Le projet réel de la classe dirigeante chinoise est de nature capitaliste, et le « socialisme de marché » devient un raccourci permettant de mettre en place progressivement les structures et les institutions fondamentales du capitalisme, en réduisant au maximum les frottements et les peines de la transition au capitalisme. La méthode se situe aux antipodes de celle adoptée par la classe dirigeante russe qui a accepté de renier à la fois la révolution et l'évolution ultérieure qui lui a permis de se constituer en classe nouvelle, candidate à devenir bourgeoise. La méthode russe s'est, de ce fait, inscrite dans la logique de la « thérapie de choc ». Je ne sais pas si l'histoire lui permettra de s'en sortir par ce moyen et de mettre en place une forme stabilisée de capitalisme assurant la pérennité (pour un temps) de son pouvoir de classe. Je reviendrai sur cette question dans le chapitre consacré à la Russie.

La classe dirigeante chinoise a fait une option fort différente. Je crois qu'une fraction importante de cette classe sait que la ligne qu'elle s'efforce de faire progresser conduit au capitalisme, et le souhaite, même si peut-être une fraction (sans doute minoritaire) reste prisonnière de la rhétorique du « socialisme à la chinoise ». La classe dominante chinoise sait aussi – probablement – que son peuple est attaché aux « valeurs du socialisme » (l'égalité en premier lieu) et aux avancées réelles qui leur ont été associées (le droit d'accès égal à la terre de tous les paysans en premier lieu). Elle sait donc qu'il lui faut avancer vers le capitalisme avec beaucoup de prudence et de lenteur calculée.

La question est alors de savoir si elle peut parvenir à ses fins et quelles pourraient être alors les caractères (spécifiques ou non) du capitalisme chinois en construction, et en particulier son degré éventuel de stabilité. Donner à cette question une réponse négative en disant que « le peuple chinois ne le permettra pas » est loin d'être satisfaisant, même si – en gros – cela n'est pas absolument impossible, si on le souhaite et même qu'on agisse pour qu'il en soit ainsi. Pour avancer dans l'argumentation sur la question, il faut approfondir l'analyse des contradictions de la ligne capitaliste, de ses forces et de ses faiblesses, de ce qu'elle peut offrir en termes de croissance, développement, amélioration des conditions sociales et des niveaux de vie, et de ce qu'elle ne peut pas offrir. Là encore se contenter de dire que la voie capitaliste est fondée sur l'exploitation du travail, pour la condamner, ne nous avance pas beaucoup. C'est vrai. Mais n'empêche guère le capitalisme d'exister et d'être légitime aux yeux mêmes de beaucoup de ceux qu'il exploite. La voie capitaliste tient sa force, et partant une bonne part de sa légitimité, de la stabilité de sa construction, de sa capacité à réaliser une croissance économique dont les bénéfices matériels sont largement distribués – même si inégalement.

La structure, nature, forme de la construction capitaliste, son degré de stabilité, sont les produits des « compromis historiques », des alliances sociales définissant les blocs hégémoniques qui se succèdent au fur et à mesure de la construction du système. La spécificité de chacune des voies historiques (l'anglaise, la française, l'allemande, l'américaine…) définies par ces successions a produit à son tour les particularités éventuelles des formes contemporaines propres à chacune des sociétés capitalistes en question. C'est parce que ces cheminements – différents – ont été conduits avec succès que le capitalisme dans les pays du centre du système mondial est « stabilisé » (ce qui n'est pas synonyme « d'éternel » !).

Quelles sont les possibilités offertes à la voie capitaliste dans la Chine d'aujourd'hui ? Des alliances entre les pouvoirs de l'État, la nouvelle classe de « grands capitalistes privés » (jusqu'à ce jour constituée principalement des Chinois de l'extérieur, mais sans qu'on puisse exclure l'émergence d'une classe analogue de Chinois de l'intérieur), les paysans des zones enrichies par les débouchés que leur offrent les marchés urbains, les classes moyennes en plein essor, ne sont pas difficiles à imaginer, elles sont déjà en place. Mais il reste que ce bloc hégémonique – potentiel encore plus que réel – exclut la grande majorité des ouvriers et des paysans. Toute analogie avec les alliances historiques construites par certaines bourgeoisies européennes avec la paysannerie (contre la classe ouvrière), puis, par la suite le compromis historique capital-travail de la social-démocratie, demeure donc artificiel et fragile.

Cette faiblesse d'un bloc hégémonique procapitaliste en Chine est à l'origine du problème difficile de la gestion politique du système. Je laisse aux idéologues propagandistes américains vulgaires le soin de placer un signe d'égalité entre marché et démocratie. Le capitalisme fonctionne, dans certaines conditions, en parallèle avec une pratique politique d'une forme démocratique donnée, pour autant qu'il parvienne à en contrôler l'usage et à en éviter les « dérives » (anticapitalistes) que la démocratie comporte fatalement. Lorsqu'il en est incapable, le capitalisme se passe tout simplement de démocratie et ne s'en porte pas plus mal.

La question démocratique en Chine se pose dans des termes plus complexes, du fait de l'héritage de la 3e Internationale (du marxisme-léninisme et maoïsme) et de ses concepts singuliers concernant la « dictature du prolétariat » et la prétendue « démocratie socialiste ». Ce n'est pas mon sujet ici (j'en ai traité ailleurs). Mais il est évident que le maintien de ces formes politiques est difficilement compatible avec une option capitaliste qui apparaîtra de plus en plus telle. Comment le Parti-État pourra-t-il maintenir son nom (Parti communiste !) et sa référence, de pure rhétorique fût-elle, à Marx et à Mao ! Leur abandon au profit de l'adoption des formes de la « démocratie occidentale » (pluripartisme électoral pour l'essentiel) pourra-t-il fonctionner dans les conditions du pays ? J'en doute, non pour des raisons paraculturelles prétendues historiques (du style « la démocratie est un concept étranger à la culture chinoise »), mais parce que les luttes sociales dans lesquelles risque de se mobiliser la majorité des classes populaires en rendraient la pratique intenable. La Chine doit inventer une autre forme de démocratie, associée au socialisme de marché conçu comme phase dans la longue transition socialiste. À défaut, je ne vois guère que la succession d'autocraties sans légitimité et d'intermèdes de « petite démocratie » instable, qui est le lot courant du tiers-monde capitaliste.

Les possibilités économiques de la voie capitaliste en Chine et l'éventail des formes de sa gestion politique qui leur sont associées, dépendent aussi – en partie tout au moins – des conditions de l'insertion de ce capitalisme dans le système capitaliste mondial d'aujourd'hui et de demain. Il ne s'agit pas seulement ici des aspects économiques de cette insertion. Les dimensions géopolitiques du problème ne sont pas moins importantes. Et comme on le sait, sur ce plan, les États-Unis ont proclamé par les voix de Bush père, Clinton et Bush fils qu'ils ne toléreront pas l'émergence d'une nouvelle puissance chinoise, fût-elle capitaliste.

La rhétorique concernant la diversité des capitalismes fleurit partout dans le monde contemporain, souvent associée à une évocation incantatoire de spécificités peu ou mal définies, exploitées avec le plus grand opportunisme politique par les uns et les autres. La Chine ne fait pas exception et la « voie chinoise » – capitaliste sans le dire chez les uns, affirmée socialiste par les autres – est rarement exprimée en termes suffisamment précis pour échapper à ces instrumentalisations opportunistes.

La variété est dans la nature et le constat de la diversité des sociétés capitalistes une platitude. Oui le capitalisme « rhénan » (pour ne pas dire les capitalismes français et allemand, passablement différents ! Réconciliation franco-allemande oblige !) est différent de l'« anglosaxon » (mais ici aussi le capitalisme états-unien est passablement différent du britannique…). Pourquoi donc ? J'ai proposé, sur cette question, le transfert du débat du plan descriptif de l'actualité à celui de l'analyse historique des cultures politiques produites par les luttes sociales qui ont accompagné la formation de la modernité. Sans revenir sur les arguments que j'ai déployés à cette occasion, j'en résumerai la portée en accusant le contraste entre l'idéologie nord-américaine et celle de l'Europe. La première ne reconnaît que deux valeurs fondamentales : la propriété privée et la liberté (entendue alors comme celle de faire un usage de la propriété libéré de toute contrainte). La seconde reconnaît une valeur d'égalité dont le conflit avec celle de liberté doit être géré, par la reconnaissance de contraintes imposées à la propriété (à laquelle la Révolution française substitue alors la fraternité). J'ai même placé ce contraste au cœur de la contradiction Europe - États-Unis, que je ne situe pas au plan du conflit des intérêts du capital dominant, l'impérialisme collectif de la Triade (États-Unis, Europe, Japon) ayant pris la relève de l'impérialisme de l'histoire antérieure.

Aussi important, sinon davantage, le contraste qui oppose l'ensemble des capitalismes périphériques (eux-mêmes divers dans l'espace et le temps) à ceux des centres. Un contraste dont la forme s'est transformée d'une étape à l'autre de l'expansion du capitalisme mondial toujours impérialiste (au sens de polarisant), mais qui s'est toujours approfondi. L'avenir n'est pas, sur ce plan, différent du passé et du présent, la polarisation étant immanente au capitalisme. Je ne reviendrai pas ici sur les formes nouvelles en construction du contraste centre/périphéries, fondées sur les nouveaux monopoles articulés des centres (technologie, accès aux ressources naturelles, communications et information, contrôle du système financier mondial, armements de destruction massive) se substituant au monopole simple de l'industrie des époques antérieures. Dans ce sens, la qualification de « pays émergents » relève de la farce idéologique ; il s'agit de pays qui, loin de « rattraper », construisent le capitalisme périphérique de demain. La Chine ne fait pas exception.

L'invocation de la dimension culturelle, ou dite telle, et la variété qu'elle impose (ou imposerait) aux voies du capitalisme (ou du socialisme), devient rituelle dans ses formes d'expression et opportuniste dans les fins qu'elle s'emploie à justifier (mal), dès lors que la « culture » est conçue comme un invariant transhistorique, postulat nécessaire à tous les fondamentalistes (celui de Bush comme celui de Ben Laden). Nous n'avons que faire de ce genre à la mode, la question véritable – celle de l'interaction des cultures et de leur transformation permanente – étant d'emblée évacuée de la réflexion. Non moins vulgaire est le contraste prétendu entre « capitalisme normal » (à la manière de l'idéal-type de Weber) et « capitalisme populaire » qu'on prétend fondé sur une propriété répartie sinon également tout au moins très largement (le citoyen devenu à la fois travailleur et actionnaire, à la manière conçue dans le mode d'accumulation « patrimonial » et de bien d'autres discours qui s'inscrivent dans l'air du temps). Par-delà toutes ses variantes et variétés, passées et futures, centrales et périphériques, le capitalisme définit toujours une société (et pas seulement une économie) fondée sur l'aliénation économiciste et marchande, condition immanente de sa soumission aux exigences de l'accumulation.

Les exigences d'une option socialiste

Le socialisme se définit alors d'abord comme émancipation de l'humanité et partant construction d'un mode d'organisation général de la société libérée de la soumission aliénante aux exigences de l'accumulation du capital. Socialisme et démocratie sont alors inséparables.

Je ne reviendrai pas ici sur ce que j'ai écrit ailleurs concernant la nature des systèmes du monde soviétique et de la Chine maoïste, de leurs projets d'origine et de leur évolution (ou dérive), de la responsabilité des circonstances dans leur transformation sous la pression des exigences du « rattrapage » et de celle des idéologies du mouvement ouvrier et socialiste des 2e et 3e Internationales. Je rappellerai seulement que j'ai mis en garde contre la confusion réductrice qui assimilait la planification centralisée telle qu'elle fut conçue, en réponse (adéquate à mon avis) à un tout premier moment nécessaire dans les circonstances, mais qui fut par la suite érigée abusivement en synonyme de « socialisme achevé ».

Le socialisme « achevé », si tant est qu'on puisse qualifier un système social quelconque, nécessairement lui aussi mondialisé, encore davantage que ne l'est le capitalisme (dont la mondialisation, tronquée et biaisée, produit la polarisation centres/périphéries qui lui est immanente), ne peut être décrit à l'avance en termes de formes d'organisations précises et d'institutions adéquates, mais dans ceux des principes qui doivent guider l'imagination créatrice des peuples et leur plein exercice des pouvoirs que leur fournit une démocratisation toujours inachevée, toujours approfondie. Sur ce plan, l'utopie créatrice inspirée de Marx (en acceptant qu'être marxiste ce n'est pas s'arrêter à Marx mais partir de lui) comme celle des théologies de la libération ont beaucoup plus à dire que ce qu'une médiocre sociologie dite réaliste peut offrir à la réflexion. La route en direction de ce socialisme sera longue, plus longue (et différente) de celles imaginées par les 2e et 3e Internationales. Et dans cette perspective un « socialisme de marché » pourrait en constituer une première phase. Mais il y a des conditions pour qu'il en soit ainsi, que je formulerai dans trois propositions.

La première est que des formes de propriété collective soient créées, maintenues et renforcées au cours de tout le processus d'avancée sociale. Ces formes peuvent, et doivent même, être multiples : relever de l'État, des collectivités régionales, de collectifs de travailleurs ou de citoyens. Mais pour qu'elles puissent opérer avec toutes les responsabilités que le respect de l'échange marchand exige, il leur faut être conçues comme des formes de propriété authentique (fût-elle non-privée), non comme des expressions de pouvoirs mal définis. Je n'accepte pas, à ce propos, la simplification à la mode – inventée par von Mises et von Hayek – qui confond propriété et propriété privée. Cette réduction/simplification procède de la confusion planification centralisée à la soviétique/socialisme. Les deux adversaires se situaient donc sur un même terrain. Par ailleurs la dominance de la propriété collective n'exclut pas la reconnaissance d'une place octroyée à la propriété privée. Non seulement de la « petite propriété » locale (artisanats, petites et moyennes entreprises, petits commerces et services), mais même peut-être de la « grande entreprise », voire d'arrangements avec le grand capital transnationalisé. À condition que le cadre dans lequel ceux-ci sont autorisés à se mouvoir soit clairement défini.

Car l'exercice des responsabilités de « propriétaires » (État, collectivités et privés) doit être régulé. Cette seconde proposition est formulée ici dans des termes vagues qui ne peuvent être précisés qu'en tenant compte à la fois des exigences concrètes des moments successifs de la transformation et de celles de la perspective plus lointaine de l'objectif socialiste. Autrement dit, il faut entendre par régulation la combinaison conflictuelle entre les exigences associées à une accumulation de caractère capitaliste (en dépit du caractère collectif de la propriété) et celles du déploiement progressif des valeurs du socialisme (l'égalité en premier lieu, l'intégration de tous dans le processus de changement, le service public au sens le plus noble du terme).

Ma troisième proposition concerne la démocratie, dont il est évident qu'elle est inséparable du concept d'émancipation. La démocratie est alors non une formule donnée une fois pour toutes, qu'il n'y a plus qu'à « appliquer », mais un processus toujours inachevé, ce qui m'a conduit à lui préférer le terme de démocratisation. Celle-ci doit alors savoir combiner, dans des formulations sans cesse plus complexes et riches, les exigences incontournables de leur définition en termes de « procédures » précises (l'État de droit dans le langage simplifié) et en termes « substantiels ». J'entends par là la capacité de l'exercice de cette démocratisation à renforcer l'impact des valeurs du socialisme sur les processus de décision à tous les niveaux et dans tous les domaines.

Le système soviétique aurait-il pu, ou non, évoluer dans ce sens, faire des réformes allant dans ce sens, le libérant des carcans de la planification centralisée à sa manière et de l'État-Parti s'auto-érigeant en « avant-garde » ? La question relève désormais de l'histoire. Celle-ci révèle en tout cas que les « réformes », quand elles furent envisagées, n'allaient pas dans ce sens, mais au contraire visaient à prolonger la survie du système parvenu à ses limites historiques.

La Chine actuelle s'est déjà positionnée en dehors du « socialisme de marché » tel que proposé ici, s'étant avancée dans la voie capitaliste, ayant accepté – en principe – la perspective de la substitution de la propriété privée à celle de la dominance de la propriété collective et publique. Beaucoup de critiques – chinois en particulier – du système actuel affirment qu'il est « déjà trop tard », non sans arguments factuels solides. Ce n'est pas exactement mon point de vue. Tant que le principe de l'accès égal à la terre reste reconnu et que sa mise en œuvre effective reste opérante, je crois pouvoir conclure qu'il n'est pas trop tard pour que l'action sociale parvienne à infléchir une évolution encore incertaine. C'est aussi le point de vue de William Hinton. Je vais en développer l'argument dans la section qui suit.

Centralité de la question agraire

La population de Chine s'élevait en 2000 à 1 200 millions d'habitants dont deux tiers de ruraux (800 millions). Une projection simple à l'horizon 2020 (vingt ans) démontre qu'il serait illusoire, voire dangereux, de croire que l'urbanisation pourra réduire sensiblement le nombre des ruraux, même si elle parvient à en abaisser la proportion.

Une croissance démographique de l'ordre de 1,2 % par an portera la population de la Chine en 2020 à 1 520 millions. Par ailleurs, admettons que la Chine parvienne à soutenir une belle croissance de ses industries et des services modernes localisés dans les zones urbaines, au taux de 5 % l'an. Pour y parvenir la modernisation et les exigences de compétitivité imposeront certainement que cette croissance ne soit pas produite exclusivement par un mode d'accumulation extensif (les « mêmes industries et services » qu'à l'heure actuelle, mais en plus grand nombre), mais par un mode partiellement intensif, associé à une forte amélioration de la productivité du travail (à un taux de l'ordre de 2 % l'an). La croissance de l'offre d'emplois urbains serait alors de 3 % l'an, portant le chiffre de la population absorbable en zone urbaine à 720 millions. Ce dernier chiffre inclurait le même volume de population urbaine actuellement réduite soit au chômage, soit à des emplois précaires et informels (et ce volume n'est pas négligeable). Néanmoins leur proportion serait alors fortement réduite (et ce serait déjà un beau résultat).

Une simple soustraction montre alors que 800 millions de Chinois – le même nombre qu'aujourd'hui mais dans une proportion réduite de 67 % à 53 % de la population totale – devraient demeurer ruraux. S'ils sont condamnés à émigrer en ville, parce qu'ils n'ont pas accès à la terre, ils ne pourront qu'y grossir une population marginalisée de bidonvilles, comme c'est le cas depuis longtemps dans le tiers-monde capitaliste.

Une projection à plus long terme – quarante ans – conforterait cette conclusion : même dans les hypothèses les plus optimistes concernant la poursuite d'un processus de modernisation et d'industrialisation puissant et sans accrocs dus à des évènements et des conjonctures politiques ou économiques, nationales ou mondiales, défavorables, même passagères, on ne peut espérer voir la proportion de la population rurale réduite que lentement, sur au moins un siècle.

Ce problème est loin d'être spécifique à la Chine. Il concerne l'ensemble du tiers-monde, c'est-à-dire 75 % de la population mondiale.

Les agricultures paysannes rassemblent près de la moitié de l'humanité – trois milliards d'êtres humains. Ces agricultures se partagent à leur tour entre celles qui ont bénéficié de la révolution verte (engrais, pesticides et semences sélectionnées), néanmoins fort peu motorisé, dont la production évolue entre 100 et 500 quintaux par travailleur et celles qui se situent avant cette révolution, dont la production évolue autour de 10 quintaux seulement par actif. L'agriculture capitaliste, commandée par le principe de la rentabilité du capital, localisée presque exclusivement en Amérique du Nord, en Europe, dans le cône sud de l'Amérique latine et en Australie, n'emploie guère que quelques dizaines de millions d'agriculteurs qui ne sont plus véritablement des « paysans ». Mais leur production, fonction de la motorisation (dont ils ont presque l'exclusivité à l'échelle mondiale) et de la superficie dont chacun dispose, évolue entre 10 000 et 20 000 quintaux d'équivalent-céréales par travailleur et par an.

Une vingtaine de millions de fermes modernes supplémentaires, si on leur donne l'accès aux superficies importantes de terres qui leur seraient nécessaires (en les enlevant aux économies paysannes et en choisissant sans doute les meilleurs sols) et s'ils ont accès aux marchés de capitaux leur permettant de s'équiper, pourraient produire l'essentiel de ce que les consommateurs urbains solvables achètent encore à la production paysanne. Mais que deviendraient les milliards de ces producteurs paysans non-compétitifs ? Ils seront inexorablement éliminés dans le temps historique bref de quelques dizaines d'années. Que vont devenir ces milliards d'êtres humains, déjà pour la plupart pauvres parmi les pauvres, mais qui se nourrissent eux-mêmes, tant bien que mal, et plutôt mal pour le tiers d'entre eux (les trois quarts des sous-alimentés du monde sont des ruraux) ? À l'horizon de cinquante ans aucun développement industriel plus ou mois compétitif, même dans l'hypothèse fantaisiste d'une croissance continue de 7 % l'an pour les trois quarts de l'humanité, ne pourrait absorber fût-ce le tiers de cette réserve. C'est dire que le capitalisme est par nature incapable de résoudre la question paysanne et que les seules perspectives qu'il offre sont celles d'une planète *bidonvillisée* et de milliards d'êtres humains « en trop ».

La stratégie que le capital dominant veut désormais mettre en œuvre n'est rien moins qu'une sorte « d'enclosure » à l'échelle mondiale. Nous sommes donc parvenus au point où pour ouvrir un champ nouveau à l'expansion du capital (« la modernisation de la production agricole »), il faudrait détruire – en termes humains – des sociétés entières. Vingt millions de producteurs efficaces nouveaux (cinquante millions d'êtres humains avec leurs familles) d'un côté, plusieurs milliards d'exclus de l'autre. La dimension créatrice de l'opération ne représente plus qu'une goutte d'eau face à l'océan des destructions qu'elle exige. J'en conclus que le capitalisme est entré dans sa phase sénile descendante ; la logique qui commande ce système n'étant plus en mesure d'assurer la simple survie de la moitié de l'humanité. Le capitalisme devient barbarie, invite directement au génocide. Il est nécessaire plus que jamais de lui substituer d'autres logiques de développement, d'une rationalité supérieure.

L'argument des défenseurs du capitalisme est que la question agraire en Europe a bien trouvé sa solution par l'exode rural. Pourquoi les pays du Sud ne reproduiraient-ils pas, avec un ou deux siècles de retard, un modèle de transformation analogue ? On oublie ici que les industries et les services urbains du 19e siècle européen exigeaient une main-d'œuvre abondante et que l'excédent de celle-ci a pu émigrer en masse vers les Amériques. Le tiers-monde contemporain n'a pas cette possibilité et s'il veut être compétitif comme on lui ordonne de l'être, il doit d'emblée recourir aux technologies modernes qui exigent peu de main-d'œuvre. La polarisation produite par l'expansion mondiale du capital interdit au Sud de reproduire avec retard le modèle du Nord.

Alors que faire ?

Il faut accepter le maintien d'une agriculture paysanne pour tout l'avenir visible du 21e siècle. Non pour des raisons de nostalgie romantique du passé, mais tout simplement parce que la solution du problème passe par le dépassement des logiques du capitalisme, s'inscrivant dans la longue transition séculaire au socialisme mondial. Il faut donc imaginer des politiques de régulation des rapports entre le « marché » et l'agriculture paysanne. Aux niveaux nationaux et régionaux ces régulations, singulières et adaptées aux conditions locales, doivent protéger la production nationale, assurant ainsi l'indispensable sécurité alimentaire des nations et neutralisant l'arme alimentaire de l'impérialisme – autrement dit déconnecter les prix internes de ceux du marché dit mondial –, comme elles doivent – à travers une progression de la productivité dans l'agriculture paysanne, sans doute lente mais continue – permettre la maîtrise du transfert de population des campagnes vers les villes. Bien entendu, l'articulation entre développement des agricultures paysannes et industrialisation moderne peut et doit également s'inscrire dans la perspective inventive d'un imaginaire social libéré du modèle du gaspillage propre au capitalisme central, qu'on aurait du mal à penser généralisé à une dizaine de milliards d'êtres humains.

La « question agraire », loin d'avoir trouvé sa solution, est plus que jamais au cœur des défis majeurs auxquels l'humanité sera confrontée au 21e siècle. Les réponses qui seront données à cette question façonneront d'une manière décisive le cours de l'histoire.

Or la Chine dispose dans ce domaine d'un atout majeur – l'héritage de sa révolution – qui lui permettrait de produire l'un des « modèles » possibles de ce qu'il faut faire. L'accès à la terre est en effet pour la moitié de l'humanité un droit fondamental, et sa reconnaissance la condition de sa survie. Ce droit, ignoré par le capitalisme, n'est pas même mentionné dans la Charte des droits de l'ONU ! Mais il est reconnu jusqu'à ce jour en Chine (et au Vietnam). L'illusion suprême serait qu'en y renonçant, c'est-à-dire en attribuant à la terre le statut de marchandise comme le suggèrent tous les propagandistes du capitalisme en Chine et ailleurs, on pourrait « accélérer la modernisation ».

La modernisation de l'agriculture est bien l'une des quatre modernisations formulées par Zhou Ehlai. Qu'elle s'impose ne signifie nullement que la croissance nécessaire de la production agricole exige qu'on abandonne le droit à la terre de tous au bénéfice de quelques-uns. Cette voie donnerait certainement une belle croissance de la production de quelques-uns, mais au prix de la stagnation de beaucoup. La moyenne que représenterait cette croissance pour l'ensemble de la paysannerie restée sur place ou émigrée dans les bidonvilles risquerait fort d'être finalement médiocre à long terme. Cette réalité n'intéresse pas les défenseurs inconditionnels du capitalisme. L'accumulation et l'enrichissement de quelques-uns est la seule loi qu'il connaisse, l'exclusion des « inutiles », fussent-ils des milliards d'êtres humains, n'est pas son problème.

L'histoire de la Chine au cours du dernier demi-siècle a démontré qu'une autre voie, visant à engager l'ensemble de la paysannerie dans le processus de la modernisation (laquelle respecte donc le droit à la terre de tous), peut donner des résultats qui soutiennent favorablement la comparaison avec la voie capitaliste (la comparaison entre la Chine et l'Inde est sur ce plan fort instructive). Choisir cette voie n'est certainement pas choisir celle de la facilité car les stratégies, moyens d'intervention et formes institutionnelles qui peuvent lui donner l'efficacité souhaitable maximale, ne peuvent être données une fois pour toutes, et être les mêmes partout (en l'occurrence dans l'ensemble des régions de la Chine) et à tous les stades de l'évolution. L'erreur du modèle kolkhozien soviétique et de celui des communes chinoises a été précisément, en parallèle à celle de la planification centralisée, d'avoir érigé ces formules en solutions prétendues définitives. Je rejoins ici les propositions de nombreuses organisations paysannes chinoises et de William Hinton, qui prônent, au stade actuel, le soutien à un mouvement diversifié de coopératives volontaires.

Qu'on le veuille ou pas, la «question agraire» demeure l'un des axes principaux du défi de la modernisation. Le contraste centres/périphéries est lui-même en bonne partie produit et reproduit par le choix de la «voie capitaliste» dont les effets sur les sociétés de la périphérie ont été et continuent à être désastreux. La «voie paysanne», articulée aux autres segments de l'organisation d'une étape «socialiste de marché», constitue la seule réponse de principe adéquate, capable de faire sortir les sociétés du tiers-monde de leur «sous-développement», de la misère grandissante qui frappe des milliards d'êtres humains, de l'insignifiance du pouvoir de leurs États sur la scène internationale.

L'héritage positif de la révolution

L'héritage de la Révolution chinoise pèse et continuera à peser d'un poids – positif – considérable. Les succès enregistrés au cours des vingt dernières années – croissance économique équilibrée et exceptionnelle, urbanisation gigantesque (200 millions d'urbains nouveaux) et dans l'ensemble réussie, capacité d'absorption technologique remarquable – qualifiés de «miracle», ne le sont pas. Sans la révolution qui en a préparé les conditions, ils n'auraient pas été possibles. J'ai fait référence à ce point de vue, que je partage avec la presque totalité des intellectuels chinois respectables, dans mes écrits antérieurs sur la Chine. Seuls les propagandistes de l'impérialisme américain et leurs émules européens et chinois font semblant de l'ignorer. Les résultats en termes sociaux – inégalités sociales et régionales, chômage et afflux de ruraux dans les villes – plus discutables et discutés n'ont rien de comparable avec les catastrophes qu'on enregistre partout ailleurs dans les expériences du tiers-monde capitaliste, dans celles qualifiées également de «miracles» (toujours sans lendemain) comme dans les autres. Les Chinois ignorent largement ces réalités et de ce fait sous-estiment leurs propres succès. Mais quiconque connaît bien le tiers-monde ne peut ignorer les différences gigantesques qui distancient la Chine des autres périphéries du système mondial.

«La Chine est un pays pauvre où l'on ne voit que peu de pauvres.» La Chine nourrit 22 % de la population mondiale bien qu'elle ne dispose que de 6 % des terres arables de la planète. Le véritable miracle se situe là. En rapporter l'origine principale à l'ancienneté de la civilisation chinoise n'est pas correct. Car s'il est vrai que jusqu'à la révolution industrielle la Chine disposait d'un équipement technologique plus avancé dans l'ensemble que toutes les autres grandes régions du monde, sa situation s'était dégradée pendant un siècle et demi et avait produit le spectacle d'une misère à grande échelle comparable à celle des pays de la périphérie ravagés par l'expansion impérialiste, Inde et autres. La Chine doit son redressement remarquable à sa révolution. À l'autre extrémité de l'éventail des situations créées par l'expansion capitaliste mondiale, je situerai le Brésil : « Un pays riche où l'on ne voit que des pauvres ».

Peu de pays du tiers-monde sont aussi pauvres que la Chine, en termes de rapports population/superficie arable. Seule à ma connaissance le Vietnam, le Bangladesh et l'Égypte lui sont comparables. Certaines régions de l'Inde, ou Java, le sont également, mais ni l'Inde, ni l'Indonésie dans leur ensemble. Et pourtant en Inde, en Égypte, au Bangladesh, comme dans presque toute l'Amérique latine (à l'exception de Cuba), le spectacle d'une misère incommensurable agresse tout observateur de bonne foi. Quiconque a parcouru des milliers de kilomètres à travers les provinces riches et les régions pauvres de la Chine, visité un bon nombre de ses grandes villes doit avoir l'honnêteté de dire qu'il n'y a jamais rencontré de spectacles aussi avilissants que ceux qu'on ne peut éviter dans les campagnes et les bidonvilles du tiers-monde. La raison de ce succès de la Chine est sans le moindre doute sa révolution paysanne radicale et l'accès égal à la terre qu'elle a garanti.

La Révolution chinoise a fait entrer la société de ce pays dans la modernité. La société chinoise est bel et bien moderne, et cela s'exprime dans tous les aspects du comportement de ses citoyens. J'entends par modernité cette rupture historique et culturelle à partir de laquelle les êtres humains se considèrent responsables de leur histoire. Une modernité toujours inachevée, en Chine comme ailleurs où elle domine la pensée, les idéologies et les comportements. Cette modernité explique qu'on ne voit pas en Chine d'expression de ces névroses paraculturelles qui sévissent ailleurs, dans les pays musulmans, dans l'Inde hindouiste, en Afrique subsaharienne. Les Chinois vivent leur temps, ne se nourrissent pas de ces variétés de nostalgie à l'égard d'un passé mythologique recomposé qui caractérisent ailleurs l'air du temps. Ils ne connaissent pas de problème d'« identité ».

Or si la modernité ne produit pas *ipso facto* la démocratie, elle en crée les conditions, impensable sans elle. Comparativement, peu de sociétés de la périphérie du système capitaliste ont fait ce saut dans la modernité (la Corée et Taïwan constituent sur ce plan comme sur d'autres des exceptions dont je n'examinerai pas ici les raisons complexes). Au contraire, le moment actuel est dans l'ensemble caractérisé sur ce plan par d'effroyables régressions à travers lesquelles s'exprime la faillite du capitalisme. « Le vieux monde se meurt, le nouveau n'est pas encore né, dans ce clair-obscur se profilent des monstres », avait déjà écrit Gramsci. Dans ce domaine le discours dominant concernant les prétendus héritages culturels favorables ou défavorables à la démocratie n'alimente que davantage de confusion. Car ce discours ignore la rupture que constitue la modernité, attribuant aux prétendues « cultures » des caractères invariants transhistoriques. La modernité dans laquelle la Chine s'est engouffrée constitue un atout majeur pour son avenir. Je ne sais pas si elle produira suffisamment rapidement l'aspiration de son peuple à la démocratie et l'invention des formes adéquates de celle-ci. Mais cela n'est pas « impossible » et dépendra largement de l'articulation des luttes démocratiques et sociales.

La révolution et le plongeon dans la modernité ont transformé le peuple chinois plus qu'aucun autre dans le tiers-monde contemporain. Les classes populaires chinoises ont confiance en elles-mêmes, elles savent se battre et elles savent que la lutte paye. Elles se sont largement débarrassées des attitudes de soumission dont les expressions visibles constituent pour tout observateur de bonne foi une triste réalité dans tant d'autres pays. L'égalité est devenue une valeur essentielle de l'idéologie commune, comme elle l'est en France (qui elle aussi a fait une grande révolution), comme elle ne l'est pas aux États-Unis (qui n'ont pas fait de révolution). L'ensemble de ces transformations profondes se traduit par une combativité remarquable. Les luttes sociales sont quotidiennes, se chiffrent par milliers, prennent souvent des formes violentes et ne se soldent pas toujours par des échecs. Le pouvoir le sait et s'emploie à la fois à réprimer, à tenter d'éviter la cristallisation de fronts de lutte dépassant les horizons locaux (par l'interdiction de l'organisation autonome des classes populaires) et à en atténuer les dangers par l'art du « dialogue » et de la manipulation. Ces luttes n'ont pas l'heure de plaire à la plupart des défenseurs occidentaux « des droits de l'homme ». La démocratie au service de la lutte des classes ne les intéresse pas, elle en inquiète même certains. Par contre, la revendication démocratique dont tous prennent la défense systématique et dont ils nous rebattent les oreilles est celle des « libéraux » dont le pouvoir tente aussi d'atténuer la virulence de leur défense des vertus du capitalisme !

La question nationale

La question nationale occupe tout également une place centrale dans les débats chinois et dans les luttes politiques qui opposent les partisans de lignes d'évolution différentes.

La Chine a été victime de l'agression impérialiste ininterrompue des puissances occidentales et du Japon de 1840 à 1949, comme toutes les nations d'Asie et d'Afrique. Ses agresseurs ont su passer des alliances avec les classes dominantes réactionnaires locales – « féodaux » et *compradore* (le terme même a été forgé par les communistes chinois), seigneurs de la guerre. La guerre de libération conduite par le Parti communiste a rendu à la Chine sa dignité et reconstruit son unité (la question de Taïwan demeurant seule non solutionnée jusqu'ici). Tous les Chinois savent cela. En dépit des régionalismes que la taille du pays génère fatalement, la nation chinoise (han) est une réalité (et je m'en félicite). Les seules questions nationales gérées d'une manière discutable (encore que je ne partage pas du tout le point de vue des prétendus « défenseurs de la démocratie » passés à l'éloge – et au service – des lamas et des mollahs, qui, au-delà de leur obscurantisme, ont toujours exploité avec la plus grande violence barbare leurs propres peuples jusqu'à ce que la Révolution chinoise vienne les en libérer), sont celles qui concernent les Tibétains et les Ouigours. L'impérialisme s'emploie activement à exploiter ces faiblesses du régime.

J'irai un peu plus loin dans l'expression de mes intuitions. J'ai eu l'occasion de discuter des problèmes les plus divers avec des dirigeants de rangs moyens élevés (guère plus), occupant des fonctions de natures diverses. Mon intuition (trop généralisante ?) est que ceux qui s'occupent de la gestion économique penchent plutôt à droite, mais que ceux qui gèrent le pouvoir politique demeurent lucides sur un point qui, pour moi, est fondamental : ils considèrent généralement l'hégémonisme de Washington comme l'ennemi numéro un de la Chine (comme nation et État, pas seulement parce qu'elle est « socialiste »). Ils le disent assez facilement et souvent. Je reste frappé par la différence, sur ce plan, entre leur langage et celui que j'ai entendu utiliser (avec conviction semble-t-il) par les dirigeants politiques soviétiques (et *a fortiori* ceux des ex-démocraties populaires). Ces derniers m'ont toujours paru ne pas être du tout conscients des objectifs véritables de Washington et des alliés occidentaux dans son sillage. Le type de discours que Gorbatchev a prononcé en 1985 à Reykjavik, proclamant – avec une naïveté incroyable – la « fin » de l'hostilité des États-Unis à l'égard de l'URSS, est impensable en Chine. Le hasard me faisait en discuter peu après à Pékin. Tous les Chinois étaient abasourdis par cette stupidité et, s'échauffant, n'hésitaient pas à conclure : les États-Unis sont et resteront notre ennemi, l'ennemi principal.

Les Chinois ont une conscience forte de la place que leur nation a occupé dans l'histoire. Le nom du pays – Choung Kuo – ne fait référence à aucune « ethnie » spécifique ; il signifie « empire du Milieu » (et République populaire chinoise se lit en chinois « République populaire de l'empire du Milieu » !). Le déclin de leur nation leur a été insupportable. C'est pourquoi l'intelligentsia chinoise a toujours tourné ses regards vers ceux des « modèles » extérieurs qui, de leur avis, leur permettraient de découvrir ce qu'il leur fallait faire pour rendre à la Chine sa place dans le monde moderne. Depuis le 4 mai 1919 ce modèle était soit celui du Japon (dont s'inspirait le Kuo Min Tang) soit celui de la Russie révolutionnaire (qui s'est finalement imposé parce qu'il associait le combat contre l'impérialisme à une transformation sociale révolutionnaire qui engageait tout le peuple). Le Japon en crise, la Russie effondrée, l'Europe elle-même s'employant à imiter les États-Unis, la Chine risque de ne plus voir la modernité et le progrès qu'à travers le « modèle américain », qui est pourtant celui de leur adversaire comme l'était hier le Japon. La Chine, grande nation, se compare toujours aux plus puissants.

Je ne veux pas sous-estimer les dangers gigantesques que ce regard implique. Il nourrit dans la nouvelle génération l'illusion de « l'amitié américaine ». Il contribue à faire oublier l'importance décisive, pour faire reculer l'hégémonisme agressif des États-Unis, de la reconstruction d'un internationalisme des peuples. Car derrière les classes dirigeantes européennes, alignées sur la stratégie de Washington dans le souci exclusif de défendre les intérêts communs du capital dominant du nouvel impérialisme collectif de la Triade, il y a des peuples dont la vision de la modernité n'est pas celle que le néolibéralisme mondialisé et américanisé veut imposer. Derrière les pouvoirs *compradores* aux abois dans le tiers-monde, il y a des peuples qui ont hier fait reculer l'impérialisme de l'époque en exprimant à travers le Mouvement des non-alignés, la solidarité des peuples afro-asiatiques. La construction par la Chine du chemin de fer Tanzanie-Zambie (Tanzam), la seule initiative lourde qui ait libéré l'Afrique australe de sa dépendance physique à l'égard du régime de l'apartheid de l'Afrique du Sud, l'action des médecins chinois dans les villages les plus reculés de l'Afrique, ont valu une immense popularité à la Chine de l'époque. Faire revivre la solidarité des peuples africains et asiatiques face aux agressions sauvages de l'hégémonisme américain, en cours et à venir, constitue aujourd'hui l'une des tâches parmi les plus importantes de la stratégie anti-impérialiste nécessaire, pour la Chine comme pour les autres. C'est la condition pour que le devant de la scène dans la résistance à l'impérialisme ne soit plus occupé par des Saddam Hussein et Ben Laden.

On ne devrait donc pas être surpris que toutes les grandes révolutions aient été suivies de reculs, de « restaurations », de « contre-révolutions »

Mais si ces reculs ont remis les pendules à l'heure, ils ne sont pas parvenus à éradiquer les semences fécondes des visions révolutionnaires plus généreuses. Seules les petites révolutions – si tant est que le terme même de révolution puisse leur convenir – comme la « glorieuse » (peu glorieuse) Révolution anglaise de 1688, la prétendue Révolution américaine qui n'a rien modifié dans le système social colonial mais seulement transféré le pouvoir politique en dernier ressort de la métropole aux colons, peuvent se vanter d'avoir « réussi à 100 % », n'ayant pas fait grand-chose que d'enregistrer ce qui se produisait spontanément dans la société.

Le recul est néanmoins toujours une chose fort grave. Il menace la Russie de quasi-disparition en tant que nation même, sans qu'on ne voit encore les signes d'un ressaisissement. Il menace la Chine de s'embourber dans la voie d'un capitalisme périphérique sans avenir. Dresser la liste des phénomènes négatifs qui traduisent la réalité déjà bien présente de ce danger n'est pas difficile. La nouvelle bourgeoisie chinoise n'est pas moins égoïste et vulgaire que ne le sont les bourgeoisies *compradores* du tiers-monde contemporain. Elle n'occupe pas (encore ?) le devant de la scène politique, mais elle ne manque pas de moyens (de corruption entre autre) pour peser sur les décisions. Les jeunes de la nouvelle classe moyenne en plein essor offrent le même spectacle « d'américanisation », d'un caractère sans doute superficiel dans ses apparences immédiates, mais derrière lequel se cache une dépolitisation grave. Des jeunes ouvriers étaient envoyés en URSS apprendre à fabriquer des moteurs d'avion. Les fils de la nouvelle classe moyenne vont aux États-Unis apprendre le « management » d'hôtels !

Un avenir incertain

Dans ces conditions l'avenir de la Chine reste incertain. La bataille du socialisme n'y a pas été gagnée. Mais elle n'a pas (encore ?) été perdue. Et à mon avis elle ne le serait que le jour où le système chinois aura renoncé au droit à la terre de tous ses paysans. Jusque-là, les luttes politiques et sociales peuvent infléchir le cours des évolutions. La classe politique dirigeante s'emploie à maîtriser ces luttes par le seul moyen de sa dictature bureaucratique. Des fragments de cette classe pensent également circonvenir par ce même moyen l'émergence de la bourgeoisie. La bourgeoisie et les classes moyennes dans leur ensemble ne sont pas décidées à se battre pour la démocratie et acceptent sans difficulté le modèle de l'autocratie « à la manière asiatique », pourvu que celle-ci autorise le déploiement de leurs appétits de consommateurs. Les classes populaires se battent sur les terrains de la défense de leurs droits économiques et sociaux. Parviendront-elles à unifier leurs combats, à inventer des formes d'organisation adéquates, à formuler un programme alternatif positif, à définir le contenu et les moyens de la démocratie qui peut le servir ?

C'est pourquoi trois familles de scénarios de l'avenir en construction doivent être envisagées. Ces trois schémas correspondent : (i) au projet impérialiste de démembrement du pays et de *compradorisation* de ses régions côtières ; (ii) à un projet de développement capitaliste « national » ; et (iii) à un projet de développement national et populaire, associant d'une manière à la fois complémentaire et conflictuelle des logiques capitalistes de marché et des logiques sociales s'inscrivant dans une perspective socialiste à long terme, dont ce projet constituerait une phase, celle à venir dans l'immédiat.

L'option en faveur du marché dérégulé et de l'ouverture maximale – c'est-à-dire celle des libéraux chinois et étrangers – fait le jeu de la stratégie impérialiste, accentuant les motifs de dépolitisation et d'opposition sourde des classes populaires parallèlement au renforcement de la vulnérabilité extérieure de la nation et de l'État chinois. Elle n'est évidemment pas porteuse d'une démocratisation quelconque. De surcroît, cette option ne ferait pas sortir la Chine du statut de participant périphérique dominé et subordonné aux logiques de déploiement du nouvel impérialisme de la Triade. Ce qui sépare le deuxième modèle du troisième pourrait paraître difficile à identifier d'une manière précise au premier regard : une maîtrise affirmée des relations extérieures, des modes de redistribution qui maintiennent un niveau acceptable de solidarité sociale et régionale. Mais en fait, la différence est de nature et non de degré de puissance des moyens de la politique d'État mis en œuvre. Le véritable débat trouve ici son fondement ultime. L'option progressiste ne peut être fondée que sur une priorité donnée à l'expansion du marché interne, sur la base de rapports sociaux régulés de manière à réduire au maximum les inégalités sociales et régionales ; et, en conséquence, la soumission des rapports extérieurs aux exigences de cette logique motrice. L'option qui lui fait contraste prend l'insertion sans cesse approfondie dans le système capitaliste mondial comme moteur principal du développement économique. Cette option est associée d'une manière inévitable à l'aggravation des inégalités régionales et surtout sociales. Exprimé dans ces termes, l'alternative ne laisse qu'une marge étroite à une option de « capitalisme national » capable de rattraper à terme le monde capitaliste développé pour faire de la Chine une nouvelle grande puissance, voire superpuissance contraignant celles qui sont en place à renoncer à leur hégémonisme. Il est peu probable qu'un pouvoir politique quelconque puisse maintenir assez longtemps le cap à l'intérieur de cette marge étroite et donc qu'une stratégie inspirée par cet objectif perspectif puisse éviter de tomber à droite (et finir par se soumettre au plan impérialiste) ou à gauche (évoluer vers le troisième modèle).

2

La Russie : sortir du tunnel ?

J'ai proposé ma vision de la place que l'espace eurasien (des frontières de la Pologne à la Chine) avait occupée dans les étapes successives de la formation du système mondial et, dans ce cadre, défini les défis que l'Empire russe puis l'URSS avaient tenté de relever (voir *Les défis de la mondialisation,* L'Harmattan, 1996, chapitre 8, « La Russie dans le système mondial : géographie ou histoire ? »). Je me propose ici d'analyser les défis auxquels la Russie post-soviétique est désormais confrontée. Les transformations subies par la Russie au cours des quinze dernières années, pour gigantesques qu'elles puissent paraître, ne sont pas de la nature d'une « révolution » (ou d'une « contre-révolution ») mais traduisent l'accélération des tendances profondes qui opéraient déjà depuis les années 1930 dans le système soviétique lui-même.

Je ne me contente pas, sur ce sujet, de constater que la société soviétique n'était déjà pas (ou plus) « socialiste », comme les promoteurs de la Révolution de 1917 l'avaient voulu, mais constituait une forme particulière du capitalisme (que j'ai résumé dans la formule « un capitalisme sans capitalistes ») appelée à devenir un capitalisme « normal » (c'est-à-dire avec capitalistes), ce qui est bien le projet de la nouvelle classe dirigeante (elle-même d'ailleurs issue de la précédente), même si, comme on le verra, la réalité du système qu'elle a mis en place est loin de répondre au projet en question. J'irai plus loin et proposerai un examen des caractères du système soviétique (comme système social, système de pouvoir et mode d'intégration au système mondial), puis de leur persistance partielle sous des formes dégradées dans la nouvelle Russie.

Les caractères fondamentaux du système soviétique

J'ai retenu pour l'analyse qui suit des traits saillants qui me paraissent permettre de saisir l'essentiel de ce que le système soviétique est devenu dans sa dernière phase, celle du brejnévisme. La Révolution de 1917 a été une grande révolution dans l'histoire de l'humanité, porteuse de riches promesses nécessaires et généreuses et l'objet de ce chapitre n'est pas d'en retracer l'histoire pour en faire le procès liquidationniste comme il est de bon ton de le faire aujourd'hui, encore moins de laisser entendre que les traits saillants mis en relief ici étaient déjà contenus dans la révolution, ou le léninisme, ou même le stalinisme. Le choix de cette caractérisation a la seule ambition d'éclairer la nature de la dérive en cours et des défis qu'elle représente désormais pour la survie des peuples de l'ex-Union soviétique.

Je définis le système soviétique par cinq caractères fondamentaux : le corporatisme, le pouvoir autocratique, la stabilisation sociale, la déconnexion du système capitaliste mondial et son insertion dans celui-ci comme superpuissance. Le concept de « régime totalitaire », vulgarisé par le discours idéologique dominant, s'avère ici comme ailleurs plat et creux, incapable de rendre compte de la réalité de la société soviétique, de ses modes de gestion et des contradictions qui ont commandé son évolution et sa transformation en cours.

1. Un régime corporatiste. J'entends par là que la classe ouvrière (censée être devenue « dirigeante ») avait perdu sa conscience politique unificatrice, à la fois par la volonté des politiques mises en œuvre par le pouvoir et par les conditions objectives du gonflement rapide de ses effectifs produit par l'industrialisation accélérée. Les travailleurs de chaque entreprise – ou groupe d'entreprises rassemblées dans un combinat – constituaient avec ses cadres et ses directeurs un « bloc » social/économique, et défendaient ensemble leur place dans le système. Ces « blocs » se confrontaient les uns les autres à tous les niveaux : dans les « négociations » (« marchandages ») entre les ministères et les départements du Gosplan, dans les rapports quotidiens avec les entreprises des combinats autres que le leur. Les syndicats, réduits à la gestion du travail (conditions de l'emploi et du travail) et des avantages sociaux des travailleurs concernés, trouvaient leur place naturelle dans ce système corporatiste.

Le corporatisme en question remplissait des fonctions décisives dans la reproduction et l'expansion du système dans son ensemble. Il constituait un double substitut : (i) au principe de la « rentabilité » qui commande en dernier ressort les décisions d'investissement dans le capitalisme et (ii) au marché qui définit toujours, dans le capitalisme, les normes par lesquelles les prix sont déterminés. Le corporatisme constituait la réalité que « la planification » occultait par ses prétentions à faire prévaloir une « rationalité dite scientifique » de la gestion macroéconomique du système productif.

Le corporatisme entraînait l'accentuation des dimensions régionalistes dans les négociations/marchandages des blocs concurrents. Ce régionalisme n'avait pas pour fondement principal la diversité « nationale » (comme il l'avait dans la Yougoslavie fédérale titiste). Les rapports entre la Russie – nation prépondérante numériquement et historiquement – et les autres nations n'étaient pas de la nature des rapports « coloniaux ». En témoignent les flux de redistribution des investissements et des avantages sociaux opérant au détriment des « Russes », en faveur des régions périphériques. J'ai, sur ce plan, refusé les billevesées assimilant l'URSS à un système « impérial », la Russie dominant ses « colonies internes », en dépit du sentiment de « prépondérance » de la nation russe (voire de l'arrogance de certaines de ses expressions). Les Baltes apprendront peut-être qu'ils ont troqué les positions avantageuses dont ils bénéficiaient dans l'URSS pour des positions de dominés dans l'Union européenne ! Les Caucasiens et les peuples d'Asie centrale qu'ils seront traités brutalement en colonies par les Occidentaux, ayant perdu les pouvoirs de négociation qu'ils avaient dans l'URSS ! Les régionalismes en question étaient en fait ceux de petites régions (au sein des républiques auxquelles elles appartenaient) ayant des intérêts communs à défendre dans le système global assurant leur interdépendance, toujours plus inégale en fait que ne le prétendait le discours rationalisant du Gosplan.

2. *Un pouvoir autocratique*. Le choix du terme n'est pas destiné à affaiblir la critique du système. On constatera sans difficulté « l'absence de démocratie », qu'elle soit du modèle représentatif (les élections n'étant ici que des cérémonies sans surprise) ou du modèle participatif, plus avancé par nature, comme l'avaient imaginé les révolutionnaires de 1917, les syndicats et toutes les formes possibles d'organisations sociales ayant été domestiqués, interdisant de ce fait la participation effective à la décision à tous les niveaux.

Mais ce constat ne donne aucune qualité explicative au pseudo-concept de « totalitarisme ». Le pouvoir autocratique était disputé au sein de la classe dirigeante – les représentants des blocs corporatistes. L'autocratie de façade masquait la réalité : un pouvoir assis sur la résolution « pacifique » des conflits corporatistes, sachant ménager les uns et les autres.

Ici encore la gestion autocratique des conflits en question revêtait nécessairement des dimensions régionales. La logique du système impliquait une pyramide de pouvoirs s'emboîtant les uns dans les autres, allant de la gestion (toujours autocratique) des intérêts locaux à ceux de l'Union, en passant par les Républiques. Cette dimension régionale, parfois mais non nécessairement « ethnique », a facilité l'éclatement de l'Union et les menaces d'éclatement des Républiques (la Russie en premier) qui constituent aujourd'hui un défi dangereux pour les pouvoirs centraux.

3. *Un ordre social stabilisé*. Je n'entends pas ignorer les violences extrêmes qui ont accompagné la construction du système soviétique. Celles-ci ont été d'ordres divers.

Le conflit majeur opposait les défenseurs du projet socialiste à l'origine de la révolution aux « réalistes » qui, en pratique sinon dans leur rhétorique, donnaient la priorité absolue au « rattrapage » par l'industrialisation-modernisation accélérée. Ce conflit était le produit inévitable de la contradiction objective à laquelle la révolution était confrontée : il lui fallait à la fois « rattraper » (ou tout au moins réduire le retard), puisque la révolution héritait d'un pays « arriéré » (je n'aime pas le terme, je lui préfère celui de « capitalisme périphérique ») et simultanément construire « autre chose » (le socialisme). J'ai insisté sur cette contradiction, que j'ai située au cœur de la problématique du dépassement du capitalisme à l'échelle mondiale (la « longue transition du capitalisme au socialisme mondial »), et n'y reviens pas ici. Les victimes de cette première cause majeure de recours à la violence ont été les militants communistes.

Un second ordre de violences a accompagné l'industrialisation accélérée. Celles-ci sont par certains aspects comparables à celles qui ont accompagné en Occident la construction du capitalisme, la migration massive des campagnes vers les villes, la prolétarisation misérable (le surpeuplement des logements, etc.). Il reste que l'URSS a procédé à cette construction dans un temps recors – quelques décennies –, par comparaison au siècle entier dont disposaient les pays du capitalisme central. Ceux-ci disposaient de surcroît des avantages de leurs positions impérialistes dominantes et de la possibilité de laisser « l'excédent » de leur population émigrer vers les Amériques. La violence de l'accumulation primitive en URSS ne paraît pas, dans ces conditions, plus tragique qu'elle ne le fut ailleurs. Au contraire sans doute. Car en URSS l'industrialisation accélérée a offert aux enfants des classes populaires le bénéfice d'une mobilité sociale gigantesque, inconnue dans les systèmes des pays du capitalisme central dominés par la bourgeoisie. C'est cette « spécificité », héritage malgré tout des intentions socialistes d'origine, qui a rallié au système – fut-il autocratique – la majorité des classes ouvrières et même de la paysannerie « collectivisée ».

Ajoutons qu'il ne faudrait pas oublier les violences exercées par le système capitaliste mondial dominant : les interventions militaires – l'agression nazie en représentant la forme la plus sauvage –, le blocus économique.

Le système soviétique, pour contradictoire qu'il fut, est donc parvenu à construire un ordre social qui pouvait se stabiliser, et s'est effectivement stabilisé dans sa période poststalinienne. La paix sociale a été « achetée » par la modération de l'exercice du pouvoir – bien que toujours autocratique –, par l'amélioration des conditions matérielles et par sa tolérance à l'égard des écarts « illégaux ».

Sans doute une stabilité de cet ordre n'est-elle pas appelée à être « éternelle ». Mais aucun système ne dispose d'un avantage de cette qualité, en dépit des prétentions de discours idéologiques (qu'il s'agisse de celui du « socialisme » ou du « libéralisme » capitaliste). La stabilité soviétique masquait les contradictions et limites du système que résume sa difficulté à passer de formes extensives de l'accumulation à des formes intensives de celle-ci, comme sa difficulté à sortir de l'autocratie et à permettre la démocratisation de sa gestion politique. Mais cette contradiction aurait pu trouver sa solution dans une « évolution » vers ce que j'ai qualifié de « centre gauche » : l'ouverture d'espaces marchands (sans remise en cause des formes dominantes de la propriété collective) et la démocratisation. C'était peut-être l'intention de Gorbatchev, dont l'échec de la tentative – naïve et incohérente par beaucoup de ses aspects – a fait tomber le régime « à droite » à partir de 1990.

4. La déconnexion du système soviétique. Le système productif soviétique était effectivement largement déconnecté du système capitaliste mondial dominant. J'entends par là que les logiques qui commandaient les décisions économiques du pouvoir (investissements et prix) ne procédaient pas des exigences d'une inscription « ouverte » dans la mondialisation. C'est grâce à cette déconnexion que le système était parvenu à avancer aux rythmes accélérés que l'on connaît.

Ce système n'était néanmoins pas « intégralement » indépendant du « reste du monde » (capitaliste). Aucun système ne peut l'être et la déconnexion, dans ma définition du concept, n'est pas synonyme d'« autarcie ». Dans son insertion au système mondial, l'URSS occupait une position de « périphérie », principalement exportatrice de matières premières.

5. Une superpuissance militaire et politique. L'URSS, grâce aux succès – et non aux échecs – de sa construction, était parvenue à se hisser au rang de superpuissance militaire. C'est son armée qui a battu les nazis, puis, après la guerre, est parvenue dans un temps record à mettre un terme au monopole nucléaire et balistique des États-Unis. Ces succès sont à l'origine de sa présence politique sur l'échiquier mondial de l'après-guerre. Le pouvoir soviétique bénéficiait de surcroît du prestige de sa victoire sur le nazisme et de celui du « socialisme » dont il prétendait être le témoignage, quelles qu'aient été les illusions concernant la réalité de ce « socialisme » (qualifié parfois de « réellement existant »). Il a su en faire un usage « modéré », dans ce sens que, contrairement aux affirmations de la propagande antisoviétique, il ne se proposait ni « d'exporter la révolution », ni de « conquérir » l'Europe occidentale (le faux motif invoqué par Washington et les bourgeoisies européennes pour faire accepter l'OTAN). Il a néanmoins mis en œuvre sa puissance politique (et militaire) pour contraindre l'impérialisme dominant à reculer dans le tiers-monde, ouvrant aux classes dominantes (et aux peuples) d'Asie et d'Afrique une marge d'autonomie qu'elles ont perdue avec la chute de l'URSS. Ce n'est pas un hasard si l'offensive hégémoniste militarisée des États-Unis s'est déployée avec la violence qu'on connaît à partir de 1990. La présence soviétique imposait – de 1945 à 1990 – une organisation « multipolaire » du monde.

Les formes nouvelles du capitalisme en Russie

J'utilise délibérément l'expression qui fait le titre de cette section, évitant de la sorte celle de « néolibéralisme ». Cette dernière formulation, que j'emploie comme tout le monde parce que le discours dominant l'impose, devrait en fait être exclue de toute réflexion sérieuse ; car il ne s'agit là que d'une rhétorique idéologique (de bas étage). Le « néolibéralisme extrême » suppose, très explicitement, un retour au « libéralisme modéré » dès lors que la faillite de l'extrémisme dans ce domaine a été reconnue à l'Ouest comme à l'Est. Or le « libéralisme » est au « capitalisme réellement existant » ce que le discours du « socialisme » était au « socialisme réellement existant » : un instrument idéologique destiné à évacuer l'examen des questions véritables. Le « libéralisme » promet donc tout à la fois : « l'efficacité » (sans en définir les termes), la « démocratie », « la paix » et même la justice sociale !

La mise en œuvre des politiques pratiquées en son nom produit tout autre chose, presque leur contraire : la stagnation (voire pour certains le recul), la dégradation de la démocratie (ou même le renforcement d'autocraties), la guerre permanente, l'inégalité grandissante. Mais peu importe, on invite alors à « attendre »...

L'effondrement du système soviétique, renforcé par celui des populismes du tiers-monde et l'érosion du compromis social-démocrate en Occident, a permis le triomphe de l'idéologie dite libérale et de vastes ralliements à son discours. En Russie comme ailleurs. J'ai d'ailleurs signalé l'illusion entretenue selon laquelle, comme l'Allemagne et le Japon avaient « perdu la guerre, mais gagné la paix », la Russie allait, grâce au libéralisme, s'engager à la fois dans un développement modernisateur accéléré (enfin) efficace et dans la démocratie. On oubliait – ou feignait d'oublier – que l'objectif de Washington n'est pas de permettre la renaissance d'une Russie forte (pas plus que d'une Chine forte), fût-elle capitaliste, mais de la détruire.

Quinze ans de « réformes » se soldent-ils par la mise en place en Russie d'un système capitaliste capable de se « stabiliser » et, à partir de là, d'engager le pays effectivement sur la voie des promesses du libéralisme ? La réalité oblige à répondre négativement à cette question : l'URSS s'est désintégrée et la Russie vit sous la menace de l'être à son tour, aucune des institutions en place (ses entreprises privées, son État) ne sont outillées pour opérer les investissements nécessaires pour améliorer l'efficacité du système productif (tout au contraire le désinvestissement est massif), et la destruction systématique de ce que le système soviétique avait réalisé de positif (en particulier l'éducation) n'augure pas d'un « avenir meilleur ». On comprend mal comment un système qui porte ces caractéristiques pourrait se « stabiliser », sauf à entendre sa stabilisation pour un temps à un niveau de misère et d'impuissance accomplies.

En fait donc, les formes nouvelles du capitalisme en Russie ont accentué – et non réduit – les caractères du système soviétique parvenu à son stade extrême de décadence.

L'inscription de la Russie nouvelle comme périphérie subalterne du système capitaliste impérialiste contemporain

La Russie « ouverte » n'est pas seulement un « exportateur de biens primaires » (pétrole en premier lieu) ; elle tend à n'être plus que cela. Ses systèmes productifs industriels et agricoles ne bénéficient plus d'aucune attention de la part des autorités, et n'intéressent ni le secteur privé national, ni le capital étranger. Aucun investissement digne de ce nom n'a permis leur progression ; et ils ne survivent qu'au prix de la poursuite de la dégradation de leurs infrastructures. La capacité de rénovation technologique – et l'éducation de qualité qui en constituait le soubassement dans le système soviétique – est l'objet d'une destruction systématique.

Qui est responsable de ces reculs gigantesques ?

Bien entendu d'abord la nouvelle classe dirigeante. Très largement issue elle-même de l'ancienne classe dirigeante soviétique, celle-ci s'est sans doute fabuleusement enrichie par les privatisations/pillages dont elle a été bénéficiaire. La concentration de cette nouvelle classe a d'ailleurs pris des dimensions peu communes, en sorte que le terme « d'oligarchie » lui convient parfaitement. La similitude avec les oligarchies d'Amérique latine est sans doute ici frappante. Cette classe tire son enrichissement de trois sources : la rente pétrolière (laquelle dépend de la conjoncture mondiale, c'est-à-dire des prix élevés ou bas du brut), la cannibalisation des industries (les firmes industrielles privatisées ne sont pas destinées à constituer la base d'une production plus importante et plus efficace mais seulement à permettre aux oligarques de vivre de leur déclin), les courtages associés à l'ouverture des marchés du pays aux importations. Rentes et courtages définissent toujours une bourgeoisie *compradore*, non une bourgeoisie « nationale ».

L'impérialisme – qui en bénéficie – soutient cette dégradation du pays au rang de périphérie subalterne. C'est bien là l'essentiel du plan des États-Unis pour ce qui est de la Russie (et des autres républiques de l'ex-URSS) : les réduire au rang de périphéries subalternes désindustrialisées, et partant impuissantes, « *latino-américaniser* » l'ancien Est soviétique (ex-URSS et Europe de l'Est). Les modalités sont conçues dans des proportions variables selon les cas allant de la destruction totale pour les pays ayant un passé révolutionnaire (la Russie et la Yougoslavie), à la subalternisation plus douce en Europe de l'Est « conservatrice » (Pologne, Hongrie, etc.).

Bien entendu, dans le cadre de cette vision commune, partagée par les pouvoirs en place aux États-Unis et en Europe, une certaine concurrence pourrait se déployer entre les différents associés de la Triade impérialiste. Qui bénéficiera à titre principal de cette *latino-américanisation* ? Les États-Unis ou l'Europe (occidentale) ? Le compromis en cours laisse l'Europe de l'Est à l'Allemagne à titre principal, la Russie aux États-Unis. L'OTAN (où se déploie l'hégémonisme des États-Unis), l'OMC et Bruxelles (dont les options libérales viennent renforcer celles de l'OMC) sont chargés de « gérer » ce système asymétrique par essence. Il reste que la gestion de ces responsabilités politiques de l'impérialisme collectif demeure traversée des contradictions que j'ai analysées ailleurs et sur lesquelles je ne reviens pas ici. La concurrence Europe/États-Unis opère dans le cadre de cette gestion. Washington dispose ici de cartes qui ne sont pas négligeables, entre autre évidemment l'option atlantiste inébranlable de Londres mais également celle des classes politiques serviles de l'Europe de l'Est. Ici encore, l'Europe a laissé passer l'occasion d'un rapprochement avec la Russie qui aurait renforcé son autonomie dans ses rapports avec les États-Unis.

L'explosion de richesse de l'oligarchie a entraîné la formation d'une nouvelle « classe moyenne », qualifiée de « nouveaux Russes ». Les emplois que ceux-ci occupent sont parfaitement improductifs, procédant de la dépense des oligarques. Par contre, l'ancienne classe moyenne de professionnels et techniciens, généralement beaucoup plus qualifiés et certainement productifs, se retrouve avec les classes populaires parmi les victimes de ce développement capitaliste *compradore*. Par ailleurs, les monopoles de l'oligarchie, bénéficiaire exclusive des générosités de l'État, étouffent la constitution éventuelle d'une véritable classe d'entrepreneurs inventifs, pourchassés par le pouvoir et les mafias de l'oligarchie, rendant par là même impossible la formation d'un capitalisme « par en bas ».

Le discours libéral qui prétend que les « gagnants » du système sont les individus les mieux qualifiés et les plus inventifs, tandis que les « perdants » se recruteraient parmi les travailleurs les « moins productifs », ne résiste à aucun examen sérieux. Les « perdants » rassemblent en réalité l'ensemble des travailleurs productifs de la nouvelle Russie. Les « gagnants » par contre ne constituent guère qu'une couche parasitaire, qui fait obstacle à la rénovation du système productif russe.

Un pouvoir autocratique irresponsable

Les formes capitalistes de la nouvelle Russie excluent tout progrès démocratique. L'autocratie n'est plus ici un « vestige du passé », mais la forme nécessaire d'exercice du pouvoir de l'oligarchie *compradore* nouvelle. La Constitution de 1993 établit, pour le servir, un régime présidentiel qui réduit à néant les pouvoirs de la Douma (le Parlement élu). Comme on le sait les gouvernements occidentaux feignent de l'ignorer ; réservant leurs reproches pour « déficit de démocratie » aux seuls régimes qui résistent au libéralisme, tandis qu'ils approuvent la dictature de ceux qui le servent !

Ce qui distingue la nouvelle autocratie de l'ancienne se situe ailleurs : dans le caractère totalement irresponsable du pouvoir qu'elle exerce. L'autocratie est au service de l'oligarchie, participe aux batailles rangées auxquelles se livrent ses clans, même si elle sait se faire payer pour services rendus. Par ailleurs cette autocratie s'est placée au service du capital étranger oligopolistique mondialisé, dont elle met en œuvre sans la moindre résistance les diktats, formulés par l'OMC, le FMI, et même l'OTAN ! Les conflits qui ont opposé récemment Poutine à certains oligarques n'ont pas amorcé un changement significatif dans l'organisation du système. Les objectifs de Poutine sont restés limités : d'abord renforcer les positions du clan des oligarques de Saint-Pétersbourg (base de la clientèle du nouveau président) au détriment des autres, ensuite – peut-être – « rationaliser » le système en séparant plus distinctement la bureaucratie de l'État présidentiel autocratique de la classe qu'elle n'a pas renoncé à servir – l'oligarchie. À chacun son rôle, mais pour jouer dans la même pièce.

Le « peuple russe » est-il responsable de cette dérive ? Partiellement sans doute, par le désarroi dans lequel il s'est retrouvé au lendemain de l'effondrement brutal des institutions soviétiques (parfois détruites à coups de canons, comme cela fut le cas avec le premier Parlement élu !). Les nouveaux partis politiques n'avaient aucune base sociale et idéologique qui leur aurait permis de sortir de l'inexistence. Les nouvelles « droites », réduites en fait à des coteries d'individus irresponsables issus de l'ancien système, ont certes manié avec succès la rhétorique démagogique amplifiée par des médias corrompus à leur service. Leurs boniments ne s'en sont pas moins rapidement usés, face à une opinion générale intelligente qui témoigne de la forte politisation du peuple russe. De ce fait, des nouvelles droites se sont rapidement retrouvées prisonnières du soutien du pouvoir bureaucratique de la nouvelle autocratie.

Il reste que le Parti communiste, en dépit des espoirs placés en lui par une forte minorité des électeurs (presque 50 %), n'a su ni amorcer sa rénovation (et sortir de son héritage de gestion autocratique du pouvoir) ni même résister aux pressions de la nouvelle dictature. Il a au contraire facilité sa mise en place, en souscrivant à la nouvelle Constitution, que le peuple russe rejetait. Il a tenté par la suite de faire oublier sa stupide couardise et les erreurs majeures qu'elle a occasionnées en inaugurant un discours « nationaliste » ambigu. Mais les embryons de partis politiques d'une gauche alternative n'ont pas su non plus opérer les percées qui auraient été nécessaires pour mettre en échec le projet de la nouvelle oligarchie, et se sont rapidement repliés sur des chapelles intellectuelles isolées des classes populaires.

Un corporatisme dégénéré et affaibli

Face au Parti communiste obtus et déliquescent, les syndicats auraient pu constituer un pôle de résistance efficace. Car les syndicats ont conservé pendant au moins douze ans le respect et le soutien de leurs adhérents, qui se comptent par millions.

L'erreur majeure des directions syndicales a été de croire que l'ancien corporatisme dans lequel elles étaient enserrées pouvait garantir leur « survie ». Il est vrai que la situation objective facilitait cette erreur de jugement perspectif. Dans la grande majorité des cas, les directeurs et les cadres des entreprises exclus du nouveau système des pouvoirs oligarchiques demeuraient « aux côtés de leurs ouvriers » dans le combat quotidien pour la survie de la production. Quelques idéologues sociaux-démocrates ont de leur côté nourri l'illusion que la mise en place d'une combinaison tripartite qu'ils préconisaient (patronat, syndicats, État) permettait une sorte de « compromis historique » positif. Ces idéologues étaient en retard d'une guerre – la social-démocratie en Occident même ayant amorcé sa conversion au libéralisme – et ignoraient de surcroît que le modèle de capitalisme périphérique en construction en Russie excluait toute forme « sociale » de sa gestion.

La couardise des directions syndicales et les illusions dont elles se sont abreuvées n'empêchaient pas les luttes sociales de se développer ici et là – grèves nombreuses – et parfois de faire reculer le pouvoir, comme ce fut le cas avec la menace de paralysie de la vie du pays par la résistance des cheminots. Mais ces luttes ne sont pas parvenues à produire les révisions nécessaires dans les modes de gestion syndicale, et les tentatives de groupes restreints de la « nouvelle gauche » de refonder la vie ouvrière sur des bases syndicales indépendantes et nouvelles ne sont pas parvenues à dépasser les succès anecdotiques.

Cette combinaison de facteurs défavorables s'est soldée par l'amorce du déclin de l'organisation syndicale, visible dans les dernières années. La ruine des services sociaux dont les syndicats étaient les gérants dans le système soviétique a, de son côté, favorisé cette désaffection.

Un régionalisme incontrôlé

Le régionalisme marqué du soviétisme vieillissant a franchi une étape dans la direction d'une dérive destructrice. L'ancien régionalisme était maîtrisé, non pas nécessairement par la violence d'État, mais plutôt par le souci responsable de l'autocratie soviétique d'accepter les compromis qui s'imposaient.

Les clans de la nouvelle autocratie irresponsable croient, au contraire, utile d'exploiter les régionalismes pour servir leurs objectifs à court terme. Dans certains cas cette dérive est allée très loin, comme en témoigne le drame tchétchène.

Qu'il y ait eu des questions graves en suspens dans certaines régions, et plus particulièrement sans doute dans les districts « non-russes » de la Fédération russe, nul ne saurait l'ignorer. Que des « forces extérieures » aient tenté d'exploiter ces difficultés – entre autre bien entendu dans le cas de la Tchétchénie les États-Unis et leurs alliés islamistes –, nul ne peut non plus en douter. Mais Moscou porte la responsabilité de la dégradation de la situation. Une majorité forte du peuple tchétchène rejetait les appels à la sécession des « islamistes ». Le pouvoir russe a renoncé à s'appuyer sur cette majorité et a délibérément choisi la carte de « l'intervention militaire », sans souci des conséquences de cette option. Il est établi que c'était là le produit des calculs médiocres de clans de l'oligarchie (intéressés par exemple par le tracé nord du pipeline d'évacuation du pétrole de la Caspienne) et de la bureaucratie d'État (refaire « l'unité du peuple russe » et obtenir son soutien « inconditionnel » face à « l'ennemi extérieur et terroriste »). Il est établi que les attentats terroristes à Moscou et ailleurs – dont il n'est pas prouvé qu'ils aient été l'œuvre des Tchétchènes – ont rempli des fonctions analogues au 11 septembre, exploité comme on le sait par l'administration de Bush.

Dans ce registre, également l'administration de Poutine ne paraît pas avoir rompu avec les errements de celle d'Eltsine. La seconde guerre de Tchétchénie, entreprise par Poutine, s'est soldée par le même échec que la première, et a été « exploitée » de la même manière par les deux présidents successifs.

On porte au crédit de Poutine une réforme de l'organisation territoriale des pouvoirs dont l'objectif serait d'éteindre les foyers d'incendies régionalistes. Il reste que cette réforme demeure commandée par le principe de l'autocratie (en doublant les gouverneurs élus par des sortes de préfets nommés) et renonce à s'appuyer sur les populations concernées (ce qui risquerait de renforcer leur capacité de résistance aux pressions des oligarques). La réforme entreprise n'est donc pas de nature à favoriser la solution correcte des conflits ouverts ou latents.

La Russie effacée de l'échiquier international

La Russie siège désormais sur un strapontin du G7, devenu G8 (ou plutôt 7 1/2). Mais elle n'en est pas pour autant un acteur actif dans le façonnement des équilibres mondiaux. Elle conserve en apparence une puissance militaire considérable, la seconde par son équipement nucléaire et balistique. Encore que le délabrement de son organisation militaire laisse craindre qu'elle serait incapable d'en faire un usage efficace, si nécessaire, c'est-à-dire en cas d'agression des États-Unis.

Il va de soi que cet effacement pose problème pour l'avenir du système mondial. Dans quel « camp » éventuel se rangera la Russie au cas où les contradictions politiques entre certains pays européens (la France et l'Allemagne) d'une part et les États-Unis d'autre part parvenaient à faire éclater l'atlantisme encore en position de commande dans l'impérialisme collectif de la Triade ? Ou au cas où les conflits avec certains pays du Sud (la Chine, ou même l'Inde, l'Iran ou la Corée du Nord) prendraient de l'ampleur. Sans doute dans le terme immédiat la question ne se pose pas : l'Europe reste atlantiste malgré les grincements de dents de quelques-uns. Bien que la Russie se soit rangée, comme la Chine, avec la France et l'Allemagne pour refuser de donner à Washington un blanc-seing dans son agression en Irak, le geste n'a pas amorcé un « renversement des alliances ». Moscou demeure attelé au char américain, en dépit de quelques expressions – modérées – de résistance. Washington ne s'y est pas trompé, réservant ses discours de condamnation violente aux seuls Français.

Les pressions exercées par la présence militaire des États-Unis en Asie centrale et au Caucase, leur implantation récente en Géorgie, leur manipulation des menaces islamistes, sont parvenues jusqu'ici à maintenir la Russie hors du grand jeu international. La Russie pourrait mettre en échec le projet des

États-Unis (qui est de la réduire à l'état de périphérie subalterne dans le nouvel ordre mondial dominé par Washington) en jouant un rôle dans la reconstruction d'un « front du Sud anti-impérialiste », et, en premier lieu, dans cette perspective, en se rapprochant de la Chine. Elle ne le fait pas. Au contraire, elle agit souvent dans la direction opposée, se nourrissant de l'illusion que son alliance avec les États-Unis la protège contre d'éventuelles poussées expansionnistes de Pékin en Asie centrale et en Sibérie. Ce faisant, la Russie renforce la stratégie de Washington qui s'emploie à isoler son « ennemi potentiel principal » (la Chine). Parions que la Russie ne sera pas payée de retour pour ce service qui, au contraire, l'affaiblit elle-même et accélère le processus de sa dégradation au rang de périphérie subalterne. Il reste que tous ces équilibres (ou déséquilibres) dont bénéficient les États-Unis demeurent fragiles et l'échec certain de leur intervention en Irak finira un jour ou l'autre par les remettre en question. La diplomatie russe trouvera-t-elle alors sa place dans la redistribution des cartes ? Je reviendrai sur cette question, qui constitue l'une des dimensions majeures de la construction d'une alternative à la mondialisation libérale et américaine.

La dérive idéologique

L'idéologie soviétique n'a jamais renoncé, jusqu'au dernier jour, à se nourrir d'une rhétorique prétendue « socialiste ». Le pouvoir soviétique, même dégradé à l'extrême, savait qu'il tenait sa légitimité de la Révolution de 1917. On peut s'en irriter, ou même le tourner en dérision. La distance qui séparait cette rhétorique de la réalité soviétique n'était d'ailleurs pas plus grande que celle qui sépare le discours « libéral » du capitalisme réellement existant. Et tout comme bon nombre d'individus par ailleurs normaux adhèrent au discours libéral en dépit de la catastrophe sociale qui accompagne son déploiement, il n'y a pas à s'étonner que le discours « socialiste » ait eu ses croyants jusqu'au dernier jour.

La nouvelle autocratie oligarchique a besoin par contre de prendre le contre-pied du discours soviétique. Mais elle ne sait pas par quoi le remplacer. Les boniments concernant l'efficacité économique et la démocratie qui caractériseraient le capitalisme ne sont pas crédibles en Russie, s'ils le sont ailleurs peut-être, en Europe de l'Est. Le discours « patriotique » constitue alors la seule planche de salut de ce pouvoir finalement aux abois. La rhétorique en question sert à évacuer les vrais problèmes (l'inégalité sociale, la destruction des conquêtes de 1917, l'inefficacité de la nouvelle gestion économique, l'effacement du rôle international du pays), en prétendant « unir le pays tout entier derrière ses dirigeants », laissant entendre que ceux-ci « résistent » au capital mondialisé dominant. Toutes les classes *compradores* dirigeantes des périphéries contemporaines tentent de donner d'elles-mêmes une image « patriotique », alors qu'elles sont responsables du déclin dont sont victimes leurs nations et n'agissent en fait que comme courroies de transmission de la domination (étrangère) du capital international.

Le patriotisme, compris dans un sens positif, est certes nécessaire en Russie comme ailleurs – plus que jamais – face aux défis de la mondialisation libérale et américaine. À condition d'être conçu comme un élément positif dans la construction d'un développement autocentré (quand bien même serait-il ouvert) au service de l'ensemble des classes travailleuses, et non comme une rhétorique démagogique et trompeuse, comme c'est le cas pour ce qui est du discours du nouveau pouvoir russe.

Il reste que le discours idéologique mis en œuvre par le nouveau pouvoir russe n'a pas de prise réelle sur son peuple. En témoigne l'obligation dans laquelle ce pouvoir se trouve de recourir de plus en plus à des élections ouvertement falsifiées à grande échelle. C'est dire que nous avons affaire à un pouvoir dénué de légitimité et de crédibilité. Ou encore que ce nouveau capitalisme russe est incapable de trouver un centre de gravité autour duquel il pourrait stabiliser son pouvoir.

Les insuffisances des oppositions se traduisent également par celles de leurs discours idéologiques. Les communistes (du Parti communiste) ont rallié le discours « patriotique » du pouvoir, sans guère lui donner un contenu plus précis. Un peu comme ceux qui, dans les pays musulmans, « menacés » par la vague islamiste, pratiquent la surenchère sur le terrain même choisi par l'islam politique et croient par ce moyen en exorciser la force d'attraction. D'autres invoquent l'« eurasiatisme », c'est-à-dire un nationalisme à la fois anti-américain et anti-européen, préconisant un rapprochement avec l'Asie (Chine, Inde, Iran). Sans doute ce rapprochement constitue-t-il l'une des exigences de la construction d'une mondialisation alternative. Mais point n'est besoin pour cela d'une légitimation para-idéologique douteuse qui éloigne de l'adhésion à l'universalisme moderniste, fût-il d'origine « occidentale », et donc jusqu'ici déformé par la réalité du système impérialiste dont l'Occident en question est le centre.

Sans doute des décisions alternatives sérieuses, procédant à partir de la critique de gauche du soviétisme pour aller de l'avant dans une perspective de reconstruction socialiste, bénéficient-elles en Russie de terrains favorables. Mais force est de constater que jusqu'ici ces visions ne sont pas sorties de cercles intellectuels sans prise sur le peuple.

Y a-t-il une alternative dont les traits saillants se dessineraient dans la Russie d'aujourd'hui ?

Le tableau de la Russie que j'ai brossé dans les pages précédentes pourrait inspirer un grand pessimisme quant à l'avenir du pays. En fait, l'échec du nouveau capitalisme russe, l'incapacité dans laquelle il se trouve de construire les conditions de sa stabilisation, devraient inspirer au contraire un optimisme de la raison. La Russie est, comme à la veille de 1917, grosse d'une nouvelle révolution dit-on parfois à Moscou. Ou de transformations radicales capables de redresser la direction de l'évolution. Dans quelles perspectives locales et mondiales ? À quelles conditions ?

Les principes de base sur lesquels l'alternative au système actuel en place dans le monde devrait être fondée sont simples, évidents, et au demeurant largement compris quand on les invoque. Sur les plans internes (« nationaux ») : (i) une « économie mixte », d'une part donnant à l'État les moyens d'orienter le développement général et d'autre part offrant à la propriété privée et au marché la marge suffisante qui permette la promotion des initiatives ; (ii) l'institutionnalisation de la négociation sociale travailleurs/entreprises/État ; (iii) l'approfondissement de la démocratie représentative par la promotion d'initiatives de démocratie participative. Au plan mondial : (i) l'organisation de la négociation de formes de la gestion économique (échanges commerciaux, flux de capitaux, transferts technologiques, gestion monétaire) fondées sur la reconnaissance de la diversité des intérêts et de l'inégalité des partenaires ; (ii) la reconnaissance du principe de la souveraineté des peuples, renforcée par le soutien aux progrès de la démocratisation, fondement d'un monde politique multipolaire. La mise en œuvre de l'ensemble de ces principes permettrait d'amorcer une première étape sur la route de la « longue transition au socialisme mondial ».

Bien entendu, ces principes très généraux, valables pour tous (la Chine ou la Russie, l'Allemagne ou le Congo) ne prennent leur sens que traduits en termes concrets respectueux de la diversité des situations objectives.

Pour la Russie, leur mise en œuvre implique : (i) la renationalisation des grandes entreprises, singulièrement dans les domaines du pétrole et de l'énergie, des productions minières et des banques (donc l'expropriation de l'oligarchie) ; (ii) l'invention de formes nouvelles de gestion paritaire (travailleurs et dirigeants) des entreprises de l'industrie et du commerce, que celles-ci soient formellement propriété publique (États, collectivités, collectifs de travailleurs) ou privées ; (iii) le rétablissement et le renforcement des services sociaux publics, de l'éducation (qui fut de qualité en URSS) et de la recherche scientifique et technologique ; (iv) l'abolition de la Constitution de 1993 et l'élaboration par une grande convention élue d'une Constitution authentiquement démocratique ; (v) le soutien aux formes d'interventions populaires de démocratie participative ; (vi) l'ouverture d'une grande négociation entre les républiques de l'ex-URSS permettant la construction d'un espace régional économique et politique respectueux de l'autonomie des partenaires et capable de refonder des interdépendances au bénéfice de tous ; (vii) le rétablissement de la puissance militaire russe (en attendant un désarmement généralisé, lorsque les États-Unis seront disposés à s'y soumettre) ; (viii) la promotion d'échanges commerciaux, technologiques et financiers négociés amorçant la construction d'une « grande Europe » – de l'Atlantique au Pacifique ; (ix) la promotion d'une politique étrangère active et indépendante (de celle des États-Unis en particulier) visant au renforcement des institutions garantes de la construction d'un monde multipolaire.

Dans la perspective de la mondialisation alternative envisagée ici, la place et les rôles remplis par les partenaires nationaux demeurent par la force des choses spécifiques et différents les uns des autres. La Russie y occupera la place à la fois d'un grand producteur/exportateur de matières premières (pétrole et produits miniers) et d'une puissance industrielle rénovée, sans être nécessairement soumise aux aléas que la recherche de la « compétitivité » sur un marché mondial dit « ouvert » implique. Celle de la Chine, par comparaison, est celle d'une puissance industrielle nouvelle dont la production serait commandée principalement par l'expansion de son marché interne et seulement accessoirement par celle de ses exportations (le principe opposé à celui que l'OMC s'emploie à imposer). Cette option impliquerait en Chine, comme ailleurs en Asie et en Afrique, des solutions appropriées aux problèmes agraires, fondées sur la reconnaissance du droit d'accès au sol de tous les paysans (je renvoie ici à ce que j'ai écrit ailleurs sur ce sujet). Certes, la Russie connaît également encore (comme l'Europe de l'Est) un problème agraire qui ne peut être résolu par le développement capitaliste comme il le fut dans les centres développés du système mondial. Mais les questions se posent ici dans des termes concrets passablement différents de ceux qui caractérisent les pays du « tiers-monde » (Asie, Afrique et Amérique latine) et commandent des solutions appropriées.

Le gouvernement d'Evgueni Primakov avait bel et bien amorcé un redressement allant dans le sens décrit ici, avec semble-t-il une bonne détermination mais aussi beaucoup de prudence dans les premières mesures qu'il prenait (ce qu'on comprendra sans difficulté). Comme Gorbatchev l'avait peut-être souhaité sans savoir comment le faire, Primakov envisageait la construction d'un système économique et politique de « centre gauche ». Primakov a été victime d'abord de l'incapacité du Parti communiste, alors encore puissant, de comprendre et soutenir l'initiative. Mais il a été également la victime de l'hostilité internationale, en premier lieu des États-Unis mais hélas également de l'Europe qui ne s'est pas départie de sa vision d'une « latino-américanisation » de l'ex-URSS (et de même de l'Europe de l'Est en voie d'intégration dans l'Union européenne).

Le résultat de cet échec a facilité le succès premier de l'offensive des États-Unis, au Moyen-Orient, en Asie centrale et à l'échelle mondiale, et renforcé la soumission du régime de Poutine à ses exigences immédiates. De ce fait, nous sommes parvenus, pour la Russie comme pour l'ensemble du monde, à la croisée des chemins : ou bien le projet américain sera mis en déroute (et cela est devenu la condition incontournable de la construction d'une alternative, à toutes les échelles du national au mondial), ou bien celui-ci poursuivra (pour un temps) son déploiement, annihilant les potentiels de transformation en direction de la démocratisation et du progrès social de toutes les sociétés.

Dans ce combat la responsabilité des peuples est toujours première, en Russie comme ailleurs. Le renforcement des luttes sociales et des revendications démocratiques, la dissipation des illusions et l'amorce de la reconstruction de gauches nouvelles, ouvertes, capables de convaincre les classes populaires que le Parti communiste et les syndicats tentent de continuer à traiter en « clientèles » au service de leurs calculs politiques à court terme, constituent des signes positifs d'un redressement russe possible.

La responsabilité de l'Europe n'est pas moindre. L'Europe doit tendre la main à la Russie. Elle doit renoncer à sa vision qui reste encore celle d'un partenaire de l'impérialisme collectif de la Triade, contraint alors de s'inscrire dans les plans de l'hégémonisme des États-Unis. Il lui faut pour cela sortir des « sables mouvants » dans lesquels elle s'est enlisée, comme je l'ai écrit ailleurs.

Poutine a peut-être maintenant compris que l'objectif des États-Unis et de l'Europe alignée est de détruire la Russie et non de l'aider à se rénover. Mais le système sur lequel il fonde son pouvoir ne lui permet pas de résister avec efficacité aux assauts destructeurs de la Triade impérialiste. Car pour y faire face il lui faudrait sacrifier son soutien à l'oligarchie qui exploite et opprime le peuple russe. À défaut celui-ci laissera faire.

Les exemples de la Géorgie et de l'Ukraine illustrent le drame. Par le soutien que le pouvoir russe apportait à ceux des autocrates locaux qu'il considérait comme « ses amis », Moscou a transformé en héros des individus qui ne sont que de vulgaires agents de l'étranger !

Depuis trente ans les États-Unis et l'Europe bénéficient du mépris dans lequel les pouvoirs hérités du soviétisme tiennent la démocratie et, de ce fait, jouent sur du velours. C'est ainsi que Walesa, l'ami de Washington et du pape, s'est fait passer pour le dirigeant d'un mouvement de « rénovation de la classe ouvrière » (c'est ainsi que Solidarnosc a été présenté) alors que son projet véritable était de détruire la capacité de celle-ci de résister aux assauts du capitalisme[1]. Les aspirations démocratiques légitimes des peuples de l'Est sont ainsi manipulées et dévoyées avec d'autant plus de facilité que les gauches majoritaires de l'Europe se font complices du projet de l'impérialisme dominant. Ce faisant, elles n'aident pas à la reconstruction nécessaire d'une gauche post-soviétique, mais tout au contraire, contribuent à perpétuer la confusion.

La géométrie de la géopolitique des figures d'alliances possibles entre les États-Unis, l'Europe et la Russie pèsera lourd dans la détermination de la mondialisation de l'avenir. Deux figures sont ici possibles : celle commandée par un partenariat euro-russe éventuel privilégié et celle illustrée par la consolidation de « l'alliance russo-américaine » dont la base est constituée par le choix de la Russie de devenir un exportateur pétrolier majeur à destination des États-Unis. La « lutte commune contre le terrorisme » est venue, après le 11 septembre 2001, consolider en apparence cette alliance.

1. Venu au pouvoir, Solidarnosc n'a pas donné les usines aux ouvriers, mais les a fermées, ou vendues pour une bouchée de pain au grand capital occidental, achevant par là même le mouvement ouvrier polonais.

Les faits démontrent amplement qu'il s'agit là d'un partenariat parfaitement dissymétrique qui n'est rien d'autre que la mise en œuvre du plan de Washington de destruction de la Russie. Loin de fournir à la Russie les moyens de moderniser son système productif, ce partenariat est étroitement associé aux intérêts de l'oligarchie russe et à sa soumission au projet de transformation de la Russie en fournisseur exclusif de matières premières. Il a d'ailleurs facilité la pénétration des États-Unis au Caucase et en Asie centrale, dont Moscou est en voie d'être évincée. Cette figure ne peut donc constituer un élément de la construction d'une mondialisation alternative.

L'autre figure peut l'être. Un partenariat euro-russe pourrait être conçu dans une perspective fort différente s'il ne se limitait pas à favoriser l'exportation de pétrole russe vers l'Europe mais était accompagné du soutien actif de l'Europe à la modernisation de l'ensemble du système productif russe. L'Europe aurait pu en prendre l'initiative dès 1990 et proposer un partenariat capable de renforcer l'autonomie des deux partenaires vis-à-vis des États-Unis. L'Europe, timorée comme d'habitude, ne l'a pas fait, craignant de heurter Washington, ouvrant la voie à l'offensive des États-Unis en direction de Moscou. Le pétrole russe est donc destiné en priorité à satisfaire les besoins américains et est vendu en dollars. Un partenariat qui aurait prévu sa vente en priorité à l'Europe et en euros aurait considérablement allégé la dépendance des Européens à l'égard de fournisseurs largement contrôlés par Washington, qu'il s'agisse du Moyen-Orient, de la Caspienne ou du golfe de Guinée. L'Europe a donc accepté ce partage fort inégal des dépouilles du monde ex-soviétique : aux États-Unis la Russie et l'Asie centrale, aux Européens la Pologne et les États baltes !

Il n'est pas trop tard pour penser pouvoir renverser les alliances de la Russie. L'opposition au monopole du pouvoir de l'oligarchie se renforce en Russie. Les revers diplomatiques tant de la Russie que de l'Europe face à l'offensive de Washington devraient finir par faire réfléchir. Un rapprochement des grands partenaires de l'Eurasie – Europe, Russie, Chine, Inde – entraînant le reste du vieux monde (l'Afrique en particulier) est nécessaire, possible, et mettrait un terme définitif au projet de Washington d'étendre la doctrine Monroe à la planète entière. Il faut agir dans ce sens avec patience sans doute, mais surtout avec détermination.

4

L'Inde : une grande puissance ?

Ayant déjà franchi le cap du milliard d'habitants, en voie de dépasser la Chine en population, accusant des taux de croissance économique meilleurs que les moyennes mondiales, l'Inde est vite classée parmi les puissances montantes du 21e siècle. J'exprimerai ici des doutes sur ce pronostic, tant les conditions pour que l'Inde parvienne à devenir une grande puissance « moderne » me paraissent loin d'être réunies.

La raison de mes doutes procède de l'importance décisive que j'attribue au fait que l'Inde indépendante ne s'est pas attaquée au défi majeur auquel elle est confrontée, celui de transformer radicalement les structures qu'elle a héritées de son façonnement par le capitalisme colonial. Sans doute la classe dirigeante de l'Inde indépendante s'est-elle proposée de greffer sur cet héritage, maintenu dans ce qu'il a d'essentiel, un projet « national bourgeois ». Examinant les succès, les limites, voire les échecs de ce projet, je poserai la question que le discours dominant – celui du « libéralisme mondialisé » – évacue d'emblée : celle de savoir si la bourgeoisie de ce pays n'est pas condamnée à s'inscrire dans la *compradorisation* immanente au statut des structures capitalistes périphériques du pays et si, par conséquent, sans passer par une véritable révolution sociale qui ne paraît pas être à l'ordre du jour de l'avenir visible, son accession au statut de grande puissance moderne paraît impossible.

L'héritage colonial

La colonisation britannique a pour l'essentiel transformé l'Inde ancienne en un pays agraire capitaliste dépendant. Les

Britanniques ont, à cette fin, systématiquement construit des formes affirmées de la propriété privée du sol agricole excluant la majorité de la paysannerie de l'accès à celle-ci. Ces formes ont permis la constitution de grandes propriétés dominantes dans le nord du pays, moins défavorables aux propriétés moyennes d'une paysannerie relativement aisée dans le sud. La majorité des paysans se sont retrouvés transformés en une paysannerie pauvre, pratiquement sans terre. Le prix payé pour l'option en faveur de cette « voie capitaliste » du développement de l'agriculture est l'incroyable misère qui frappe la grande majorité du peuple indien.

La forme universelle de l'organisation de la gestion du sol n'est pas la propriété privée, comme le croient et le pensent spontanément les esprits modernes déformés par l'eurocentrisme, mais la propriété éminente d'une collectivité politique. Dans l'Inde ancienne c'était celle de collectivités villageoises, qui géraient l'accès au sol (sur la base de principes hautement inégalitaires, en relation avec la hiérarchie des castes), elles-mêmes soumises à une collectivité politique supérieure, l'État (qui percevait son tribut sur les collectivités soumises à son pouvoir). Les Britanniques ont promu les responsables de cette gestion politique aux divers niveaux d'exercice de leur pouvoir au rang de « propriétaires privés », imposant leur modèle particulier de la voie capitaliste occidentale devenue « universelle ». Comme l'on fait d'autres Européens ailleurs, en Amérique et dans les colonies d'Asie et d'Afrique. Aujourd'hui les fonctionnaires de la Banque mondiale ne disposent pas de l'équipement intellectuel qui leur permettrait de comprendre que ce qu'ils préconisent comme la voie exclusive universelle (la propriété privée du sol) n'est rien d'autre qu'une voie exceptionnelle, dont le succès dans une petite partie du monde cache le fait qu'elle constitue, en général, c'est-à-dire pour le « reste du monde », une impasse.

Les communistes indiens ont préconisé, à l'origine, la remise en cause de cet héritage et avaient inscrit à leur programme la réforme agraire dans sa forme la plus radicale (« la terre à ceux qui la travaillent », c'est-à-dire pratiquement à tous les paysans). Les bourgeois du Congrès ne l'ont jamais fait. Et l'Inde indépendante a réduit ses promesses faites aux paysans à un semblant de réforme agraire sans portée réelle. Il reste que lorsque, comme au Bengale occidental et au Kerala, les pouvoirs locaux communistes ont été un peu plus loin – autant que leur permettrait la Constitution indienne –, les résultats positifs enregistrés en termes sociaux et économiques n'ont pas été négligeables et le soutien populaire aux promoteurs des réformes s'est trouvé renforcé.

Mais si cette question fondamentale de la propriété du sol agraire avait constitué naguère l'un des axes majeurs des débats au sein du communisme et au-delà, dans l'ensemble des forces « progressistes » (y compromis bourgeoises démocratiques et populistes), la pénétration de l'idéologie libérale après la seconde guerre mondiale (avant même son triomphe d'apparence totale à la fin du siècle) est parvenue à imposer l'idée – fausse – que la propriété privée du sol était « incontournable », que la voie occidentale (la disparition de la paysannerie absorbée par le développement capitaliste urbain) était sans alternative et que l'exigence de la réforme agraire était de ce fait « dépassée ». La Banque mondiale lui a substitué la « révolution verte » et des formes prétendues de « réformes agraires soutenues par le marché ». Les résultats de leur mise en œuvre ont toujours tourné au désastre – le renforcement des inégalités sociales et l'approfondissement de la soumission des producteurs agricoles au capital dominant (ce qui constituait en fait les objectifs véritables – inavoués – de ces politiques). L'Inde en constitue un bel exemple (*cf.* l'analyse de Srilata Swaminathan sur le sujet, *in* « Luttes paysannes et ouvrières face aux défis du 21e siècle », Les Indes savantes, 2005). On sait aussi que les réformes agraires soutenues par le marché, mises en œuvre par la Banque mondiale du Brésil à l'Afrique du Sud, ont tourné à la farce. Malheureusement, la gauche « révolutionnaire » est aujourd'hui largement contaminée par les billevesées propagées par l'idéologie libérale. Quant aux traditionalistes qui prétendent rétablir l'ordre social d'origine « authentique », ils se gardent bien en fait de remettre en cause cet héritage de la colonisation dont sont bénéficiaires les minorités de privilégiés ! « Hindouistes » ici, comme les défenseurs de l'islam politique ailleurs (en particulier au Pakistan), s'inscrivent en fait dans la soumission aux exigences de la poursuite de l'expansion des formes du capitalisme périphérique dépendant.

En Inde cet héritage colonial est renforcé dans ses effets de blocage du progrès par la persistance (aggravée dans certains de leurs aspects) de l'idéologie des castes. Les « castes inférieures » (aujourd'hui connues sous le nom de *dalit*) et assimilées (« populations tribales ») rassemblent un quart de la population indienne (autour de 250 millions d'individus). Privés de tous droits, en particulier de l'accès au sol, ils constituent une masse de « quasi-esclaves », propriété collective des « autres ». Leur statut inférieur, un peu analogue à celui des Hilotes à Sparte, permet aux autres de puiser dans cette masse de travailleurs disponibles ceux qui leur conviennent pour une tâche et un temps, contre simplement une pitance minimale. La persistance de cette condition renforce les idées et les comportements réactionnaires des « autres » et favorise l'exercice du pouvoir par et au bénéfice de la minorité des privilégiés, contribuant à atténuer, voire neutraliser les protestations éventuelles de ceux des exploités – la majorité – qui se situent entre les exploiteurs minoritaires et les opprimés de statut *dalit*.

Bien entendu la colonisation britannique s'était gardé de remettre en cause l'organisation en question, se masquant derrière la prétention hypocrite de « respecter les traditions » (que les Anglais n'ont pas respecté lorsque cela leur paraissait nécessaire, comme ils l'ont fait en privatisant la propriété du sol !). Le pouvoir colonial a simultanément manipulé la situation à son profit, en faisant accéder quelques *dalits* – par l'éducation – à des postes de collaborateurs. On peut dire que les pouvoirs de l'Inde indépendante ont poursuivi cette tradition, qui n'a été objet de questionnement sérieux que pendant le court moment du gouvernement de l'alliance de gauche, dirigée par V. P. Singh et soutenue par les communistes. La droite hindouiste, bien entendu, n'a rien à dire sur le sujet !, et les États-Unis aujourd'hui – par ONG de « défense des droits de l'homme » interposées – tentent de manipuler de la même manière la protestation des *dalits* et de la contenir dans des espaces inoffensifs pour la gestion d'ensemble du capitalisme.

Cette situation est peut-être en voie d'être heureusement dépassée par la radicalisation des luttes à l'occasion des insurrections paysannes maoïstes « naxalistes » en particulier. Ces insurrections ont certes été vaincues, au sens qu'elles ne sont pas parvenues à établir et à stabiliser un pouvoir populaire dans des régions libérées. Elles n'en ont pas moins amorcé un saut dans la remise en question des structures de la propriété héritées du colonialisme et de l'organisation des castes, et, en cela, n'auront peut-être été que le prélude à des mobilisations révolutionnaires à venir. L'irruption des *dalits* sur la scène politique, fait social majeur des deux dernières décennies, est sans doute, en partie au moins, le produit du naxalisme[1].

Succès et limites du projet national-populiste

Les gouvernements du Congrès de l'Inde indépendante ont mis en œuvre un projet national qui s'inscrit parfaitement dans son époque, marquée par les victoires remportées par les mouvements de libération nationale d'Asie et d'Afrique à la suite de la seconde guerre mondiale. Les partis, les forces politiques qui s'étaient mobilisées dans cette lutte pour la conquête de l'indépendance, la modernisation et le développement, désormais au pouvoir, bénéficiaient d'une légitimité incontestable. Mais les projets qu'ils ont développés souffraient des ambiguïtés qui avaient caractérisé les mouvements de libération eux-mêmes. Ces projets s'affirmaient anti-impérialistes et ils l'étaient dans le sens qu'ils avaient bien compris que la modernisation et le développement exigeaient préalablement la libération nationale. Mais ils s'arrêtaient là et croyaient pouvoir imposer au système dominant globalement – le capitalisme mondialisé – les ajustements indispensables pour permettre aux nations d'Asie et d'Afrique de s'affirmer comme des partenaires égaux et par ce moyen de surmonter progressivement les handicaps de leur « retard ». Ils n'y sont pas par-

1. Naxalisme : soulèvements armés de paysans pauvres et sans terre, mobilisés à l'origine par le PC-ML (maoïste). La révolte de Naxalbari (1967) a donné son nom au mouvement qui agite depuis un tiers des campagnes du sous-continent indien.

venus – en dépit de succès dont la portée n'a jamais été négligeable – et ont rencontré rapidement les limites de leurs conceptions stratégiques.

Les débats de l'époque – en Inde comme ailleurs en Asie et en Afrique – portaient précisément sur ces conceptions stratégiques. S'agissait-il d'une étape incontournable, qualifiée dans le jargon marxiste du moment d'étape « bourgeoise démocratique révolutionnaire », qui préparait son propre dépassement à gauche par le passage à la « construction socialiste » ?

Le projet des pouvoirs dirigeants, au-delà de sa dimension nationale affirmée, comportait des « volets sociaux » de portée plus ou moins réelle que la grande alliance du peuple contre l'impérialisme imposait probablement même à ceux qui, dans ces classes dominantes, n'imaginaient rien qui puisse aller au-delà des rapports capitalistes. Par-delà la variété des situations un dénominateur commun associait tous ces pouvoirs légitimes issus de la libération nationale : leur caractère « populiste », entendant par là d'une part leur volonté de faire partager les bénéfices du développement par l'ensemble (ou la majorité) de la société, et d'autre part leur souci de maîtriser le processus en privant les classes dominées de la possibilité de s'organiser librement hors de leur contrôle.

Les communistes ont souvent exprimé une conscience claire de cette contradiction et des limites qu'elle imposait aux réalisations du système. Mais, pour des raisons diverses que je n'aborderai pas ici (l'ayant fait ailleurs), entre autre sous l'influence des Soviétiques (et des attitudes préconisées par eux, argumentées dans les termes de la « voie non-capitaliste »), la majorité des communistes en Asie et en Afrique avaient fini par devenir des forces de soutien (plus ou moins « critique ») des projets nationaux-populistes en question. La cassure, qui a opposé le maoïsme aux Soviétiques, a parfois atténué l'ampleur de ce ralliement, en Asie notamment. Sur ce plan, les communistes indiens ont dans l'ensemble (tant le PC-M que le PC-ML maoïste) gardé leurs distances à l'égard du projet national-populiste du Congrès, à l'exception du PCI qui, pour cette raison, se retrouve aujourd'hui marginalisé. Les communistes indiens ont donc conservé une position forte dans leur société, sans comparaison par exemple avec celle des communistes arabes dont les partis s'étaient ralliés pratiquement inconditionnellement aux populismes nassérien, baasiste et boumeddienniste.

En dépit de leurs limites, les succès du projet national-populiste de l'Inde de Nehru et d'Indira Gandhi n'ont pas été négligeables, tant au plan économique que politique.

La colonisation avait procédé dès le départ à une désindustrialisation systématique de l'Inde – alors avancée – au bénéfice de la Grande-Bretagne en voie d'industrialisation. L'Inde indépendante a donc donné la priorité à son industrialisation. Celle-ci, conçue avec un bon degré de systématisation, au moins dans la période des premiers plans du temps de Nehru, a associé le grand capital industriel indien privé aux entreprises du secteur public, promues pour combler les insuffisances du système productif hérité de la colonisation, accélérer la croissance et renforcer les industries de base.

Les macropolitiques de régulation alors mises en œuvre étaient conçues pour servir ce projet de modernisation. Les contrôles des prix et des échanges extérieurs, les subventions, les réglementations concernant les entreprises étrangères et les emprunts technologiques poursuivaient l'objectif prioritaire de protéger l'industrie indienne des effets dévastateurs de la domination des marchés mondiaux par le capital impérialiste. À titre secondaire seulement les régulations en question ont poursuivi des objectifs sociaux – redistribution des revenus, mais surtout réduction de la misère extrême des classes populaires. Ce plan de modernisation industrielle accélérée s'accompagnait d'un projet de développement de la production agricole (vivrière en particulier) fondé sur ce qu'on a appelé la « révolution verte » (substitut à l'abandon de la réforme agraire – la « révolution rouge » !), destiné principalement à assurer l'autonomie alimentaire du pays de manière à lui permettre de consacrer toutes ses recettes d'exportation à la couverture exclusive des importations nécessaires à son industrie.

Le projet, dans son ensemble, était bel et bien de nature capitaliste, dans ce sens que les rapports de production et les technologies choisies ne remettaient pas en question les logiques fondamentales du capitalisme. Mais on dira que, dans ce sens les expériences du socialisme réellement existant (celle de la Chine comprise) ne s'en démarquaient pas davantage, en dépit de l'exclusivité – ici – de la propriété publique. Le projet indien était tout de même moins radical dans ce sens que le degré de déconnexion de son système productif à l'égard du système mondial dominant était moins systématique qu'il ne l'était en URSS ou en Chine, dont les salaires et les prix – planifiés en principe – étaient réellement détachés de toute comparaison avec ceux du système capitaliste mondial. Cette caractéristique du projet indien – qu'on retrouve dans les autres expériences nationales-populistes non-communistes (dans le monde arabe par exemple) – était étroitement liée à la non remise en question des structures sociales héritées de la colonisation.

Ce rapport étroit s'est manifesté dans toute son ampleur par l'option en faveur de la « révolution verte », dont on sait qu'elle a renforcé, et non-affaibli, la position des classes rurales dominantes et les grands propriétaires en particulier.

Ces différences entre le modèle national indien et celui de la Chine communiste rendent compte des écarts visibles dans les résultats qu'ils ont permis. Les taux de croissance des productions industrielles et agricoles de l'Inde n'ont pas été, à l'époque, « mauvais » : ils étaient très supérieurs à ce qu'ils avaient été à l'époque coloniale, ils se situaient au-dessus de la moyenne mondiale du capitalisme de l'après-guerre, à l'époque pourtant en phase de forte expansion. Mais ils sont demeurés en gros situés à des niveaux très inférieurs à ceux de la Chine. De surcroît, alors que la croissance chinoise s'accompagnait d'une amélioration évidente des niveaux de vie de la masse des classes populaires, cela n'était pas le cas de celle de l'Inde, dont la croissance bénéficiait exclusivement aux classes moyennes nouvelles – minoritaires quand bien même leur expansion s'accélérait au point de passer en une trentaine d'années de 5 à 15 % de la population globale du pays – tandis que la misère des classes populaires demeurait inchangée, voire s'aggravait marginalement.

Le discours libéral ignore toutes ces réalités fondamentales. C'est pourquoi je ne souscris pas aux conclusions « optimistes » que beaucoup de « futurologues » en tirent : l'Inde serait en voie de poursuivre une croissance accélérée qui la hissera au statut de grande puissance moderne, à l'instar de la Chine. La Chine conserve jusqu'ici l'avantage de l'héritage de sa révolution radicale, l'Inde le handicap de celui de la colonisation non remise en question. C'est la raison pour laquelle la croissance économique de la Chine, soutenue par des structures de répartition des investissements plus favorables au développement d'ensemble du système productif, continue à l'emporter largement sur celle de l'Inde et s'accompagne d'une répartition de ses bénéfices plus favorables (ou moins défavorables) aux classes populaires. Il reste que si la Chine devait se « libéraliser » davantage et l'Inde poursuivre l'option ultralibérale qui est la sienne depuis une quinzaine d'années, on verrait non pas s'accélérer les taux de leur croissance mais au contraire ceux-ci s'affaiblir, alignant la Chine sur l'Inde, voire amorçant des réductions ultérieures de ces taux dans les deux pays. Je situe la « question agraire » au cœur de ce défi auquel les deux pays sont confrontés, entendant par là la question fondamentale de l'accès de tous les paysans au sol et à la production, un accès encore en vigueur en Chine (pour combien de temps ?), toujours refusé en Inde.

De leur côté les succès politiques de l'Inde indépendante ne sont nullement négligeables.

L'Inde est, contrairement à la Chine, un pays multinational et la colonisation britannique n'était parvenue à imposer son pouvoir qu'en jouant précisément sur la diversité des peuples (et des États) indiens. À l'actif du mouvement de libération nationale : son succès dans ce domaine sans pareil ailleurs dans le monde colonial. Ce mouvement est parvenu réellement à unir la dizaine des grandes nations dont le pays est composé en une seule « nation ». Peu importe que la qualification de cette nation (« *bharat* », d'où le concept de *bharatva,* qu'on peut traduire par « indianité ») paraisse « discutable » d'un point de vue « scientifique » (ou parascientifique). L'Inde est bel et bien désormais une nation, dont la réalité vécue s'impose à toutes ses composantes. Et jusqu'à ce jour le sentiment de cette appartenance commune l'emporte sur l'affirmation des spécificités locales (entre autres linguistiques). Le mouvement de libération nationale n'a enregistré sur ce plan qu'un seul échec, dans sa volonté d'associer les musulmans à la création de la nouvelle nation indienne. Ici les Britanniques sont parvenus à mettre en échec le projet national indien et à imposer la création des États artificiels du Pakistan et du Bangladesh. Il reste que les musulmans qui sont restés en Inde (15 % environ de la population totale), même si parfois ils paraissent « poser problème » (un problème que les culturalistes hindouistes exploitent, quand ils ne le suscitent pas), sont réellement et correctement intégrés dans tous les aspects de la vie sociale et politique du pays. La laïcité de l'État indien, que même la vague culturaliste hindouiste n'est pas parvenue à remettre en question, est à l'origine de ce succès. La comparaison entre le comportement des pouvoirs et de la société indienne majoritaire à l'égard de leur « minorité » musulmane, et celle des pouvoirs et des sociétés à dominance musulmane (à l'égard de leurs minorités chrétiennes par exemple), démontre ici l'importance positive de la laïcité, une avancée démocratique qu'on ne retrouve pas dans d'autres régions du monde (dans le monde arabe et musulman en particulier).

Sans doute pourrait-on nuancer ce jugement globalement positif. La répression des revendications des sikhs (qui a valu la vie à Indira Gandhi), le bourbier kashmiri témoignent des limites des capacités du régime à gérer correctement les « questions nationales » (quand bien même on les qualifierait autrement). Mais il reste qu'avec toutes les grandes nations du nord « indo-aryen » et du sud « dravidien », les pouvoirs de Delhi ont su trouver les formules d'une gestion correcte des problèmes, et par là même donner à l'unité fédérale (en fait beaucoup plus centralisée que les termes de la Constitution ne le laissent entendre) une réalité solide.

L'expérience de l'Inde contemporaine démontre la supériorité incontestable de l'option démocratique et la vanité des arguments en faveur d'une gestion autocratique prétendue plus efficace. Et cela en dépit des limites évidentes et du contenu de classe de la démocratie bourgeoise en général et de sa pratique réelle dans l'expérience de l'Inde. Cette option, à l'actif du mouvement de libération nationale (le Congrès et les communistes), était probablement le seul moyen efficace permettant la gestion d'intérêts sociaux et régionaux divers – fussent-ils limités à ceux des classes privilégiées – et d'entraîner l'adhésion populaire au projet de la minorité constitutive du bloc hégémonique.

Sur le plan international, l'Inde indépendante s'était employée à donner consistance au « front du Sud » de l'époque, le Mouvement des non-alignés issu de la conférence afro-asiatique de Bandoung (1955), sans même que son conflit frontalier avec la Chine ne remette en question cette stratégie ouvertement anti-impérialiste.

La dérive libérale et culturaliste

L'érosion du projet national-populiste devait nécessairement se produire en Inde comme ailleurs, pour les mêmes raisons qui tiennent aux limites et contradictions propres à ce projet. Cette érosion et la délégitimation du pouvoir qui l'accompagnait ont donné l'occasion à une offensive des forces obscurantistes, soutenues par la classe *compradore* dominante et une fraction large des classes moyennes (dès lors que leur expansion se ralentissait, voire cédait la place à des difficultés grandissantes), encouragées par le discours (et les manœuvres) de l'impérialisme des États-Unis.

En Inde, ces illusions obscurantistes ont un nom : *hindutva*. Ce terme désigne l'affirmation de la priorité de l'adhésion à la religion hindoue dans la définition de l'« identité authentique » des peuples du pays. Il s'oppose au concept de *bharatva* qui faisait référence à la nation. Bien entendu l'affirmation « hindouiste » en question ne remet pas en question l'héritage colonial dans les domaines de la propriété du sol et du respect des hiérarchies de caste en particulier. En ce sens, comme n'ont cessé de l'écrire les communistes indiens, les illusions obscurantistes servent parfaitement les intérêts du pouvoir des *compradores* et de l'impérialisme. Les « spécificités » dont elles abreuvent leurs discours para-« nationaux », voire para-anti-impérialistes, sont parfaitement creuses. Elles alimentent un regain de la pratique des « communautarismes » (ici anti-musulmans) que le pouvoir colonial avait utilisé en son temps pour faire face à la montée des aspirations de la libération nationale unitaire, moderniste, démocratique et laïque.

Rien sur ce plan ne distingue la régression en question de celle qui frappe d'autres sociétés de la périphérie victimes de la même érosion du projet national-populiste, en particulier les sociétés arabes et musulmanes. Le parallèle avec l'islam politique s'impose ici.

Il reste que cette dérive ne semble pas nécessairement s'imposer en Inde avec la même puissance que dans les pays arabes et musulmans. La raison en est certainement le fait que les partis communistes indiens avaient gardé leurs distances à l'égard du projet de l'Inde indépendante du Congrès, tandis que ceux des pays arabes et musulmans s'étaient ralliés pratiquement sans condition aux projets populistes analogues. En Inde, les communistes ont conservé de ce fait un degré de popularité certain – voire grandissant – qui protège la société de la régression, au moment même où presque partout ailleurs dans le monde ils étaient entrés en phase de régression (notamment électorale).

La régression s'est donc accompagnée ici d'un regain de radicalisation des luttes sociales. En témoigne l'offensive des naxalistes qui, en dépit de leurs erreurs de jugement sur les rapports de force réels dominants dans la société indienne, a fait renaître une conscience paysanne révolutionnaire sur d'immenses territoires (un tiers de l'Inde environ). En témoigne tout également l'entrée brutale des *dalits* dans le combat politique et social, elle-même sans aucun doute produit associé à la radicalisation paysanne. En témoigne l'attachement affirmé de l'ensemble des classes moyennes à la démocratie, voire à la laïcité. Les partis communistes eux-mêmes, en particulier le PC-M, ne sont pas restés insensibles à ces radicalisations.

On s'explique ainsi que l'effondrement de la légitimité presque exclusive dont le Congrès avait bénéficié n'ait pas permis une « victoire définitive » (fût-elle provisoire) de la droite. On a vu un premier gouvernement de droite renversé par une alliance électorale de gauche, dirigée par V. P. Singh, offrant aux communistes une place plus marquée dans la vie politique du pays. Sans doute cette alliance, encore fragile, n'a-t-elle pas été capable d'éviter un retour électoral de la droite. Mais à son tour cette seconde expérience d'un gouvernement « *hindouiste-compradore* », souscrivant intégralement aux diktats de l'impérialisme passé à l'offensive (accélérant la « libéralisation » économique), a bel et bien été un échec. Les dernières élections (2004) ont marqué un coup d'arrêt au projet de la droite. Et, dans le rejet de ce projet par la majorité électorale du peuple indien, les thèmes du « culturalisme hindou » et ceux du libéralisme promu par la bourgeoisie *compradore* et ses maîtres impérialistes ont été étroitement associés comme responsables de la catastrophe sociale. Cette association n'est pas faite ailleurs, notamment dans les mondes arabes et musulmans.

Cela étant la bataille est loin d'être gagnée par la gauche indienne. Les mêmes effets de l'usure des formes de gestion de la politique associées à la phase nationale-populiste – elle-même produite par le mouvement antérieur de libération nationale – qu'on retrouve ailleurs, caractérisent l'Inde contemporaine. J'entends par là la perte de crédibilité des formes d'organisation peu démocratiques et des formes de luttes « commandées d'en haut par les équipes dirigeantes » auxquelles les partis communistes eux-mêmes ne sont pas étrangers. Le conflit entre « mouvement (prétendu spontané) des classes populaires, aspirations à la démocratie participative et partis et organisations formelles » caractérisent l'Inde comme l'ensemble du monde contemporain. La construction d'une alternative – difficile – devra répondre à ce défi.

La longue marche de l'altermondialisation difficile

Le discours libéral dominant non seulement considère que le « libéralisme économique » et la forme de mondialisation qui l'accompagne seraient « sans alternative », mais encore que le ralliement à ce choix est « progressiste », tous les individus dotés d'esprit d'entreprise devant y « gagner ». Reconnaître qu'il s'agit là de billevesées démenties dans les faits et qui ne résistent à aucune réflexion théorique sérieuse ne suffit pas. La construction d'une alternative sociale progressiste s'inscrivant dans une altermondialisation authentique demeure difficile et la marche dans sa direction longue.

Pour ce qui est de l'Inde, cette construction impliquera nécessairement que, fût-ce progressivement, des réponses adéquates soient données à quatre ensembles de défis.

Premier défi : donner au problème paysan indien une solution radicale, fondée sur la reconnaissance du droit de tous les paysans du pays à l'accès au sol, dans les conditions les moins inégalitaires qui puissent être, ce qui implique à son tour l'abolition du système des castes et de l'idéologie qui le légitime. Autrement dit que l'Inde accomplisse une révolution aussi radicale que fut celle de la Chine ! Ou tout au moins qu'elle s'engage dans des évolutions fortes qui constituent des avancées dans cette direction. Les luttes paysannes en cours ne sont certes pas négligeables, leur fréquence, leur extension géographique et les violences qui les accompagnent sont visibles. Mais elles demeurent confuses et poursuivent des objectifs divers et parfois contradictoires. Les luttes les mieux organisées, celles qui remportent parfois ici ou là des victoires ou tout au moins contraignent les pouvoirs à reculer, sont celles de la paysannerie moyenne, dont les revendications s'inscrivent dans les logiques propres au capitalisme et au marché, s'agissant de revendications concernant la gestion des prix et les conditions d'accès aux intrants et au crédit. De ce fait ces luttes sont souvent dirigées par les paysans riches, également victimes, dans la phase actuelle, des exigences qu'imposent le capitalisme mondial, la classe *compradore* et l'État à son service. Les luttes des pauvres et sans terre – *dalits* inclus – restent encore dans l'ensemble des explosions privées de visions stratégiques à plus long terme. Il appartient évidemment aux communistes de savoir renouveler sur ce sujet non seulement leur « réflexion » mais encore de contribuer à l'invention des formes d'organisations paysannes adéquates, condition évidente de la cristallisation de stratégies efficaces.

Second défi : construire l'unité du front du travail, rassembler dans ce front les segments des classes travailleuses relativement stabilisées et celles qui ne le sont pas. Il s'agit là d'un défi commun à tous les pays du monde contemporain et plus singulièrement à tous ceux de la périphérie du système, caractérisés par les effets destructeurs gigantesques de la nouvelle paupérisation (chômage massif, précarité, excroissance de l'informel misérable). Il faut reconnaître que les organisations des classes travailleuses que le mouvement de libération nationale – communistes inclus – était parvenu à « mobiliser » avec une efficacité certaine, et qui de ce fait ont constitué la base sociale des forces politiques de la « gauche » ancienne, sont aujourd'hui confrontées à un défi d'une ampleur sans précédent. Les compromis sociaux du passé, entre capital, État et fractions de classes travailleuses (syndiquées notamment) sont remis en question par l'offensive de l'impérialisme et des *compradores* alors que les structures sociales nouvelles ont fait perdre leur efficacité aux formes anciennes d'organisation et d'action. Syndicalistes, communistes, militants des mouvements populaires ont le devoir d'ouvrir le débat sur ces questions et d'inventer des formes nouvelles permettant des avancées de la démocratie participative et capables de définir ensemble les étapes d'une stratégie commune s'inscrivant dans la longue durée.

Troisième défi : maintenir l'unité du sous-continent indien, renouveler les formes de l'association des différents peuples qui composent la nation indienne sur des bases démocratiques renforcées. Déjouer les stratégies de l'impérialisme qui, comme toujours, poursuit, au-delà de ses options tactiques, l'objectif de démembrer les « grands États », capables de mieux résister que les micro-États aux assauts de l'impérialisme.

Quatrième défi : articuler les options de politique internationale autour de l'axe majeur que représente la reconstruction d'un « front des peuples du Sud » (et en premier lieu de la solidarité des peuples d'Asie et d'Afrique), dans des conditions qui, bien entendu, ne sont plus celles qui présidaient à la formation du Mouvement des non-alignés de « l'époque de Bandoung » (1955-1975). Donner la priorité première dans la phase en cours à l'objectif de mettre en déroute le projet états-unien de contrôle militaire de la planète. Déjouer les manœuvres politiques de Washington visant à empêcher un rapprochement sérieux entre l'Inde, la Chine et la Russie.

Les forces politiques et sociales qui font obstacle à l'engagement de l'Inde dans les directions mentionnées ci-dessus sont importantes. Elles constituent un « bloc hégémonique » qui rassemble un cinquième de la population – derrière la grande bourgeoisie industrielle, commerçante et financière et les grands propriétaires fonciers, la grande masse des paysans riches et des classes moyennes, la haute bureaucratie et la technocratie. Ces 200 millions d'Indiens ont été les bénéficiaires exclusifs du projet national tel qu'il s'est déployé jusqu'ici. Sans doute dans le moment actuel de libéralisme extrême triomphant, ce bloc se fissure, sous l'effet entre autre du coup d'arrêt donné à la mobilité sociale ascendante des classes moyennes inférieures, menacées de précarisation, voire d'appauvrissement sinon de paupérisation. Cette conjoncture offre à la gauche la possibilité de développer des tactiques – si elle sait le faire – susceptibles d'affaiblir la cohérence de ces forces réactionnaires en général, et plus précisément de leur direction *compradorisée,* courroie de transmission de la domination de l'impérialisme mondialisé. Mais elle offre également ses chances à la droite hindouiste – en cas de défaillance de la gauche.

On entend souvent dire en Inde que cette « nation de 200 millions d'individus » – qui constitue à elle seule un grand marché comparable à celui de plusieurs grands pays européens ! – représentait l'avenir du pays, tandis que la majorité des 800 millions d'Indiens misérables constituerait un boulet qu'elle traîne ! Cette opinion réactionnaire, outre son caractère odieux (faut-il donc exterminer les pauvres !), est parfaitement stupide. La « minorité privilégiée » ne l'est que parce qu'elle a accès à l'exploitation des ressources du pays et à la surexploitation de ses travailleurs majoritaires.

La minorité que constitue ce bloc se trouve donc dans une situation qui exclut la reproduction en Inde de ce que fut le compromis historique capital/travail fondateur de l'option social-démocrate de l'Occident développé. Et le discours qui assimile le « fordisme périphérique » à celui caractéristique des centres développés procède d'une erreur d'appréciation magistrale de la portée de chacune de ces deux formules : le fordisme occidental associait la majorité des classes travailleuses aux bénéfices de l'expansion capitaliste, celui des périphéries opère au seul profit des « classes moyennes ». L'Inde n'est pas le seul exemple du genre : le Brésil, la Chine aujourd'hui sont dans des situations analogues.

La gestion de la cohérence de ce bloc hégémonique par la démocratie politique telle qu'elle est pratiquée en Inde n'atténue pas son contenu de classe réactionnaire. Elle en constitue au contraire le moyen efficace de l'affirmation.

Or ce bloc hégémonique est bel et bien « intégré » aux logiques de la mondialisation capitaliste dominante. Et jusqu'à ce jour aucune des forces politiques diverses à travers lesquelles il s'exprime ne les remet en question. On comprendra alors les raisons pour lesquelles le « projet national indien » demeure fragile et vulnérable, incapable à terme de réaliser les objectifs qu'il s'assignerait : faire de l'Inde une « grande puissance moderne capitaliste ».

Cette vulnérabilité se traduit par les comportements opportunistes fréquents de la classe politique indienne, argumentés le plus souvent en termes de « *real-politik* » à court terme. Face au projet des États-Unis de « contrôle global (militaire) de la planète » et de l'alignement de l'impérialiste collectif de la Triade – en dépit des grincements de quelques-uns de ses partenaires –, la classe politique indienne se révèle jusqu'ici incapable de concevoir et de mettre en œuvre les contre-feux nécessaires. Cela impliquerait la construction d'un front associant l'Inde, la Chine et la Russie toutes également menacées par la *compradorisation* que produit l'expansion de l'impérialisme collectif nouveau. Cela pourrait impliquer également une recherche plus systématique d'un rapprochement avec l'Europe, dans la mesure où celle-ci prendrait quelques distances à l'égard du projet leader de Washington. Les dirigeants de l'Inde – même à travers les formules gouvernementales les plus décidées à mettre en déroute la droite hindouiste/*compradore* – ne l'envisagent pas. Au contraire ils persistent à donner la priorité à leurs « conflits » avec la Chine, perçue comme un adversaire militaire potentiel et un concurrent économique dangereux sur les marchés du capitalisme mondialisé. Ils croient même pouvoir « utiliser » un rapprochement éventuel avec les États-Unis pour s'imposer comme leur allié majeur en Asie. D'autres dans le tiers-monde actuel tiennent des raisonnements analogues : le Brésil, l'Afrique du Sud et même la Chine.

Le contre-feu nécessaire au déploiement de l'impérialisme collectif nouveau implique la reconstruction d'un front des peuples du Sud. Mais ici également la tâche est loin d'être facile. Les conflits entre les pays du Sud – et dans la région plus précisément entre l'Inde et le Pakistan – largement produits par les dérives « culturalistes/*compradores* » (pour lesquelles la responsabilité de l'islam politique est majeure) – occupent le devant de la scène immédiate et confortent la classe politique indienne dans ses calculs tactiques à court terme.

Cet opportunisme n'est pas seulement destructeur à long terme des conditions de la construction à la fois d'une alternative nationale progressiste et d'une altermondialisation qui la soutienne, il aveugle ses défenseurs au point de leur faire perdre de vue la vulnérabilité de l'unité indienne et les manœuvres éventuelles de l'impérialisme qui visent à la détruire. Il n'y a pas d'illusions à se faire sur ce terrain. Même si aujourd'hui la diplomatie de Washington choisit – pour un moment et pour des motifs tactiques – de « soutenir l'Inde et son unité », son projet à plus long terme est de démembrer la capacité de ce grand pays à devenir une grande puissance. Or la soumission aux exigences de l'inscription dans l'expansion capitaliste globale renforce les tendances centrifuges. Car cette soumission accuse les inégalités « régionales » de développement. N'entend-on pas déjà les « privilégiés » de Bangalore (favorisés par l'expansion des technologies nouvelles) dire qu'un Karnataka indépendant tirerait de plus grands profits de la mondialisation en cours que l'État indien du Karnataka ?

5
Les Suds : la solidarité peut-elle être reconstituée ?

Les décennies 1960 et 1970 avaient été qualifiées par les Nations unies de « décennies du développement ». Elles le furent effectivement, si on en juge non seulement par les taux de croissance économique, presque partout sans commune mesure avec ce qu'ils avaient été antérieurement (à l'époque coloniale) ou ce qu'ils sont devenus pour beaucoup par la suite (dans la nouvelle mondialisation libérale), mais également par les bouleversements sociaux et politiques gigantesques qui ont donné aux trois continents des figures sans rapport avec celles des temps anciens.

L'époque avait été marquée également par une forte solidarité des États de l'Asie et de l'Afrique nouvelles. Celle-ci se manifestait non seulement au plan de leurs revendications économiques, contraignant les institutions internationales de l'époque (même la Banque mondiale et le FMI) à en tenir compte, mais tout également à celui de leurs postures politiques (soutien aux luttes des peuples encore colonisés, refus d'entrer dans des alliances militaires complémentaires de l'OTAN, etc.).

D'une certaine manière on peut donc qualifier la période de « multipolaire », fût-elle inégale bien entendu. Les pays du Sud « comptaient » dans l'ordre international. La mondialisation de l'époque était, au moins partiellement, « négociée ».

D'évidence cette solidarité n'est plus. Pourquoi ? Est-il nécessaire de la reconstituer ? Sur quelles bases ? Pour répondre à ces questions il nous faudra d'abord faire un bilan critique de la phase considérée (« l'ère de Bandoung, 1955-1975 »), puis ensuite identifier la nature des défis nouveaux, et, à partir de celle-ci formuler les objectifs d'une solidarité renouvelée fondatrice de la multipolarité souhaitée et les conditions de sa progression.

Bilan critique de « l'ère de Bandoung » (1955-1975)

En 1955, les principaux chefs d'États des pays d'Asie et d'Afrique ayant reconquis leur indépendance politique se réunissaient pour la première fois à Bandoung. L'expérience des nouveaux pouvoirs qu'ils représentaient était encore fort brève ; et la bataille pour l'achèvement de la tâche historique de l'indépendance n'était pas arrivée à son terme : la première guerre du Vietnam venait à peine de se terminer que déjà la seconde se dessinait à l'horizon, la guerre de Corée se terminait sur le *statu quo,* la guerre d'Algérie battait son plein, la décolonisation de l'Afrique au sud du Sahara n'était pas même encore envisagée, le drame palestinien en était encore à sa première époque.

Les leaders asiatiques et africains réunis à Bandoung étaient loin d'être identiques les uns aux autres. Les courants politiques et idéologiques qu'ils représentaient, leurs visions de l'avenir de la société à construire ou à reconstruire et de ses rapports à l'Occident, autant de thèmes de la différence. Néanmoins, un projet commun les rapprochait et donnait un sens à leur réunion. À leur programme minimum commun figurait l'achèvement de la décolonisation politique de l'Asie et de l'Afrique. De surcroît, ils entendaient tous que l'indépendance politique reconquise n'était que le moyen, la fin était la conquête de la libération économique, sociale et culturelle. Ici deux visions départageaient les hôtes de Bandoung : il y avait l'opinion majoritaire de ceux qui pensaient le « développement » possible dans l'« interdépendance » au sein de l'économie mondiale, et celle des leaders communistes qui pensaient que sortir du camp capitaliste conduirait à reconstruire – avec, sinon derrière, l'URSS – un camp socialiste mondial.

Les leaders du tiers-monde capitaliste qui n'envisageaient pas de « sortir du système », de « déconnecter », ne partageaient pas non plus entre eux la même vision stratégique et tactique du « développement ». Mais, à des degrés variables, ils pensaient que l'édification d'une économie et d'une société développée indépendante (fût-ce dans l'interdépendance globale) impliquait un certain degré de « conflit » avec l'Occident dominant (l'aile radicale estimait devoir mettre un terme au contrôle de l'économie nationale par le capital des monopoles étrangers).

De surcroît, soucieux de préserver l'indépendance reconquise, ils refusaient d'entrer dans le jeu militaire planétaire et de servir de base à l'encerclement des pays socialistes que l'hégémonisme américain tentait d'imposer. Cependant, ils pensaient aussi que refuser l'insertion dans le camp militaire atlantiste n'impliquait pas qu'il soit nécessaire de se placer sous la protection de l'adversaire de celui-ci, l'URSS. D'où le « neutralisme », le « non-alignement », nom du groupe de pays et de l'organisation qui allait sortir de l'esprit de Bandoung.

Le rapprochement des États afro-asiatiques avait déjà été amorcé par la constitution, au sein des Nations unies, du groupe arabo-asiatique. Bandoung devait renforcer ce rapprochement et donner un coup de fouet à cette lutte. Trois ans plus tard, dans Accra libérée, Kwame Nkrumah proclamait que « l'Afrique devait s'unir ». Mais elle ne le fera – l'indépendance acquise et après l'échec du panafricanisme nkrumaïste, puis la démonstration d'impuissance des deux camps constitués à propos du Congo (groupe de Casablanca et groupe de Monrovia, de 1960 à 1963) –, que sous la forme minimale de la constitution de l'Organisation de l'unité africaine (OUA) en 1963.

De sommet en sommet au cours des décennies 1960 et 1970, le « non-alignement » désormais institutionnalisé en Mouvement des non-alignés rassemblant la presque totalité des pays d'Asie et d'Afrique devait glisser progressivement des positions d'un front de solidarité politique axé sur le soutien aux luttes de libération et le refus des pactes militaires, à celles d'un « syndicat de revendications économiques vis-à-vis du Nord ». Les non-alignés devaient dans ce cadre s'allier aux pays d'Amérique latine qui – à l'exception de Cuba –

n'avaient jamais pu envisager de s'opposer à l'hégémonisme des États-Unis. Le groupe des 77 (l'ensemble du tiers-monde) traduisait cette large alliance nouvelle du Sud. La bataille pour un « nouvel ordre économique international », engagée en 1975, après la guerre d'octobre 1973 et la révision des prix du pétrole, couronne cette évolution, pour en sonner le glas.

Ni au plan politique, ni à celui de la bataille économique, l'Occident n'allait accepter de gaîté de cœur l'esprit de Bandoung et le non-alignement. La véritable haine que les puissances occidentales réserveront aux dirigeants radicaux du tiers-monde des années 1960 (Nasser, Soekarno, Nkrumah, Modibo Keita) – presque tous renversés à la même époque, dans les années 1965-1968, période dans laquelle se situe l'agression israélienne de juin 1967 contre l'Égypte, la Syrie et la Jordanie –, démontre que la vision politique du non-alignement n'était pas acceptée par les puissances de l'alliance atlantique. C'est donc un camp non-aligné affaibli politiquement qui allait affronter la crise économique globale à partir de 1970-1971.

Ce qu'on peut appeler aujourd'hui l'« idéologie du développement », maintenant entrée dans une crise qui lui sera peut-être fatale, a connu sa « grande époque » précisément entre 1955 et 1975. L'économie politique du non-alignement bien que souvent implicite et floue peut être définie par les éléments suivants :

- la volonté de développer les forces productives, de diversifier les productions (notamment d'industrialiser) ;
- la volonté d'assurer à l'État national la direction et le contrôle du processus ;
- la croyance que les modèles « techniques » constituent des données « neutres » qu'on ne peut que reproduire, fût-ce en les maîtrisant ;
- la croyance que le processus n'implique pas en premier lieu l'initiative populaire mais seulement le soutien populaire aux actions de l'État ;
- la croyance que le processus n'est pas fondamentalement contradictoire avec la participation aux échanges au sein

du système capitaliste mondial, même s'il entraîne des conflits momentanés avec celui-ci.

Les circonstances de l'expansion capitaliste des années 1955-1970 ont, jusqu'à un certain point, facilité les succès de ce projet.

Au terme des quatre décennies du développement de l'après-guerre, le bilan des résultats est si fortement contrasté qu'on est tenté de renoncer à l'expression commune de tiers-monde pour désigner l'ensemble des pays qui ont été l'objet des politiques de développement de ces décennies. On oppose aujourd'hui, non sans raison, un tiers-monde nouvellement industrialisé, partiellement compétitif (les pays dits « émergents »), au quart-monde marginalisé (les pays « exclus »).

L'objectif des politiques de développement déployées en Asie, Afrique et Amérique latine a été rigoureusement identique pour l'essentiel, en dépit des différences du discours idéologique qui les a accompagnés. Il s'est agi partout d'un projet nationaliste qui s'est assigné l'objectif d'accélérer la modernisation et l'enrichissement de la société par son industrialisation. On comprend sans difficulté ce dénominateur commun si l'on rappelle simplement qu'en 1945 pratiquement tous les pays d'Asie (Japon excepté), d'Afrique (y compris l'Afrique du Sud) et – bien qu'avec quelques nuances – d'Amérique latine étaient encore dépourvus de toute industrie digne de ce nom – sauf d'extraction minière ici ou là –, largement ruraux par la composition de leur population, régis par des régimes archaïques (les oligarchies latifundiaires d'Amérique, les monarchies sous protectorat de l'Orient islamique, la Chine, etc.) ou coloniaux (l'Afrique, l'Inde, l'Asie du Sud-Est). Par-delà leur grande diversité, tous les mouvements de libération nationale s'assignaient les mêmes objectifs de l'indépendance politique, de la modernisation de l'État, de l'industrialisation de l'économie.

Il ne serait pas correct de dire qu'ils ne l'ont pas tous tenté, dès qu'ils ont été en mesure de le faire. Certes les variantes ont été pratiquement aussi nombreuses que les pays, et il demeure légitime, de ce fait, de tenter de les classer en modèles qui les regroupent. Mais on risque alors d'être victime de critères choisis en fonction, sinon nécessairement de préférences idéologiques, du moins de l'idée qu'on se fait, ou plutôt qu'on se faisait à l'époque, du déroulement des expériences en question, des possibilités et des contraintes externes et internes. Au contraire, en mettant l'accent sur le dénominateur commun qui les réunit, j'invite à prendre quelque distance à l'égard de ces classifications et à voir l'histoire à partir d'aujourd'hui, à relire donc ce qu'elle fut à la lumière de ce à quoi elle a conduit.

Industrialiser impliquait avant tout de construire un marché intérieur et le protéger des ravages de la concurrence qui en empêcherait la formation. Les formules pouvaient varier selon les circonstances – la taille du marché intérieur, les disponibilités en ressources – ou même selon des thèses plus ou moins théoriques, ou idéologiques, donnant la priorité à la production rapide d'industries légères de consommation ou à celle de biens permettant plus tard d'accélérer la première (comme le proposait la thèse des « industries industrialisantes » qui rationalisait les thèses soviétiques). L'objectif final était identique. La technologie nécessaire à l'industrialisation ne pouvait être qu'importée, mais il n'était pas nécessaire pour le faire d'accepter la propriété des installations à construire par le capital étranger. Cela dépendait du pouvoir de négociation dont on disposait. Du capital financier devait donc à son tour être soit invité à s'investir dans le pays, soit être emprunté. Ici encore la formule – propriété étrangère privée, financement public assuré grâce à l'épargne nationale, à l'aide extérieure en dons et crédits – pouvait être ajustée à l'estimation qu'on se faisait des moyens et des coûts. Les besoins d'importation, que ces plans d'accélération de la croissance par l'industrialisation impliquaient fatalement, ne pouvaient être couverts – dans un premier temps – que par les exportations traditionnelles connues, qu'il s'agisse de produits agricoles ou miniers. C'était possible. Dans une phase de croissance générale comme l'était l'après-guerre la demande de presque tous les produits possibles était elle-même en augmentation continue, qu'il s'agisse d'énergie, de matières premières minérales ou de produits agricoles spécifiques. Les termes de l'échange fluctuaient, mais n'annulaient pas systématiquement par leur détérioration, les effets de la croissance des volumes exportés.

La modernisation, bien qu'axée sur l'industrialisation, ne se réduisait pas à celle-ci. L'urbanisation, les travaux d'infrastructure, de transports et de communications, l'éducation et les services sociaux avaient certes pour objectif, en partie, de servir l'industrialisation en moyens et en main-d'œuvre qualifiée convenablement. Ces objectifs étaient poursuivis pour leurs fins propres, pour construire un État national et moderniser les comportements comme on le lit dans le discours du nationalisme de l'époque. Ce discours était « trans-ethnique » par principe.

Bien entendu également, à l'époque, l'opposition qu'on fait aujourd'hui si souvent entre « l'intervention de l'État » – toujours négative parce que par essence en conflit avec ce qu'on prétend être la spontanéité du marché – et « l'intérêt privé » – associé aux tendances spontanées du marché – n'avait pas cours. Cette opposition n'était pas même remarquée. Au contraire le bon sens partagé par tous les pouvoirs en place voyait dans l'intervention de l'État un élément essentiel de la construction du marché et de la modernisation. La gauche radicale – d'aspiration socialiste dans sa propre lecture idéologique – associait certes l'expansion de cet étatisme à l'expulsion graduelle de la propriété privée. Mais la droite nationaliste, qui ne s'assignait pas cet objectif, n'en était pas moins interventionniste et étatiste : la construction des intérêts privés qu'elle proposait exigeait selon elle, et à juste titre, un étatisme vigoureux. Les billevesées dont se nourrissent les discours dominants aujourd'hui n'auraient eu aucun écho à l'époque.

La tentation est donc grande, aujourd'hui, de lire cette histoire comme celle d'une étape de l'expansion du capitalisme mondial, qui aurait accompli, plus ou moins bien, certaines fonctions attachées à l'accumulation primitive nationale créant par là même les conditions de l'étape suivante, dans laquelle on rentrerait maintenant, marquée par l'ouverture au marché mondial et à la compétition sur ce terrain. Je ne proposerai pas de céder à cette tentation. Les forces dominantes dans le capitalisme mondial n'ont pas « spontanément » créé le, ou les, modèles du développement. Ce « développement » s'est imposé à elles. Il a été le produit du mouvement de libération nationale du tiers-monde de l'époque. La lecture que je propose met donc l'accent sur la contradiction entre les tendances spontanées et immédiates du système capitaliste, qui sont toujours guidées par le seul calcul financier à court terme caractérisant ce mode de gestion sociale, et les visions à plus long terme animant les forces politiques montantes, en conflit par là même avec les premières. Certes ce conflit n'est pas toujours radical ; le capitalisme s'y ajuste, il n'est pas à l'origine de son mouvement.

Dans ce cadre le conflit entre les forces dominantes du capitalisme mondial et celles qui ont animé le projet « développementaliste » de Bandoung a été plus ou moins radical selon que l'étatisme mis en œuvre était envisagé comme devant supplanter le capitalisme ou le soutenir. L'aile radicale du mouvement se ralliait à la première thèse, et, de ce fait, entrait en conflit avec les intérêts immédiats du capitalisme dominant, notamment par les nationalisations et l'exclusion de la propriété étrangère. L'aile modérée par contre acceptait de concilier les intérêts en conflit, offrant par là même des possibilités plus grandes à l'ajustement. Au plan international cette distinction épousait facilement les termes du conflit Est-Ouest entre le soviétisme et le capitalisme occidental.

Tous les mouvements de libération nationale ont partagé cette vision moderniste, par là même capitaliste et bourgeoise. Cela n'implique en aucune manière qu'ils aient été inspirés, encore moins dirigés, par une bourgeoisie, au sens plein du terme. Celle-ci n'existait pas, ou à peine, à l'heure des indépendances et, trente ans plus tard, n'existe encore qu'à l'état embryonnaire, dans l'hypothèse la plus favorable. Mais l'idéologie de la modernisation par contre existait bel et bien et constituait la force dominante donnant un sens à la révolte des peuples contre la colonisation. Cette idéologie était porteuse d'un projet, que je propose de qualifier du nom – curieux à première vue – de « capitalisme sans capitalistes ». « Capitalisme» par la conception qu'elle se faisait de la modernisation, appelée à reproduire les rapports de production et les rapports sociaux essentiels et propres au capitalisme: le rapport salarial, la gestion de l'entreprise, l'urbanisation, l'éducation hiérarchisée, le concept de citoyenneté nationale. Sans doute d'autres valeurs, caractéristiques du capitalisme évolué, comme celle de démocratie politique, faisaient cruellement défaut, ce qu'on justifiait par les exigences du développement initial préalable. Tous les pays de la région – radicaux et modérés – optaient pour la même formule du parti unique, des élections-farces, du leader-fondateur de la patrie, etc. «Sans capitalistes» dans la mesure où, en l'absence d'une bourgeoisie d'entrepreneurs, l'État – et ses technocrates – était appelé à s'y substituer. Mais aussi parfois dans la mesure où l'émergence de la bourgeoisie était tenue suspecte, du fait de la primauté que celle-ci donnerait à ses intérêts immédiats sur ceux du plus long terme en construction. La suspicion devenait, dans l'aile radicale du mouvement de libération nationale, synonyme d'exclusion. Cette aile radicale concevait alors naturellement que son projet était celui de la «construction du socialisme». Elle retrouvait alors le discours du soviétisme. Ayant fait de l'objectif de «rattraper» le monde occidental développé l'essentiel de ses préoccupations, ce projet était parvenu, par sa dynamique propre, à construire un «capitalisme sans capitalistes».

Les mouvements de libération nationale se partageaient entre des tendances à la radicalisation dite «socialiste» et des tendances à la modération. L'opposition se fondait sur un ensemble complexe de causes, tenant pour les unes aux classes sociales sur lesquelles s'appuyait le mouvement – paysans, monde urbain populaire, classes moyennes, classes favorisées –, pour les autres aux traditions de leur formation politique et organisationnelle (partis communistes métropolitains, syndicats, Églises).

Si l'on retient le critère du mouvement de libération nationale, c'est-à-dire la «construction nationale», les résultats restent dans l'ensemble discutables. La raison en est que tandis que le développement du capitalisme dans les temps antérieurs soutenait l'intégration nationale, la mondialisation opérant dans les périphéries du système, à l'opposé, désintègre les sociétés. Or l'idéologie du mouvement national ignorait cette contradiction, étant restée enfermée dans le concept bourgeois du « rattrapage d'un retard historique » et concevant ce rattrapage par la participation à la division internationale du travail (et non sa négation par la déconnexion). Sans doute, selon les caractères spécifiques des sociétés précoloniales, précapitalistes, cet effet de désintégration a été plus ou moins dramatique. En Afrique, dont le découpage colonial artificiel n'a pas respecté l'histoire antérieure de ses peuples, la désintégration produite par la périphérisation capitaliste a permis à l'ethnisme de survivre, en dépit des efforts de la classe dirigeante issue de la libération nationale d'en dépasser les manifestations. Lorsque la crise est survenue, annihilant brutalement la croissance du surplus qui avait permis le financement des politiques transethniques de l'État nouveau, la classe dirigeante elle-même a éclaté en fractions qui, ayant perdu toute légitimité fondée sur les réalisations du « développement », tentent de se créer des bases nouvelles associées souvent à un repli ethniciste.

Si l'on retient les critères du « socialisme », les résultats sont encore davantage contrastés. Bien entendu il faut entendre ici par « socialisme » celui que l'idéologie populiste radicale s'en faisait. Il s'agissait d'une vision progressiste, mettant l'accent sur la mobilité sociale maximale, la réduction des inégalités de revenus, une sorte de plein-emploi en zone urbaine, en quelque sorte un *Welfare State* version pauvre. De ce point de vue, les réalisations d'un pays comme la Tanzanie par exemple, offrent un contrat saisissant avec celles du Zaïre, de la Côte-d'Ivoire ou du Kenya, où les inégalités les plus extrêmes se sont accusées continuellement depuis quarante ans, tant dans les moments de croissance économique forte que par la suite, dans la stagnation.

Mais le critère conforme à la logique de l'expansion capitaliste est celui de la capacité d'être compétitif sur les marchés mondiaux. De ce point de vue, les résultats sont contrastés à l'extrême et opposent brutalement le groupe des principaux pays d'Asie et d'Amérique latine, devenus exportateurs industriels compétitifs, à celui de l'ensemble des pays africains, qui restent cantonnés dans l'exportation de produits primaires. Les premiers constituent le nouveau tiers-monde (la périphérie de demain dans mon analyse), les seconds ce qu'on appelle désormais le « quart-monde », qu'on dit appelé à être marginalisé dans la nouvelle étape de la mondialisation capitaliste.

L'éventail des progrès qui ont été accomplis dans le cadre des nationalismes populistes de Bandoung et de leur équivalent d'Amérique latine est donc écarté à l'extrême. Il est impossible de rendre compte de ce fait majeur sans prendre en considération, pays par pays, comment l'ensemble des facteurs internes et externes ont opéré concrètement, soit pour accélérer les réalisations soit pour les ralentir. On se contentera donc d'examiner dans ce qui suit quelques-unes des grandes leçons qu'on pourrait tirer d'un survol des évolutions du tiers-monde contemporain.

Aux origines de l'exclusion de l'Afrique

L'explication de l'échec de l'Afrique dans son ensemble, doit mettre en œuvre toute la complexité des interactions entre les conditions internes spécifiques et la logique de l'expansion capitaliste mondiale. Parce que ces interactions sont trop souvent ignorées, les explications courantes – tant celles avancées par les économistes de l'« économie internationale » conventionnelles que par les nationalistes du tiers-monde – restent superficielles.

Les premières mettent l'accent sur des phénomènes qu'elles isolent de la logique d'ensemble du système, comme la corruption de la classe politique, la fragilité de ses fondements économiques, la productivité très faible de l'agriculture, l'émiettement ethnique, etc. Présentées de la sorte, ces analyses appellent inexorablement à préconiser leur solution par une plus grande insertion dans le capitalisme mondial. L'Afrique aurait besoin de « vrais » entrepreneurs capitalistes, il faudrait briser le carcan de l'autosuffisance du monde rural par la promotion systématique d'une agriculture commerciale, etc. Il s'agit de raisonnements courts parce qu'ils font abstraction du système d'ensemble dans le cadre duquel les réformes proposées opéreraient. Ils ignorent par exemple que la voie capitaliste dans l'agriculture produirait des masses gigantesques de populations excédentaires, qui, dans l'état actuel des technologies, ne pourraient pas être employées dans l'industrie, comme elles le furent au 19e siècle en Europe. L'histoire ne se répète pas.

Les secondes mettent l'accent sur d'autres phénomènes, non moins réels, comme le fait que les prix des matières premières dont dépendent les capacités de financement au décollage se détériorent systématiquement. Les nationalistes du tiers-monde invoquent aussi, à juste titre, les innombrables interventions politiques, et même parfois militaires, des puissances occidentales, toujours hostiles aux forces du changement social progressiste, toujours venues au secours des forces réactionnaires et archaïques. Mais ces arguments ne sont pas structurellement reliés à la logique des conflits internes et, de la sorte, opposent l'« extérieur » à la « nation » dont on escamote les contradictions.

L'analyse de l'échec que je propose rappelle les responsabilités de la colonisation et de la poursuite de son projet par les classes dirigeantes associées au néocolonialisme, et intègre les considérations de géostratégie globale de l'impérialisme.

Une fois conquises, il fallait bien « mettre en valeur » les colonies. À ce point interviennent à la fois les logiques du capitalisme mondial et celles de l'histoire antérieure des sociétés africaines. Dans ce cadre d'analyse, on peut comprendre ce que fut chacun des trois modèles de la colonisation : (i) l'économie de traite incorporant une petite paysannerie dans le marché mondial des produits tropicaux en la soumettant aux exigences d'un marché de monopoles contrôlés permettant de réduire les rémunérations du travail paysan au minimum au prix également du gaspillage des terres ; (ii) l'économie des réserves de l'Afrique australe organisée autour de l'extraction minière, alimentée en main-d'œuvre à bon marché par la migration forcée en provenance précisément de « réserves » insuffisantes pour permettre la perpétuation de l'autosubsistance rurale traditionnelle ; (iii) l'économie de pillage à laquelle les compagnies concessionnaires se sont livrées par l'imposition sans contrepartie d'une dîme de produits de cueillette ailleurs, là où ni les conditions sociales locales ne permettaient la mise en place de la « traite », ni les richesses minières ne justifiaient l'organisation de réserves destinées à fournir une main-d'œuvre abondante.

Les résultats de ce mode d'insertion dans le capitalisme mondial allaient s'avérer à terme catastrophiques pour les peuples africains. La colonisation a retardé – d'un siècle – toute amorce de révolution agricole. Un surplus pouvait ici être extrait du travail des paysans et de la richesse offerte par la nature sans investissements de modernisation (ni machines, ni engrais), sans payer véritablement le travail (se reproduisant dans le cadre de l'autosuffisance traditionnelle), sans même garantir le maintien des conditions naturelles de reproduction de la richesse (pillage des sols agraires et de la forêt). Simultanément, ce mode de mise en valeur des richesses naturelles, exploitées dans le cadre de la division mondiale du travail inégale de l'époque, a exclu la formation d'une bourgeoisie locale quelconque. Au contraire, chaque fois que celle-ci amorçait le processus de sa formation, les autorités coloniales s'empressaient d'y mettre un terme.

Les faiblesses du mouvement de libération nationale et des États héritiers de la colonisation remontent à ce façonnement colonial. Elles ne sont donc pas les produits de l'Afrique précoloniale antérieure, disparue dans la tourmente, comme l'idéologie du capitalisme mondialiste tente d'y trouver sa légitimité – en déployant alors son discours raciste habituel. Les « critiques » de l'Afrique indépendante, de ses bourgeoisies politiques corrompues, de l'absence de sens de l'économique, de la ténacité des structures rurales communautaires oublient que ces caractères de l'Afrique contemporaine ont été forgés entre 1880 et 1960.

Nul étonnement alors que le néocolonialisme n'ait perpétué ces caractères. Les équipes politiques qui se sont trouvées responsables de l'Afrique indépendante n'étaient pas nécessairement artificiellement constituées d'agents d'exécution même parmi celles qui acceptaient l'option néocoloniale. Leurs faiblesses étaient celles du capitalisme périphérique tel qu'il avait été forgé ici. Il n'empêche que la responsabilité des métropoles demeure majeure. Car lorsque, en dépit des faiblesses de la société coloniale, le mouvement de libération avait produit des élites potentiellement capables d'aller plus loin, tous les efforts ont été conjugués pour faire échouer ces chances pour l'Afrique de sortir de l'ornière.

La forme que cette faillite a prise est toute entière définie par les limites de ces fameux accords de Lomé-Cotonou qui ont lié l'Afrique subsaharienne à l'Union européenne. Ces accords ont perpétué l'ancienne division du travail, reléguant l'Afrique indépendante dans les fonctions de production de matières premières, au moment même où – à l'époque de Bandoung (de 1955 à 1975) – le tiers-monde s'engageait ailleurs dans la révolution industrielle. Ils ont fait perdre à l'Afrique une trentaine d'années à un moment décisif du changement historique. Certes les classes dirigeantes africaines ont ici leur part de responsabilité dans ce qui allait amorcer l'involution du continent, particulièrement lorsqu'elles se sont rangées dans le camp néocolonial contre les aspirations de leur propre peuple, dont elles ont exploité les faiblesses.

La collusion entre les classes dirigeantes africaines et les stratégies globales de l'impérialisme est donc, en définitive, la cause ultime de l'échec. On retrouve alors, dans le fonctionnement de ces collusions, toutes les dimensions des préoccupations de la stratégie des impérialismes dans l'après-guerre (1945-1990), en particulier sa dimension géostratégique. L'URSS de l'époque a cherché à briser ces positions de l'adversaire en faisant alliance avec les mouvements de libération nationale africains, notamment les plus radicaux d'entre eux en Angola, au Mozambique, au Zimbabwe et en Afrique du Sud. Les puissances occidentales ont répondu par leur soutien, pratiquement sans condition, aux régimes les plus corrompus qu'on puisse imaginer.

Au point où nous sommes parvenus aujourd'hui, l'Afrique ne compte plus, dans les calculs des puissances, que pour ses ressources minérales et pétrolières. On retrouve ici la nouvelle stratégie offensive des États-Unis qui vise à contrôler les régions pétrolières du golfe de Guinée, du Sénégal à l'Angola. Un contrôle jugé nécessaire par Washington pour s'assurer l'accès à un pétrole plus proche et moins vulnérable que celui du Moyen-Orient. Bien entendu la stratégie mise en œuvre à cette fin exploite sans vergogne les tragiques dérives (ethnicistes entre autre) des peuples aux abois. Elles les manipulent avec un cynisme parfait.

L'exclusion de l'Afrique, entendu comme celle des peuples africains, destinée à permettre l'inclusion dans le système des ressources naturelles du continent, est désormais programmée.

L'Afrique du Sud, maillon faible du système ?

En Afrique – au sud du Sahara – un seul État fait figure de pays industrialisé moderne : l'Afrique du Sud. De ce fait la victoire du peuple noir de ce pays, mettant un terme à l'apartheid, a été saluée comme l'amorce d'une « renaissance » possible pour tout le continent. Qu'en est-il véritablement ?

L'Afrique du Sud est un pays qui rentre difficilement dans les classifications usuelles. Elle constitue une sorte de microcosme du système capitaliste mondial, réunissant sur un même territoire des caractères propres à chacune des différentes catégories dont celui-ci est constitué. Elle entretient une population – blanche – qui, de par son mode et son niveau de vie, appartient au « premier » monde. Les populations des cités réservées aux Noirs et aux Métis appartiennent au tiers-monde moderne industrialisé, tandis que les paysans qualifiés de « tribaux », enfermés dans les « bantoustans » (aujourd'hui ex-bantoustans !), ne diffèrent pas des communautés paysannes du « quart-monde » africain.

À l'origine, les colons hollandais voulaient créer une colonie de peuplement et considéraient les Africains comme des intrus inutiles. Plus tard, l'impérialisme britannique, intéressé par les ressources minières du pays, a compris qu'une main-d'œuvre noire constituerait la solution la moins coûteuse. Ce sont donc les Anglais, et non les Boers, qui ont inventé l'apartheid à la fin du 19e siècle, créé des « réserves » (les unes à l'intérieur de l'Union, deux autres avec le statut de protectorats, le Basutoland et le Swaziland) surpeuplées, incapables de nourrir leur population (d'autant qu'aucun investissement n'a été effectué qui aurait permis d'intensifier la production vivrière), condamnant donc ces populations à fournir les travailleurs nécessaires pour les mines.

Au lendemain de la seconde guerre mondiale, les Boers se sont emparés de la gestion de ce système, lui ont donné un nom (l'apartheid) et systématisé les pratiques déjà en vigueur du racisme codifié en lois. Au cours du demi-siècle qui a suivi, la classe dirigeante a poursuivi son projet d'ascension dans le système mondial par le moyen d'une industrialisation protégée et soutenue par l'État. L'apartheid était, à cet égard, parfaitement fonctionnel. Une main-d'œuvre à bon marché ne crée pas nécessairement un problème de débouchés de la production : la demande peut être créée par l'accroissement des revenus distribués à la minorité non-productive ou peu productive et par le renforcement des exportations destinées à couvrir les importations nécessaires pour assurer l'efficacité de l'industrie. La rhétorique libérale qui prétendait l'apartheid entrait en conflit avec le capitalisme passait à côté de la vraie question.

Le succès ou l'échec de l'industrialisation capitaliste est mesuré par son degré de « compétitivité » sur le marché mondial. De ce point de vue, les pays de la périphérie se classent en différentes catégories. Le premier groupe rassemble les pays qui se sont industrialisés et sont parvenus à être compétitifs, ou tout au moins, pourraient y parvenir par le moyen d'ajustements relativement mineurs. On reconnaît ici les pays de l'Asie (que leur régime soit capitaliste ou communiste) et quelques-uns des grands pays d'Amérique du Sud (le Brésil en particulier). Le second groupe concerne les pays qui se sont industrialisés, mais ne sont pas devenus compétitifs, et qui, pour y parvenir, devraient procéder à des restructurations radicales de leur système productif, et de la répartition des revenus. L'Afrique du Sud appartient à ce groupe, avec les pays arabes industrialisés (l'Égypte et l'Algérie). Un troisième groupe rassemble les pays qui sont demeurés au stade pré-industriel, dont la croissance – quand elle a lieu –, est fondée par leurs exportations de produits primaires, agricoles, miniers et pétroliers. Les pays du premier groupe constituent seuls le noyau de la périphérie moderne.

À cet égard, l'Afrique du Sud présente le tableau curieux d'un pays sur le territoire duquel coexistent des traits caractéristiques de ces différents groupes considérés. Son industrie n'est pas compétitive et de ce fait les exportations industrielles (non-minières) du pays sont difficiles et destinées exclusivement à des marchés captifs. Du point de vue du système global, l'Afrique du Sud n'est guère qu'un exportateur de productions primaires. La page de l'apartheid est tournée. Mais cette victoire ne constitue que le premier pas sur le long chemin que ce pays doit encore parcourir pour effacer l'héritage ignoble de sa formation historique. L'échec de l'apartheid (son incapacité à construire une industrie compétitive) doit être rapporté aux luttes efficaces de la classe ouvrière noire, sur les lieux de travail et dans les « cités », et à la capacité politique de ses organisations (ANC, Parti communiste, syndicats de la Cosatu). Cet échec a été aggravé par le gaspillage insensé associé aux pratiques de l'apartheid, qui surpayait des Blancs non-productifs.

Le compromis par lequel l'apartheid a été aboli ne s'ouvre que sur des formules de « démocratisation » réduite. La majorité noire n'a pas « hérité » d'un pays prospère dont les structures n'appelleraient que des réformes mineures. Or voilà qu'on demande à la classe ouvrière noire « d'accélérer » la marche vers la « compétitivité ». Autrement dit, ce que le capitalisme, avec le soutien actif de l'Occident, n'a pu réussir, la classe ouvrière devrait le faire pour le compte du capital. On croit pouvoir acheter le zèle des travailleurs par des concessions limitées aux seuls travailleurs de l'industrie, tandis que rien ou presque n'est prévu pour améliorer le sort des paysans clochardisés des ex-bantoustans et que les privilèges économiques de la minorité parasitaire sont préservés !

Le compromis qui a mis son terme à l'apartheid excluait la réforme agraire, aucun propriétaire ne pouvant être contraint à céder ou même à vendre sa terre à un prix autre que celui de son offre. La majorité africaine a accepté ce principe et a fait contre mauvaise fortune bon cœur en se convainquant que la réforme agraire n'était plus à l'ordre du jour des exigences du progrès. Mieux valait accélérer la modernisation du système agricole hérité, en particulier en l'ouvrant à l'*agribusiness* et à la « compétitivité », plutôt que de recréer une paysannerie « prémoderne ». Ce raisonnement n'aurait tenu la route que si l'expansion industrielle et urbaine était capable de donner du travail à tous. Ce n'est pas le cas : la modernisation de l'industrie, elle-même soumise aux exigences de la « compétitivité », se solde par des licenciements massifs. Les « réserves » sont devenues des aires de garage (« *dumping areas* ») pour les nouveaux pauvres du système et il est impossible, dans leur cadre, d'y reconstituer des activités agricoles dignes de ce nom. La réforme agraire s'impose donc plus que jamais. Le Parti communiste a amorcé un tournant sur cette question et mobilise les « sans-terre » dont les revendications sonores – en écho aux évènements du Zimbabwe – infligent un démenti cinglant à ceux des dirigeants de l'ANC qui prétendent « qu'il n'y a pas de demande pour une réforme agraire » ! Mais la loi fondamentale n'a pas été modifiée jusqu'ici et ne permet que des « restitutions » à ceux des « propriétaires » (ou de leurs descendants) qui pourraient démontrer en justice que leurs terres leur ont bien été « volées ». Ce concept anglo-saxon, relevant de la justice prétendue égalitaire à la Rawls, ne parvient pas à concevoir que la justice sociale doit être établie aujourd'hui même, au profit des victimes du système sans se soucier de « droits » éventuels, « hérités » d'ancêtres réels ou mythiques.

L'alternative implique la construction d'une démocratie véritable capable de soutenir des transformations sociales profondes. La réalisation de ces tâches immenses constitue certainement l'agenda d'un programme de trente à cinquante ans. Cela exige un effort sérieux de développement des zones rurales arriérées, allant de pair avec la perspective à long terme d'une redistribution interne de la population. Dans cet esprit la réforme agraire dans les zones rurales occupées par les fermiers blancs, au bénéfice du prolétariat rural africain, et le soutien d'une expansion des exploitations familiales agricoles noires s'imposent. Le « succès » prétendu de l'agriculture blanche en Afrique du Sud est fondé sur l'exploitation d'une main-d'œuvre sous-payée et sur le gaspillage des ressources naturelles – en l'occurrence la terre. Parallèlement s'impose une redistribution des revenus salariés au bénéfice des ouvriers de la majorité noire, l'amélioration de leurs conditions d'existence, notamment dans le domaine de l'éducation et de la santé. Pour le faire il faudra bien réduire les frais de l'entretien d'un grand nombre d'individus improductifs de la minorité blanche. Tout cela appelle la restructuration du secteur industriel moderne en fonction de la nouvelle répartition. Or il importe de préciser ici que cette restructuration nécessaire sera rendue impossible si la priorité est donnée à l'objectif de devenir aussi rapidement que possible un exportateur « compétitif ». L'économie politique d'une démocratisation véritable implique ce que j'appelle « déconnexion », que cela plaise ou non.

L'Afrique du Sud actuelle n'est pas engagée dans la voie de cette reconstruction alternative. Tout est tenté pour « maintenir » l'héritage (« *reinforcing the mould* »), comme l'écrit Hein Marais. Les luttes populaires, appelées de ce fait à se renforcer, font que le pays reste, comme l'écrit Langa Zita, un « maillon faible » dans le nouveau système de la mondialisation capitaliste.

Le monde arabe : le mouvement de la dérive peut-il être inversé ?

Le monde arabe donne des signes visibles de ce qu'on doit appeler « l'échec de son insertion internationale », si on le compare aux pays de l'Asie de l'Est et du Sud ou à ceux de l'Amérique latine dont les niveaux de développement apparents (degré d'industrialisation et d'urbanisation) sont du même ordre. Cet échec est économique : les industries en question ne sont guère compétitives sur le marché mondial et les productions agricoles et vivrières sont souvent frappées par le déclin. Mais il est aussi politique, les États arabes tournent le dos aux tendances à la démocratisation qui se fraient la voie ailleurs, les peuples arabes paraissent largement aspirés par les espoirs (illusoires) d'une « solution islamique » à leurs problèmes.

Certes l'explication immédiate qu'on pourrait donner de cette dérive dramatique est simple : elle serait la conséquence du désastre social provoqué par la soumission aux exigences de la mondialisation néolibérale (ajustement structurels et «*infitah*» – ouverture – incontrôlée). Il reste que le monde arabe avait été dans la phase antérieure de l'histoire contemporaine à la pointe des combats de Bandoung et les régimes nationaux-populistes, au départ populaires et légitimes, comptent à leur actif des réalisations indiscutables. Ces pas en avant venaient comme couronner un mouvement précoce de prise de conscience des défis que la modernisation représentait, amorcé dès le 19e siècle (Mohamed Ali d'Égypte, la «*Nahda*» – Renaissance – de la seconde moitié du siècle). Le coup d'arrêt brutal à cette évolution, le renversement de la tendance au profit d'aspirations obscurantistes pose problème.

On ne peut pas répondre correctement à cette question sans faire une lecture critique approfondie de l'histoire de la formation du monde arabe et de celle de sa religion dominante (l'islam). Le défi que représente aujourd'hui la géopolitique de l'impérialisme contemporain ne sera relevé que si les peuples arabes savent découvrir et imposer des transformations internes de leur société dans toutes leurs dimensions, lesquelles ne sont certainement pas prises en considération par les peuples arabes tels qu'ils sont aujourd'hui.

Mon explication des racines historiques de la dérive part de l'analyse des raisons de «l'échec de la *Nahda*» et des limites des réalisations de la phase nationale-populiste. Dans cet esprit j'ai fait une critique de l'islam politique qui prétend répondre au défi, et tenté de démontrer qu'il enfermait les peuples concernés dans l'impasse. Cet islam politique n'est pas un «mouvement religieux» (et donc les tentatives de l'analyser dans le cadre de débats théologiques passent à côté des problèmes véritables). Il est un mouvement politique qui mobilise (et manipule) les «sentiments religieux» dans le conflit pour le pouvoir. L'islam politique se présente comme «radicalement anti-occidental» (anti-«européen», voire anti-«chrétien»), mais jamais comme anticapitaliste. Je ne puis, ici, sur ces questions complexes, que renvoyer à des lectures qui nous entraîneraient, si je tentais même d'en résumer les conclusions, loin du thème central de cet ouvrage.

La conclusion qu'on doit tirer de l'analyse de l'évolution des pays arabes au cours des vingt-cinq dernières années est l'échec de leur insertion active dans le système capitaliste mondial. Celle-ci avait pourtant été préparée, dans la phase antérieure de l'essor nationaliste, par l'amorce d'une industrialisation et d'une modernisation de l'État, assise sur des transformations sociales (réformes agraires, progrès de l'éducation, etc.) qui avaient à la fois réduit les inégalités dans la répartition du revenu et élargi la base sociale des couches moyennes, assurant par là même la cohésion de la société et son adhésion au projet sociétaire de modernisation. L'intervention active de l'État – les nationalisations en ont été l'expression la plus avancée – avait rempli des fonctions essentielles dans la mise en œuvre de ce projet de « rattrapage dans l'interdépendance négociée » ; elle en avait constitué la condition préalable incontournable.

Certes le projet lui-même était loin d'être exempt de contradictions internes graves qui devaient en limiter la portée et en épuiser le potentiel plus rapidement qu'on le pensait généralement à l'époque. Les méthodes de la gestion politique populiste du système, la dépolitisation des classes populaires auxquelles le droit d'organisation et d'initiative était refusé, l'arrêt du débat sur les thèmes idéologiques et culturels (notamment sur la question des rapports État-religion) qui avait pourtant façonné les clivages au sein de la droite (« féodale » et « libérale ») et entre celle-ci et la gauche (marxiste et nationaliste) au cours des décennies successives depuis la *Nahda* du 19e siècle, en somme l'absence de démocratisation de la société et de la politique, sont l'expression des limites historiques de ce projet.

Par ailleurs, cristallisé à l'origine comme projet national défini dans le cadre de chacun des États arabes (en arabe « *qutri* »), le nationalisme arabe ne devait prendre conscience de sa dimension unitaire panarabe (en arabe « *qawmi* ») que progressivement, même si, dans le Croissant fertile, les origines idéologiques de cette affirmation ont été plus anciennes. La perspective unitaire – qui aurait évidemment résolu de nombreux problèmes et donné un souffle nouveau à la poursuite du développement – n'a cependant jamais réussi à s'imposer, même à l'échelle des régions comme le Maghreb ou le Croissant fertile, parce qu'elle est restée fondée sur le principe non-démocratique d'une unité imposée par la conquête à partir d'une « province base » autour d'une personnalité charismatique. Dans cette logique, la conquête-libération trouvait sa légitimité et sa prétention à l'efficacité dans la thèse d'une nation arabe préexistante, qui n'attendait que son libérateur pour imposer son existence. Il faut ajouter que ce projet national bourgeois arabe a été combattu systématiquement par les forces extérieures dominantes – les puissances occidentales. L'alliance passée par le mouvement national arabe avec l'Union soviétique n'était nullement la cause de cette hostilité, mais au contraire la réponse à celle-ci. Les raisons véritables de l'hostilité occidentale tenaient aux craintes que l'État arabe modernisé et unitaire, riche de ses ressources pétrolières, situé sur le flanc sud de l'Europe, devienne un partenaire dans le système mondial avec lequel il aurait fallu compter. Israël a été mobilisé à cet effet comme l'instrument militaire d'une agression permanente qui a joué un rôle important dans le renversement des pouvoirs nationalistes arabes.

Ce sont des considérations géostratégiques qui expliquent l'hostilité des puissances occidentales aux bourgeoisies du monde arabe. Ici l'importance de la région tenait à sa richesse pétrolière et à sa position géographique située sur le flanc sud de l'URSS de l'époque. Ces stratégies ont eu également leur part de responsabilité dans l'échec arabe. En sens inverse les considérations géostratégiques ont contraint les impérialistes occidentaux à soutenir, ou tout au moins à tolérer, les initiatives des bourgeoisies de l'Asie orientale, ce qui explique en partie tout au moins les « succès » de cette région dans la période de l'expansion capitaliste de l'après-guerre. On se souvient que peu de temps après Bandoung, les États-Unis mobilisaient leurs fidèles alliés dans la région – l'Arabie saoudite et le Pakistan – et initiaient la mise en place de la « Conférence islamique ». L'objectif était de diviser les peuples d'Asie et d'Afrique sur des bases religieuses et, à l'époque, les non-alignés l'avaient parfaitement compris. La « Conférence » devait être constituer le havre au sein duquel s'est constitué le mouvement de l'islam politique.

Quoi qu'il en soit, la page du nationalisme populiste est aujourd'hui tournée. Le discours libéral prétend que les politiques nouvelles dites « d'ouverture » sont venues pour mettre un terme aux « errements du passé » et permettre donc le démarrage d'un développement véritable, dit « sain ». En réalité, et tout au contraire, ces politiques brisent l'élan du développement, cassent le monde arabe et accentuent les rivalités en son sein, pour finalement plonger la région dans un désastre social anéantissant son potentiel de renaissance.

La *recompradorisation* des pays arabes, qui est l'objectif véritable de la stratégie de la Triade, comporte différents volets économiques, politiques et stratégiques. Cette stratégie s'emploie à casser la région arabe en trois sous-régions distinctes, soumises à des logiques de *compradorisation* qui leur sont particulières.

La région du golfe pétrolier est placée directement sous la coupe de l'occupation militaire des États-Unis et de ce fait, a perdu toute marge éventuelle d'action autonome, politique et financière. Elle est désormais séparée du monde arabe. Les pays du Maghreb sont, quant à eux, abandonnés aux aléas d'une négociation éventuelle de leurs rapports avec l'Europe. On ne peut donc ici parler que de projets qui restent vagues à l'extrême. Le Mashrek arabe est l'objet d'un projet américano-israélien dit « projet moyen-oriental » en cours d'exécution. Il s'agit de créer ici une économie totalement intégrée associant trois partenaires – Israël, les territoires occupés dont l'avenir est conçu comme celui d'un bantoustan non souverain, la Jordanie – à laquelle seront rattachés ultérieurement le Liban, la Syrie et l'Égypte. Le projet vise essentiellement à créer un espace d'expansion économique pour Israël, protégeant les exportations israéliennes contre la concurrence extérieure de pays beaucoup plus compétitifs sur les marchés mondiaux. Les accords de Madrid et d'Oslo concernant l'avenir des territoires occupés et la paix israélo-arabe, sont interprétés d'une manière unilatérale, en contradiction avec les résolutions des Nations unies concernant l'État palestinien et le droit de retour des réfugiés dont les principes ont pourtant été réitérés dans les accords mentionnés. Les politiques mises en œuvre ici cherchent seulement à consolider le statut de bantoustan construit systématiquement dans les territoires occupés par les autorités militaires, qui se sont employées à détruire les activités productrices dans ces territoires (en privant leur agriculture d'accès aux ressources hydrauliques, en réquisitionnant des terres, en détruisant des villages, en soumettant les activités économiques à des surimpositions au profit du Trésor israélien, en détruisant physiquement les infrastructures de transport et les services sociaux, etc.). Par ces moyens, les autorités occupantes ont contraint la population active arabe à se transformer massivement en travailleurs migrants quotidiens, fournissant à l'économie israélienne sa main-d'œuvre à bon marché. Au plan politique le projet américano-israélien ne conçoit pas la reconnaissance d'un État palestinien souverain, et donc maître de sa politique douanière, fiscale et monétaire. Il ne reconnaît pas non plus le droit au retour des réfugiés palestiniens, pourtant réitéré dans les résolutions des Nations unies.

Ce projet demeure, quoi qu'on en dise, fragile, ne serait-ce que parce que la lutte du peuple palestinien se poursuivra tant que ses droits légitimes ne seront pas reconnus. Par ailleurs, le projet marginalise davantage encore le rôle de l'Égypte dans la région et dans le monde arabe, et rien ne dit que le pouvoir égyptien l'acceptera indéfiniment. Le projet américain pour le monde arabe laisse d'ailleurs sans réponse des questions aussi importantes que celle de l'avenir de l'Irak ou celle de la place et du rôle de la Turquie et de l'Iran dans la région. Il ne concerne pas non plus le quart-monde arabe (Mauritanie, Soudan, Somalie et Yémen) totalement marginalisé pour le moment.

L'ensemble des projets proposés au nom du libéralisme ne se sont jamais donné l'objectif de sortir le monde arabe de son enlisement. Il s'agissait comme ailleurs de politiques à courte vue de gestion de la crise, et rien de plus ; il ne s'agissait pas d'établir un ordre mondial nouveau stable au-delà de la crise. D'ailleurs la prospérité des années fastes de la rente pétrolière (1973-1984) était fondée sur l'illusion de la consommation, sans que la base productive n'ait été renforcée à cette occasion. Certes cette illusion a rempli des fonctions politiques décisives, à l'époque celles de donner un semblant de légitimité à l'« *infitah* », d'y faire adhérer de larges opinions. Cependant, comme il fallait s'y attendre, l'illusion devait être sans lendemain. Reprenant l'offensive, les États-Unis ont imposé leur diktat, soumis les États du Golfe au statut de protectorats occupés militairement, séquestré leur fortune placée sur les marchés financiers, imposé à la Libye un blocus dévastateur (levé récemment). La régression économique que ces politiques de gestion de la crise a entraînée pour l'ensemble du monde arabe fait de lui un candidat à la « quart-mondialisation », c'est-à-dire à la marginalisation dans le système mondial, aux côtés de l'Afrique subsaharienne et de certains pays d'Asie (Afghanistan, Pakistan et Bangladesh).

L'Amérique latine et les Caraïbes dans une perspective tricontinentale

Tous les pays de l'Amérique moderne (« post-colombienne ») partagent en commun certaines des caractéristiques héritées des origines de leur formation. Continent façonné par l'Europe atlantique mercantiliste, qui l'a construit comme périphérie du capitalisme dès l'origine, peuplé par les vagues de migrations des 19e et 20e siècles, l'Amérique latine est différente de l'Asie et de l'Afrique.

La page du mercantilisme tournée, le sort des nations de l'Amérique indépendante devait diverger. Les États-Unis, constitués en nouveau centre capitaliste impérialiste, affirmaient par la doctrine Monroe (1823) leur ambition de maintenir le reste du continent dans son statut de périphérie, mais à leur bénéfice. Cette asymétrie s'est maintenue et approfondie tout au long des deux derniers siècles à travers des alliances de classes solides entre les oligarchies agraires dominantes au Sud, l'expansion du petit capitalisme local *compradore* associé aux migrations et le capital (européen puis nord-américain) des oligopoles dominant à l'échelle globale. Elle a produit des structures sociales internes marquées à la fois par des inégalités gigantesques – les plus violentes qu'on ait jamais connues – et par des formes de soumission coloniale des « indigènes » (les Indiens du Mexique et des Andes) et des descendants des esclaves noirs.

Les peuples du continent n'ont certes jamais accepté le sort misérable que les classes dominantes locales leur réservaient et leurs luttes et révoltes remplissent l'histoire des deux siècles. Des fractions des classes éduquées et éclairées ont rejeté le joug de Washington ; et lorsque ces fractions ont établi des rapports de solidarité avec leurs peuples, cela a permis de puissants moments de lutte anti-impérialiste, potentiellement à vocation anticapitaliste. Les révolutions du Mexique (1910-1920), et plus tard celle de Cuba, comme les tentatives de type « social-démocrate » du Chili d'Allende, constituent les meilleurcs illustrations de cette histoire.

L'Amérique latine a inventé, après la seconde guerre mondiale, un « modèle de développement » (dit en espagnol « *desarrollista* ») analogue en tout point à celui des non-alignés d'Asie et d'Afrique. Ce modèle a été tout également critiqué très tôt par la gauche regroupée dans l'école dite de la « *dependencia* ». Une critique qui n'a pas seulement été théorique, mais a donné sa légitimité aux luttes armées de l'époque guévariste. Marta Harnercker a fourni une magnifique analyse de cette histoire des cinquante dernières années. L'Amérique latine – ses peuples et ses avant-gardes – s'est alors rapprochée de l'Asie et de l'Afrique de Bandoung. Mais, tandis que dans l'ancien monde le projet anti-impérialiste de libération et de développement était à la fois celui des gouvernements – issus des victoires de leurs mouvements de libération – et des peuples, en Amérique latine les postures des gouvernements étaient celles d'adversaires du mouvement, d'alliés fidèles et subordonnés de Washington. Cuba constitue l'exception, le seul État qui ait rejoint le camp des non-alignés. On comprend que la Tricontinentale, mise en place à La Havane au lendemain de la victoire, ait été un front des peuples, représentés par leurs organisations révolutionnaires et non par leurs gouvernements.

Le modèle « *desarrollista* » s'est épuisé comme celui des populismes nationaux de Bandoung pour les mêmes raisons et de la même manière, dès la fin des années 1970. Mais comme ici le déploiement de ce modèle avait été largement associé dans sa phase finale aux dictatures militaires violentes (et de surcroît soutenues et légitimées par les puissances impérialistes), sa chute devait entraîner celle des dictatures en question ; de là l'ambiguïté de l'héritage : la démocratie associée au triomphe de la nouvelle mondialisation libérale. Et, comme on le sait, les catastrophes sociales produites par le libéralisme allaient dévaluer, dans les classes populaires, l'option de la démocratie limitée pluripartite et électorale qui lui était associée. Les peuples de l'Amérique latine ont néanmoins amorcé des avancées marquées dans la prise de conscience de la nature véritable des défis. Le mouvement néozapatiste au Mexique, la victoire électorale du Parti du travail et de Lula au Brésil, celle de Chavez au Venezuela comme l'évolution de l'Argentine de Kichner en témoignent. Simultanément, et cela n'est pas de hasard, des rapprochements avec l'Asie et l'Afrique se sont dessinés, amorcés peut-être par la formation du groupe des vingt (dirigé par le Brésil, l'Afrique du Sud, la Chine et l'Inde) au sein de l'OMC.

Le défi auquel sont confrontés les peuples de l'Amérique latine demeure gigantesque. Ce défi est multidimensionnel, politique et social, interne et externe. Le relever implique des avancées simultanées dans trois directions inséparables : (i) l'approfondissement de la démocratisation par son extension aux domaines de la gestion économique et sociale ; (ii) la garantie de progrès sociaux au bénéfice des classes dominées et la réduction des inégalités ; (iii) l'affermissement de l'indépendance nationale face aux ambitions de contrôle de Washington. Or l'Amérique latine moderne n'a jamais jusqu'ici conçu et mis en œuvre des stratégies permettant cette triple avancée concomitante nécessaire. On a connu dans le passé, des années 1940 aux années 1950, des expériences populistes (inaugurées par Peron, mais faisant des émules au Brésil et ailleurs) qui ont bien réalisé des progrès sociaux (fort marqués en Argentine, limités ailleurs), mais toujours par en haut, sans démocratie. On a connu des moments où s'est affirmée une volonté d'indépendance, de « contrôle du capital étranger», dont les régimes militaires ont parfois (mais pas toujours certes) étaient les porteurs. On a connu des avancées démocratiques certaines, mais alors au prix au mieux d'une stagnation sociale, quand ce n'était pas d'une dégradation et toujours au prix d'un recul dans l'affirmation de l'autonomie nationale. Au Brésil, F. H. Cardoso a symbolisé cette option mieux que tout autre. Le Brésil de Lula, le Venezuela de Chavez, entraînant d'autres, seront-ils à la hauteur du défi et capables d'associer des avancées – fussent-elles modestes au départ – dans les trois directions identifiées ici ?

En Amérique latine comme ailleurs, les dimensions internes et externes du défi sont inséparables. Il n'y aura pas de multipolarité authentique sans que les partenaires concernés ne s'engagent dans des changements sociaux qui, à leur tour, impliquent qu'on se libère du carcan néolibéral.

L'Est : un nouveau Sud ?

Dans les chapitres qui précèdent, je n'ai traité que d'un seul pays de l'ex-Est, passé au capitalisme franc : la Russie. Et dans le premier chapitre consacré à la Triade j'ai raisonné sur une « Europe vraie » dont les frontières s'arrêtent à l'est de l'Allemagne, excluant par là même les nouveaux membres et les candidats de l'Union européenne.

Ce choix est délibéré. Car l'option de fait des pouvoirs en Europe « occidentale » devra se solder parce que j'ai qualifié de « *latino-américanisation* » des pays en question. J'entends par là que dans l'Union européenne telle qu'elle est, le rapport entre les économies de l'Europe capitaliste « développée » et celles de l'Europe orientale et sud-orientale sera en tout point analogue au rapport entre les États-Unis et l'Amérique latine, un rapport asymétrique qui implique la subordination des faibles. En un sens l'Union européenne fonctionne comme le projet d'expansion de l'Association de libre-échange de l'Amérique du Nord (Alena) intégrant le continent de l'Alaska à la Terre de Feu. Et cela, sur le fond bien entendu, indépendamment des formes institutionnelles propres à chacune des régions concernées, qui sont différentes, et même peut-être des « intentions », qui ne sont alors que des illusions.

Car « l'ouverture des marchés » ne produira en Europe de l'Est rien d'autre que de graves involutions sociales.

Il serait évidemment important de discuter à la fois des réactions possibles des peuples concernés à ce nouveau défi et des transformations souhaitables du projet européen lui-même pour y répondre correctement.

Refonder la solidarité des peuples du Sud

La page de l'ère de Bandoung est tournée. L'heure de la *recompradorisation* de l'ensemble des périphéries a sonné. Cette *recompradorisation* opère néanmoins sur des terrains devenus différents du fait des résultats inégaux au terme du déploiement du projet de Bandoung. L'ajustement structurel tel qu'il est conçu dans le cadre de la mondialisation libérale est tout simplement l'ajustement unilatéral des périphéries aux exigences de l'expansion mondialisée au bénéfice du capital central, alors que nous aurions besoin d'ajustements mutuels articulant les grandes régions du monde, inégalement développées, fondés sur des négociations collectives modulant les interdépendances globales en les soumettant aux exigences de stratégies nationales et régionales tenant compte des inégalités héritées de la polarisation.

Les processus d'ajustement conformes à la logique dominante créent néanmoins les conditions politiques qui contribuent à les perpétuer. Dans les pays du tiers-monde les plus fortunés, ils renforcent les positions d'une bourgeoisie *compradore* qui bénéficie effectivement de son insertion dans le capitalisme mondialisé. Mais si dans ceux du quart-monde ils y parviennent à peine, ils créent néanmoins des conditions défavorables à la cristallisation de réponses populaires appropriées. Ces involutions alimentent alors des explosions qui s'inscrivent presque naturellement dans l'émiettement du pays, son éclatement en régions ethniques ou pseudo-ethniques, produites par l'éclatement du bloc social dominant jusqu'ici et la perte de légitimité de l'État. L'Afrique donne déjà quelques exemples de cette tragédie. La marginalisation accentuée par laquelle celle-ci se solde n'est dramatique que pour les peuples concernés ; elle ne « menace » pas l'« ordre mondial ».

L'alternative existe néanmoins, même si la réalisation de ses conditions reste difficile. Celle-ci implique d'abord à la base, la constitution d'un front national, populaire et démocratique digne de ce nom. Mais elle implique aussi qu'au niveau du système mondial les évolutions soient amorcées, en direction de la construction d'un monde multipolaire authentique, de manière à alléger les contraintes qui, dans l'état actuel du monde, pèsent de tout leur poids contre la cristallisation de l'alternative populaire démocratique.

La *compradorisation* des pouvoirs alignés sur les exigences de la mondialisation libérale les a largement délégitimés. Il en résulte qu'un *remake* de Bandoung, unissant les peuples derrière leurs gouvernements, est aujourd'hui illusoire. La solidarité à reconstruire doit être d'abord l'œuvre des peuples concernés. Alors, et alors seulement, l'espoir pourra renaître, contraignant les gouvernements (en les remplaçant par d'autres si nécessaire) à sortir du carcan libéral et à jeter les bases de la construction d'un nouveau front du Sud actif.

Si un certain nombre de pays du Sud paraissent, au moins en première apparence, être gérés conformément aux principes de la démocratie électorale (et guère plus), beaucoup d'autres ne sont en fait pas démocratiques, pour le moins qu'on puisse dire, et parfois franchement odieux. Ces structures autoritaires de pouvoir favorisent les fractions *compradores* dont les intérêts sont liés à l'expansion du capitalisme impérialiste global.

L'alternative – la construction d'un front des peuples du Sud – passe donc par la démocratisation. Cette démocratisation nécessaire sera difficile et longue, mais son chemin ne passe sûrement pas par la mise en place de régimes fantoches livrant les ressources de leurs pays au pillage des transnationales nord-américaines, des régimes de ce fait encore plus fragiles, moins crédibles et moins légitimes que ceux dont ils prendraient la relève sous la protection de l'envahisseur américain. Au demeurant, l'objectif des États-Unis n'est pas de promouvoir la démocratie dans le monde en dépit de ses discours de pure hypocrisie en la matière.

Les lignes directrices d'une grande alliance sur la base de laquelle la solidarité des peuples et des États du Sud pourrait être reconstruites

À partir à la fois des positions prises ici et là par certains États du Sud et des idées qui font leur chemin, on peut voir se dessiner les lignes directrices du renouveau possible d'un « front du Sud ». Ces positions concernent tant le domaine politique que celui de la gestion économique de la mondialisation.

▪ Au plan politique : condamnation du nouveau principe de la politique des États-Unis (« la guerre préventive ») et exigence de l'évacuation de toutes les bases militaires étrangères en Asie, Afrique et Amérique latine.

Le choix par Washington de la région de ses premières frappes porte sur le Moyen-Orient arabe – Irak et Palestine (pour celle-ci via le soutien inconditionnel à Israël) – les Balkans (Yougoslavie, implantations nouvelles des États-Unis en Hongrie, Roumanie et Bulgarie), l'Asie centrale et le Caucase (Afghanistan, Asie centrale et Caucase ex-soviétiques). La réalisation des objectifs que les États-Unis poursuivent dans cette région implique la mise en place de régimes fantoches imposés par les forces armées des États-Unis. De Pékin à Delhi et Moscou, on comprend de plus en plus que les guerres *made in USA* constituent en définitive une menace dirigée plus contre la Chine, la Russie et l'Inde que contre leurs victimes immédiates, comme l'Irak.

Revenir à la position qui fut celle de Bandoung – pas de bases militaires américaines en Asie et en Afrique – est désormais à l'ordre du jour, même si, dans les circonstances du moment, les non-alignés ont accepté le silence sur la question des protectorats américains du Golfe. Les non-alignés ont pris ici des positions proches de celles que la France et l'Allemagne ont défendues au Conseil de sécurité, contribuant ainsi à accentuer l'isolement diplomatique et moral de l'agresseur.

La question des bases étrangères et de la menace militaire qu'elles représentent ne concerne pas seulement l'Asie et l'Afrique. L'Amazonie brésilienne est également l'objet de convoitises et de ce fait la présence militaire permanente des États-Unis en Colombie inquiète certainement le Brésil. Les menaces contre Cuba et les postures arrogantes prises par les États-Unis dans les Caraïbes qu'ils considèrent comme leur « arrière-cour » constituent une raison supplémentaire pour donner consistance à la revendication des pays du Sud.

▪ Dans les domaines de la gestion économique du système mondial, on voit se dessiner également les lignes directives d'une alternative que le Sud pourrait défendre collectivement, parce que les intérêts de tous les pays qui le constituent sont ici convergents.

L'idée que les transferts internationaux de capitaux doivent être contrôlés est de retour

En fait, l'ouverture des comptes de capitaux, imposés par le FMI comme un dogme nouveau du « libéralisme » ne poursuit qu'un seul objectif : faciliter le transfert massif de capitaux vers les États-Unis pour couvrir le déficit américain grandissant – lui-même produit à la fois des déficiences de l'économie des États-Unis et du déploiement de leur stratégie de contrôle militaire de la planète. Il n'y a aucun intérêt pour les pays du Sud à faciliter de la sorte l'hémorragie de leurs capitaux et éventuellement les dévastations occasionnées par les raids spéculatifs. Du coup la soumission à tous les aléas du « change flexible », qui vient en déduction logique des exigences de l'ouverture des comptes de capitaux, doit être remise en question. À leur place, l'institution de systèmes d'organisations régionales assurant une stabilité relative des changes mériterait de faire l'objet de recherches et de débats systématiques au sein des non-alignés et des 77. Au demeurant, dans la crise financière asiatique de 1997, la Malaisie a pris l'initiative de rétablir le contrôle des changes et elle a gagné la bataille. Le FMI lui-même a été contraint de le reconnaître.

L'idée de régulation des investissements étrangers est de retour

Sans doute les pays du tiers-monde n'envisagent-ils pas, comme ce fut le cas par le passé pour certain d'entre eux, de fermer leurs portes à tout investissement étranger. Au contraire, les investissements directs sont sollicités. Mais les modalités de l'accueil sont à nouveau l'objet de réflexions critiques auxquels certains milieux gouvernementaux du tiers-monde ne sont pas insensibles. En relation étroite avec cette régulation la conception des droits de propriété intellectuelle et industrielle que l'OMC veut imposer est désormais contestée. On a compris que cette conception, loin de favoriser une concurrence « transparente » sur des marchés ouverts, visait tout au contraire à renforcer les monopoles des transnationales.

Beaucoup parmi les pays du Sud réalisent à nouveau qu'ils ne peuvent pas se passer d'une politique nationale de développement agricole qui tienne compte à la fois de la nécessité de protéger les paysanneries des conséquences dévastatrices de leur désintégration accélérée sous l'effet de la « nouvelle concurrence » que l'OMC veut promouvoir dans ce domaine et de préserver la sécurité alimentaire nationale

En effet, l'ouverture des marchés de produits agricoles, qui permet aux États-Unis, à l'Europe et à quelques rares pays du Sud (ceux du cône sud de l'Amérique) d'exporter leurs surplus dans le tiers-monde, menace par là-même les objectifs de sécurité alimentaire nationale, sans contrepartie, les productions des paysanneries du tiers-monde rencontrant des difficultés insurmontables sur les marchés du Nord. Or cette stratégie libérale qui désintègre ces paysanneries et accentue la migration des campagnes vers les bidonvilles urbains provoque la réapparition de luttes paysannes dans le Sud qui inquiète désormais les pouvoirs.

La question agricole est souvent discutée, dans l'arène de l'OMC en particulier, sous l'angle exclusif des subventions octroyées par l'Europe et les États-Unis non seulement aux productions de leurs agriculteurs mais également à leurs exportations agricoles. Cette fixation sur la seule question du commerce mondial des produits agricoles évacue d'emblée les préoccupations majeures invoquées plus haut. Elle entraîne par ailleurs de curieuses ambiguïtés, puisqu'elle invite les pays du Sud à défendre des positions encore plus libérales que celles adoptées en fait par les gouvernements du Nord, aux applaudissements de la Banque mondiale (mais depuis quand la Banque mondiale a-t-elle défendu les intérêts du Sud contre le Nord ?). Rien n'empêche de déconnecter les subventions accordées aux agriculteurs par leurs gouvernements (après tout, si nous défendons le principe de la redistribution du revenu chez nous, les pays du Nord ont également ce droit !) de celles destinées à soutenir le dumping des exportations agricoles du Nord.

La dette n'est plus seulement ressentie comme économiquement insupportable. Sa légitimité commence à être remise en cause

Se dessine une revendication qui s'assigne l'objectif de répudiation unilatérale des dettes odieuses et illégitimes, comme d'amorcer un droit international de la dette – digne de ce nom – qui n'existe toujours pas. Un audit généralisé des dettes permettrait en effet de faire apparaître une proportion significative de dettes illégitimes, odieuses et même parfois crapuleuses. Or les seuls intérêts payés à leur titre ont atteint des volumes tels que l'exigence – juridiquement fondée – de leur remboursement annulerait en fait la dette en cours et ferait apparaître toute cette opération comme une forme véritablement primitive de pillage. Pour y parvenir, l'idée que les dettes extérieures devraient être régulées par une législation normale et civilisée, à l'instar des dettes intérieures, doit faire l'objet d'une campagne s'inscrivant dans la perspective de faire progresser le droit international et d'en renforcer la légitimité. Comme on le sait c'est précisément parce que le droit est muet dans ce domaine que la question n'est réglée que par des rapports de force sauvages. Ces rapports permettent alors de faire passer pour légitimes des dettes internationales qui, si elles étaient internes (que le créancier et le débiteur appartiennent à la même nation et relèvent de sa justice), conduiraient débiteur et créancier devant les tribunaux pour « association de malfaiteurs ».

Finalement, les questions relatives à la diversité culturelle doivent être discutées dans le cadre des nouvelles perspectives internationales dessinées ici. La diversité culturelle est un fait. Mais un fait complexe et ambigu. Les diversités héritées du passé, pour autant légitimes qu'elles puissent être, ne sont pas nécessairement synonymes de la diversité dans la construction de l'avenir qu'il faut non seulement admettre mais rechercher. Convoquer les seules diversités héritées du passé (islam politique, *hindutva,* confucianisme, négritude, ethnicités chauvines, etc.) constitue souvent un exercice démagogique des pouvoirs autocratiques et *compradores,* qui leur permet à la fois d'évacuer le défi que représente l'universalisation de la civilisation et de se soumettre en fait au diktat du capital transnational dominant. Par ailleurs, l'insistance exclusive sur ces héritages divise le tiers-monde, en opposant islam politique et *hindutva* en Asie, musulmans, chrétiens et pratiquants d'autres religions en Afrique. La refondation d'un front politique uni du Sud est le moyen de dépasser ces divisions soutenues par l'impérialisme américain. Mais alors comment faire avancer des concepts authentiquement universels, enrichis par l'apport de tous ? Ce débat ne peut être ignoré.

6
Réforme de l'ONU et mondialisation multipolaire

Les classes dirigeantes de la Triade considèrent que l'ONU a « fait son temps » et lui ont substitué de fait le G8 et l'OTAN, annulant par là même les fonctions de l'Assemblée générale. Il s'agit là d'un véritable coup de force, d'une négation de la souveraineté des États (du Sud plus précisément) et même du droit international. Si l'on s'en tient à cette position, les concepts de « multipolarité » qu'on voit ici et là parfois défendus par des États de la Triade expriment seulement leur volonté de « rééquilibrer l'atlantisme », et rien de plus.

Une multipolarité authentique implique l'adhésion à d'autres principes : le respect des souverainetés et du droit international. Certes, les concepts mêmes définissant le contenu de ceux-ci méritent d'être révisés non pas à la lumière des exigences de la mondialisation libérale mais au contraire dans la perspective de les faire avancer et d'en concilier les exigences avec celles de la démocratisation de toutes les sociétés de la planète. Cette révision implique donc le renforcement, et non l'affaiblissement, des institutions internationales, au premier rang desquelles l'ONU.

La gestion des souverainetés nationales dans le cadre de l'ONU

La constitution de l'ONU se situe dans une longue phase caractérisée par la coïncidence entre l'espace de la gestion de l'économie et celui de la gestion de la politique. On verra plus loin que cette coïncidence, produit de la modernisation capitaliste, a bien caractérisé le capitalisme mûr, mais qu'elle est aujourd'hui remise en question par l'évolution du système.

Elle en est le couronnement tardif. La philosophie de ce système-monde repose en effet sur deux principes : la souveraineté absolue des États (considérés par nature « États-nations »), le polycentrisme.

Le traité de Westphalie (1648) qui inaugure la mise en place de ce système n'est alors que spécifique à l'espace de l'ancien monde du catholicisme, dont l'unité est brisée par l'explosion de la Réforme. Il va se généraliser à l'Europe par le traité de Vienne (1815) et connaîtra sa première universalisation partielle avec la création de la Société des nations (SDN) en 1920.

La seconde guerre mondiale s'était soldée par une double victoire, celle de la démocratie sur le fascisme, celle des peuples d'Asie et d'Afrique sur le colonialisme. La création de l'ONU s'inscrivait dans cette atmosphère.

Cette double victoire a commandé les formes économiques, sociales et politiques de la gestion des systèmes tant à leurs niveaux nationaux qu'à celui de l'organisation internationale. Elle a fondé les trois « compromis historiques sociaux » fondamentaux de l'époque : le *Welfare State* en Occident, compromis travail/capital que rendait possible l'accession des classes ouvrières à une dignité inconnue dans les étapes antérieures du capitalisme, le socialisme réellement existant et ce que j'ai appelé les populismes nationaux dans les pays d'Asie et d'Afrique libérés.

Elle a simultanément ouvert la voie à une gestion politique négociée des rapports internationaux, promouvant par là même le rôle des Nations unies. Il est de bon ton aujourd'hui de dire que la bipolarité de la « guerre froide » et les pouvoirs de veto (des cinq, mais singulièrement des deux superpuissances) auraient « paralysé » l'ONU. Loin de là et tout au contraire la bipolarité renforcée par le veto a donné aux pays de la périphérie du système (l'Asie, l'Afrique et l'Amérique latine) une marge de manœuvre qu'ils ont perdu depuis. Pour un temps les centres impérialistes ont été contraints de « s'ajuster » aux exigences du respect de la souveraineté des peuples en question et d'accepter (ou de faire avec) leurs projets de développement national et social. La tendance dominante permanente du capitalisme réellement existant à l'impérialisme était sinon remise en question d'une manière radicale, tout au moins tempérée durant la période de Bandoung (1955-1975). L'essor – et la gloire – des Nations unies coïncident avec cette période, pas par hasard.

L'esprit de la Charte des Nations unies commande une vision polycentrique de la mondialisation. On comprend par là l'organisation de formes de la mondialisation fondées sur le principe de la négociation, seule garantie du respect authentique de la diversité considérée dans toutes ses dimensions : culturelles et linguistiques certes mais également dans celles qui sont le produit historique des inégalités du développement économique. Le polycentrisme respecte tous les États, toutes les nations, « grandes » ou « petites », accepte que chacun d'eux constitue d'une certaine manière un centre pour lui-même, et que partant, l'interdépendance, que la mondialisation implique, doit savoir faire avec les exigences légitimes des visions « autocentrées » de tous les partenaires. La mondialisation est alors « négociée » et sinon parfaitement égale, tout au moins conçue pour réduire les inégalités et non favoriser leur approfondissement. Concilier ces différences de faits d'une part, les exigences universelles de paix, démocratie et développement solidaire d'autre part, tel est le défi.

L'ordre international institué par la création de l'ONU en 1945 était fondé sur trois principes complémentaires : le respect de la souveraineté des États, l'interdiction de la guerre, l'interdiction de s'immiscer dans les affaires intérieures des États.

Dans le cadre de la SDN, le principe de souveraineté des États n'avait pas été étendu à l'ensemble des « nations », la colonisation de certaines d'entre elles étant toujours considérée « normale ». De même, la SDN n'interdisait pas formellement le recours à la guerre. Si la Charte des Nations unies a élargi la portée de ces principes, c'est précisément parce qu'ils avaient été niés par les puissances fascistes. À l'issue de la victoire de 1945 on a donc logiquement renforcé le principe par l'interdiction du recours à la guerre. Les États sont autorisés à se défendre contre quiconque enfreindrait leur souveraineté par une agression, mais ils sont d'emblée condamnés s'ils sont agresseurs. Tous les conflits entre États doivent être résolus par les moyens politiques de la négociation, éventuellement sous l'égide des Nations unies. Seul le Conseil de sécurité des Nations unies est habilité, le cas échéant, à organiser une intervention militaire. Encore doit-elle être limitée dans le temps et proportionnée. Par ailleurs, au cours des décennies qui suivirent, le principe de la reconnaissance de la souveraineté a été étendu à toutes les nations du monde et le concept de colonisation condamné sans réserve.

Dans ce cadre le règlement des conflits entre États demeurait également du ressort exclusif de ces derniers, sans que les « peuples » (individus ou organisations) puissent revendiquer des droits qui leur étaient refusés. Tel était – et reste encore – le statut de la Cour de La Haye. La notion d'une cour internationale de justice compétente pour certains types de crimes (crimes de guerre, crimes contre l'humanité, génocide) n'a pris corps que récemment, et est toujours rejetée par la première puissance mondiale et quelques autres.

La notion de souveraineté en vigueur continuait donc à être interprétée dans un sens absolu, interdisant à tout pays de « s'immiscer dans les affaires internes » des autres ; les nations étant représentées par leurs seuls gouvernements pour autant qu'ils donnent l'apparence de gouverner dans la « stabilité ».

L'ordre mondial ainsi compris impliquait donc une vision selon laquelle les droits humains relevaient exclusivement des affaires intérieures des pays. La déclaration des Nations unies formulant ces droits n'avait pas de valeur juridique et n'était accompagnée d'aucune juridiction transcendant les pouvoirs nationaux pour la faire appliquer. Seule l'Europe, par la suite, est allé plus loin et a créé des embryons de cours européennes.

Les droits sociaux de base (droit à la vie, à l'alimentation, à l'éducation, à la santé, à la sécurité sociale, au travail) de même que les droits des travailleurs étaient entièrement confiés aux législations nationales. À la demande des pays du tiers-monde (le groupe des « 77 » et le groupe des pays non-alignés), des droits économiques et sociaux au développement ont été introduits dans une déclaration générale Nations unies (de surcroît vague). Cette déclaration s'inscrivait davantage dans la vision nationale et populiste du développement qui dominait dans les années 1960 et 1970 que dans un projet véritablement démocratique d'ajustement multilatéral au plan mondial.

L'ensemble de ce système juridique, ses concepts de base et ses pratiques montrent que la revendication de démocratie n'était pas prise en compte pour elle-même dans les idéologies dominantes de l'époque. Si le progrès de la démocratie était considéré comme une fin louable, sa réalisation était subordonnée au développement économique, objectif premier. Cette conception n'était pas seulement dominante dans les pays d'Afrique et d'Asie, où elle a légitimé les régimes à parti unique (dans les pays socialistes, mais aussi dans d'autres tels que la Côte-d'Ivoire, le Kenya, le Malawi, le Zaïre, etc.). Elle prévalait également dans l'idéologie latino-américaine du *desarrollismo*. Elle était considérée comme légitime au niveau international et par « l'opinion publique ». Elle sous-tendait les politiques concrètes des gouvernements et les pratiques des organismes donateurs qui, à l'époque, ne soumettaient jamais leur action à des « conditionnalités démocratiques » comme on l'a vu par la suite.

Bilan de l'action des Nations unies (1945-1980)

On ne s'étonnera donc pas que l'apogée des Nations unies se situe précisément dans ce moment, finalement relativement bref, qui, du début des années 1960 à 1975-1980, coïncide avec ce qu'on a appelé les « décennies du développement ». Les remises en question et la crise qui suivent ne sont pas celles de l'ONU, mais du système monde dans lequel l'organisation avait été inscrite.

Il n'est pas difficile de dresser le bilan – positif – de l'époque : les taux de « croissance » de l'économie les plus élevés de tous les temps modernes, des progrès sociaux gigantesques, tant dans les centres du système et dans les pays du socialisme réellement existant que dans la grande majorité de ceux de la périphérie libérée, l'épanouissement d'identités nationales modernes, nouvelles et fières.

Les Nations unies ont accompagné ces bouleversements et en ont facilité les réalisations. Au plan politique le double principe de la souveraineté nationale et du polycentrisme a interdit les interventions brutales qui avaient été la pratique courante des impérialismes d'hier et le sont à nouveau depuis que l'OTAN s'est investie de la responsabilité de faire régner son ordre sur la planète. Au plan de la gestion économique, il a imposé le principe de la négociation, les États nationaux demeurant libres – sur leur territoire – d'organiser leurs systèmes de production et de répartition des richesses comme ils l'entendent. Sans doute les « pessimistes » observeront que les négociations en question (entre autre par exemple au sein de la Cnuced) ont rarement abouti à plus qu'à des déclarations sans effet réel. Il reste que les États demeuraient souverains – au plan interne – et que de ce fait ils avaient un pouvoir de négociation réel, dont ils ont fait l'usage que leurs classes dirigeantes souhaitaient faire.

Concernant le maintien de la paix, le bilan de la mise en œuvre de ces principes par l'ONU jusqu'à la guerre du Golfe (1991) est plutôt positif. Les Nations unies ont donné leur légitimité aux guerres de libération contre les colonialismes (britannique, hollandais, français, belge, portugais) et, de ce fait, soutenu positivement la construction polycentrique. Par comparaison avec ce qui est advenu par la suite, la période comptait peu de « guerres civiles » ; et si, comme cela est toujours le cas dans l'histoire, certaines puissances ont cherché à en tirer bénéfice et jeté de l'huile sur le feu, le système des Nations unies ne favorisait pas leurs manœuvres (comme on l'a vu dans le cas de la guerre du Biafra). Sans doute les Nations unies ont-elles pu être parfois manipulées (ce fut le cas dans la guerre de Corée) ou neutralisées (dans la guerre américaine du Vietnam ou l'invasion soviétique de l'Afghanistan). Dans la question palestinienne, les Nations unies ont certes légitimé la création d'Israël selon des modalités fort discutables (autorisant les sionistes à ne pas appliquer le plan de partage) mais par la suite elles ont tenté de mettre un frein aux ambitions expansionnistes de Tel Aviv : condamné l'agression tripartite de 1956, et par leur résolution 242 condamné l'occupation des territoires palestiniens depuis 1967.

Les réunions annuelles de l'Assemblée générale des Nations unies étaient toujours un grand évènement, suivi par des personnalités politiques du monde entier de première grandeur. C'est dire que même si les positions exprimées par les uns et les autres ne permettaient pas toujours d'aboutir à des compromis positifs, celles-ci devaient être prises en compte par tous.

L'ONU n'est donc pas morte de mort naturelle ; elle a été assassinée en 1990-1991 par la décision des États-Unis, soutenus par leurs alliés de la Triade, mettant un terme à ses responsabilités dans la gestion du polycentrisme et la garantie de la paix. L'ONU a été assassinée par la décision de Washington de mettre en œuvre son projet – étendre la doctrine Monroe à toute la planète.

Mais il n'est pas davantage difficile d'identifier les limites de ce système qui sont d'une part les illusions concernant le développement et d'autre part son déficit démocratique.

Ces concepts du développement économique et social reposaient sur les postulats du paradigme de l'époque, fondé sur la coïncidence gestion de l'économie/exercice du pouvoir politique. La conception du développement économique par elle-même s'inscrivait dans une logique d'expansion capitaliste caractérisée par le « rattrapage », qui supposait à son tour la « neutralité des technologies » et la reproduction des modes d'organisation hiérarchisés produits par l'histoire du capitalisme. Que ce modèle ait impliqué toujours au moins un rôle actif de l'État régulateur, se substituant parfois à la classe capitaliste absente (ou *compradorisée*), qu'il ait revêtu ici et là – à des degrés divers – des dimensions sociales, ne lui confère pas la qualité de socialiste qui lui a été souvent octroyée, trop hâtivement (et c'est pourquoi j'ai préféré le qualifier de national-populiste).

Il est légitime, avec le recul du temps, de mettre l'accent sur les illusions portées par les succès du développement de l'époque. Mais ce qui ne l'est sûrement pas, c'est l'instrumentalisation de cet « échec » par les néolibéraux. Car ce que ceux-ci ont imposé par la suite est de la nature d'une illusion encore plus dévastatrice : que le déploiement du capitalisme dérégulé assurerait un développement « meilleur ». Illusion associée à une rhétorique dogmatique démentie par toute l'histoire du capitalisme réellement existant (le développement, même au sens limité du rattrapage dans le système, s'est toujours imposé, quand il s'est imposé, par des stratégies acceptant le conflit avec les logiques dominantes de l'expansion du capital dominant mondialisé), cruellement démentie par les évolutions des deux dernières décennies, caractérisées par la stagnation (le développement passé à la trappe, auquel on substitue le discours de la charité inefficace – la « lutte contre la pauvreté ») et par la plus scandaleuse aggravation des injustices sociales.

Par ailleurs, on observera que le système ne faisait aucune référence à la démocratie, autre que purement verbale. Aujourd'hui les peuples sont devenus plus exigeants en la matière – bien qu'à des degrés divers – qu'ils ne l'étaient à l'époque du *Welfare State,* du socialisme réellement existant ou des populismes nationaux. Je considère certainement cette évolution comme positive, même si les exigences démocratiques en question demeurent l'objet de manipulations parfois faciles de la part des puissances impérialistes. Dans l'esprit de l'époque, la souveraineté absolue était celle des États, considérés comme représentants exclusifs de leurs peuples. À l'époque également, le déni de démocratie était souvent justifié par les classes dirigeantes locales au nom des exigences de la « construction nationale ».

Avec le retournement de la conjoncture, la croissance économique ralentie a mis un terme aux retombées dont bénéficiaient de larges couches de la population (plus particulièrement les classes moyennes, mais également les classes populaires dans la mesure où fonctionnait l'ascension sociale des jeunes générations). Du coup le discours « national » perdait la légitimité qui lui permettait de faire l'impasse sur les droits démocratiques, voire les droits de l'homme élémentaires.

Finalement, par leur action politique de protection du respect des souverainetés nationales et de soutien au polycentrisme, les Nations unies ont contribué positivement à permettre le déploiement de ces projets de l'après-guerre. Et les régimes politiques qui en ont assumé la responsabilité, bien que non-démocratiques (ou fort peu, au mieux), n'ont pas été dans l'ensemble aussi « odieux » qu'on le dit souvent aujourd'hui. Modernisateurs, ouverts à la laïcisation, promouvant l'ascension sociale des femmes (avec nuances...), ces autocraties étaient souvent proches de formes du « despotisme éclairé ». Les régimes les plus odieux qu'on a connus à l'époque étaient pour l'essentiel mis en place ou soutenus par l'adversaire impérialiste qui n'a pas hésité à le faire quand il le pouvait : Mobutu au Zaïre, Suharto en Indonésie, les dictatures d'Amérique du Sud sont là pour en témoigner. L'histoire ultérieure – avec le soutien aux talibans en Afghanistan (la dictature obscurantiste a succédé ici à celle du despotisme éclairé, trop vite qualifié de « communiste ») – témoigne du recul qui a fait suite à l'érosion des populismes nationaux.

Faute d'avoir dressé l'inventaire objectif des réalisations de l'époque, les critiques adressées aujourd'hui à l'action des Nations unies sont le plus souvent fort superficielles, mettant par exemple l'accent sur la « médiocrité » des « bureaucraties onusiennes ». Une comparaison sereine entre les appareils de l'ONU et ceux d'autres systèmes institutionnels nationaux ou plurinationaux (comme l'appareil européen par exemple) inviterait à des conclusions plus nuancées.

Conflit et coïncidence des espaces de la gestion économique et politique

L'espace qui définit l'aire de reproduction d'une société est toujours multidimensionnel : politique, économique, culturel. La cohérence d'une société dépend donc du degré de coïncidence de ces espaces divers. Cette coïncidence opère parfois à l'échelle d'une aire géographique relativement importante ou au contraire est émiettée, n'étant plus alors effective qu'à l'échelle de microsociétés – villageoises par exemple. La coïncidence en question n'exclut pas la possibilité d'émergence de contradictions et de conflits entre les logiques propres particulières aux différentes instances de la réalité sociale considérée. Au contraire c'est bien le déploiement de ces contradictions qui rend compte de la dynamique de l'histoire et des transformations sociales. Par ailleurs la coïncidence en question est toujours relative, au sens que les sociétés définies sur sa base ne se déploient que fort rarement dans une autarcie absolue ou presque, mais s'inscrivent généralement dans des « systèmes de sociétés ». Les aires de la chrétienté, de l'islam, de l'hindouisme ou du confucianisme par exemple définissent des dimensions culturelles (religieuses et philosophiques) communes à des ensembles de sociétés. On peut repérer de la même manière des aires d'échanges marchands qui relient de nombreuses sociétés entre elles, de ce fait plus ou moins interdépendantes. Dans le capitalisme moderne cette aire est constituée par la planète entière donnant à l'instance économique de la reproduction sociale sa qualité d'« économie-monde ». Mais dans les époques antérieures on identifie tout également des espaces d'échanges marchands vastes, comme ceux désignés par les « routes de la soie » par exemple.

La nébuleuse constituée par les sociétés humaines interdépendantes présente, dans certaines des zones dont elle est composée, des condensations fortes, donnant alors aux sociétés concernées une cohérence évidente qui les identifie. On peut parler alors pour ces sociétés de coïncidence entre « marché » (un raccourci discutable pour désigner l'économique), État (aire de gestion du pouvoir politique) et société (se reconnaissant dans une identité culturelle).

Le capitalisme a triomphé d'abord dans une région particulière de l'Ancien Monde – un petit quart nord-ouest de l'Europe. Or la région en question était caractérisée par un degré élevé d'émiettement à la fois des conditions de sa reproduction économique (largement réduites à celles de l'auto-subsistance du fief) et de celles de sa gestion politique (également largement réduite aux pouvoirs du seigneur local). Les espaces plus vastes dans lesquels s'inscrivaient les unités féodales constitutives de base demeuraient de faible densité : la « chrétienté » commune ne s'accompagnait ni d'un pouvoir politique réel de sa tête (la papauté) ni de celle de l'empereur (du Saint-Empire) ou des rois ; les échanges marchands demeuraient limités dans leurs effets (et d'ailleurs dans ces échanges ceux « à longue distance » – les « routes de la soie » – prédominaient par comparaison avec les échanges marchands locaux). J'ai précisément qualifié pour cette raison cette forme (« féodale ») des sociétés de la famille « tributaire » des époques en question de forme « périphérique » par opposition aux formes centrales caractérisées par une coïncidence économie/pouvoir opérant sur des aires considérablement plus conséquentes. La coagulation précoce des formes capitalistes nouvelles dans ces périphéries du monde tributaire m'est apparue de ce fait ne pas avoir été de pur hasard.

Dans un premier temps, celui de cette coagulation nouvelle, l'intensification des échanges marchands se déploie dans ce que j'appelle le chaos des origines du capitalisme. La coïncidence des espaces de la gestion politique et de la reproduction économique est brisée. Aux pouvoirs anciens des féodaux et à ceux – limités – des corporations de métiers se juxtaposent des réseaux de commerce qui les transgressent. La carte de l'Europe de cette transition du Moyen Âge aux Temps modernes prend l'allure d'un puzzle de principautés, seigneuries, villes libres, les unes et les autres de plus en plus dépendantes de réseaux de marchands qui échappent à leurs pouvoirs. Un modèle qui fait contraste avec celui des mondes tributaires centraux caractérisés par la soumission de l'économie marchande aux pouvoirs, handicap majeur à l'éclosion de formes capitalistes achevées. Le chaos sera surmonté et la coïncidence « marché/État » (économie et politique) reconstruite par l'émergence de l'État-nation moderne. Les Provinces Unies, mais surtout l'Angleterre et la France, qui inventent la monarchie absolue d'Ancien Régime, en préparent le terrain qui se déploiera dans toute sa plénitude au 19e siècle, produisant le « modèle » par excellence de l'organisation du monde moderne.

L'affirmation de la souveraineté (des États, des nations, des peuples) est le produit de cette construction de la modernité capitaliste. La triple coïncidence entre les espaces de gestion de l'accumulation du capital (le « marché »), ceux de sa gestion politique (« l'État ») et ceux de son affirmation culturelle singulière (la « nation ») a bien caractérisé le déploiement du capitalisme dans sa phase de maturité. Certes cette triple coïncidence n'était le fait que des « grandes nations » du capitalisme central. Mais elle était devenue de ce fait le modèle pour tous les autres, et singulièrement celui dont se sont inspirés les mouvements de libération nationale des peuples opprimés et les révolutions faites au nom du socialisme. Cette affirmation a trouvé tardivement son expression universaliste, après la seconde guerre mondiale, et a marqué l'histoire des décennies glorieuses de l'ONU.

Aujourd'hui ce modèle est entré dans une phase de décomposition finale. Retour au chaos, dans des conditions qui définissent un défi nouveau : celui d'aller au-delà du capitalisme, désormais obsolète.

L'Empire du chaos : souveraineté, justice sociale et développement passés à la trappe

Les transformations du système productif du capitalisme contemporain constituent un fait majeur indiscutable, qu'il s'agisse des « révolutions technologiques » en cours (informatique, espace, biotechnologie) ou de leurs effets sur l'organisation du travail et les structures sociales. Discuter de leur ampleur et de leur portée ne constitue pas le sujet de cet ouvrage (je renvoie donc le lecteur sur ces questions à l'annexe 2). Il reste que ces évolutions interpellent effectivement tous les concepts relatifs à la gestion du système monde capitaliste : les fonctions respectives du « marché » et de l'intervention publique, les rapports entre les pratiques démocratiques et la justice sociale, fonctions du droit et des institutions internationales.

Doit-on en déduire que les réponses données à ces défis nouveaux par les forces dominantes en place seraient les « bonnes », ou en tout cas « sans alternatives » ? Ce n'est certainement pas mon point de vue. Tout au contraire je prétends que ces réponses sont inacceptables, qu'elles ont fait passer à la trappe, avec la souveraineté des peuples, les perspectives de leur développement dans la justice sociale. Associées au déséquilibre des rapports de force, sociaux et internationaux, opérant au bénéfice des segments dominants du capital mondialisé, ces réponses – qui inspirent le discours libéral de l'impérialisme collectif de la Triade – ne produisent rien d'autre qu'un « Empire du chaos ». Elles créent par là même les conditions appelant à la militarisation de la mondialisation et favorisent le déploiement du projet hégémoniste des États-Unis.

Le chaos contemporain n'est pas l'analogue de celui qui a présidé à l'éclosion du capitalisme. La construction dans le passé de la coïncidence « marché/État » avait bien constitué en son temps une avancée sociale réelle qui accompagnait le déploiement du mode capitaliste supérieur. Aujourd'hui le capitalisme a épuisé son rôle historique progressiste et ne peut plus offrir que sa dérive barbare. Le défi impose de penser un « au-delà du capitalisme », et, partant, de centrer l'analyse sur le conflit entre l'économie (le « marché » c'est-à-dire le capitalisme) et, au-delà de l'État, la société. Ce conflit concerne toutes les dimensions de la réalité, tant nationale que mondiale.

Nous sommes confrontés aujourd'hui à un seul projet d'avenir, mis en œuvre par les moyens systématiques de la violence (y compris militaire) des puissances dominantes, elles-mêmes au service des segments dominants du capital mondialisé. Ce projet – qui est le seul projet possible du « capitalisme réellement existant » parvenu au stade actuel de son développement naturel, conforme à sa logique immanente propre – n'a rien à voir avec celui que le discours « libéral » décrit dans les termes du règne du marché (« concurrentiel et transparent »), de la démocratie promue par la substitution de la « société civile » à l'État (« bureaucratique », voire « autocratique »), garant de la paix (à condition seulement que soit mis un terme aux pratiques des « terrorismes » sauvages). Ce projet est celui des segments dominants du capital mondialisé (les « transnationales » de la Triade impérialiste). J'ai qualifié l'avenir qu'il envisage pour la majorité de l'humanité « d'apartheid à l'échelle mondiale ». La guerre permanente contre les peuples d'Asie, d'Afrique et d'Amérique latine est donc, de ce fait, inscrite comme une nécessité incontournable de son succès éventuel. Dans cette perspective évidemment les Nations unies n'ont plus aucun rôle propre à jouer : ou bien elles accepteront de devenir l'un des instruments dociles de ceux qui conduisent la guerre permanente contre le « Sud », ou bien elles doivent disparaître.

Le projet de l'hégémonisme américain s'inscrit dans cette logique libérale de l'impérialisme collectif de la Triade. Il implique que la « souveraineté des intérêts nationaux des États-Unis » soit placée au-dessus de tous les autres principes encadrant les comportements politiques considérés comme des moyens « légitimes ». Certainement les impérialismes du passé ne s'étaient pas comportés différemment et ceux qui cherchent à atténuer les responsabilités – et les comportements criminels – de l'*establishment* des États-Unis dans le moment actuel, et leur trouver des « excuses », reprennent ce même argument – celui d'antécédents historiques indiscutables. Mais c'est précisément ce qu'on aurait voulu voir changer dans l'histoire et qui était amorcé depuis 1945. C'est parce que le conflit des impérialismes et le mépris du droit international par les puissances fascistes avaient produit les horreurs de la seconde guerre mondiale que l'ONU a été fondée sur un principe nouveau proclamant le caractère illégitime de la guerre. Cette belle initiative qui ouvrait la voie au progrès de la civilisation, n'a néanmoins jamais emporté la conviction des classes dirigeantes des États-Unis. Les autorités de Washington se sont toujours senties mal à l'aise dans le concert de l'ONU et aujourd'hui proclament brutalement ce qu'elles étaient contraintes de cacher jusqu'ici : qu'elles n'acceptent pas le concept même d'un droit international supérieur à ce qu'elles considèrent être les exigences de la défense de leurs « intérêts nationaux ». Les États-Unis ne sont pas seuls responsables de la dérive. L'Europe y a largement participé en jetant de l'huile sur le feu en Yougoslavie (par la reconnaissance hâtive de l'indépendance de la Croatie et de la Slovénie), puis en se ralliant aux positions prises par les États-Unis concernant le « terrorisme » et la conduite de la guerre d'Afghanistan. Il reste à savoir si, à partir de la guerre d'Irak, l'Europe amorcera une révision de ses positions. En tout cas le retour au principe du polycentrisme et à la restauration du rôle des Nations unies ne sera pas à l'ordre de jour tant que l'Europe acceptera la substitution de l'OTAN à l'ONU comme moyen de gestion de la mondialisation.

L'appareil de propagande de Washington a mis à l'ordre du jour un conflit prétendu entre les « civilisations » (en fait les religions) qui serait devenu incontournable et commanderait, de ce fait, l'avenir. Par des moyens systématiques mis en œuvre – promotion des communautarismes sous prétexte de respect des différences, offensive contre la laïcité (« ringarde »), éloge des obscurantismes religieux placés par le postmodernisme sur pied d'égalité avec tout autre « idéologie », promotion systématique d'ethnocraties nauséabondes (en ex-Yougoslavie et ailleurs), voire manipulations cyniques (soutien par la CIA de groupes terroristes mobilisés contre les adversaires, en Afghanistan, en Tchétchénie, en Algérie entre autre), guerre mensongère déclarée au prétendu « terrorisme » (quand il ne sert pas les intérêts de Washington) –, les États-Unis sont parvenus à donner un visage réel à ce conflit. Celui-ci fait part intégrante de la dérive barbare du capitalisme, et en aucune manière ne fait obstacle au déploiement de son projet.

On ne s'étonnera guère que dans ces conditions la justice sociale et la paix sont, comme le développement, passés à la trappe, en dépit de la rhétorique sonore des représentants des pouvoirs dominants. Le débat qui devrait s'imposer, en réponse au chaos libéral, concerne la démocratisation nécessaire dans ses rapports avec le progrès social. On lui substitue une série de discours creux destinés à évacuer les vrais problèmes : le discours sur la « bonne gouvernance » (accompagné de développements insipides concernant la « lutte contre la corruption » !), substitué à l'analyse de la réalité des pouvoirs, la promotion des communautarismes sous le prétexte fallacieux de respect du droit à la différence, le bric-à-brac dit « postmoderniste », le discours sur les prétendus conflits de civilisation (qu'on substitue au vrai débat concernant le conflit des cultures politiques). On sait comment ces discours sont relayés par la Banque mondiale (le ministère de la propagande du G 7 comme je qualifie l'institution), imposés aux Nations unies (qui, doit-on avouer, y résistent peu). Quant à la paix promise, elle prend la forme de la guerre permanente (dite contre le « terrorisme » !), des agressions répétées de Washington et de ses alliés (les guerres « préventives ») et de guerres civiles produites par la désintégration des États et des sociétés soumis aux traitements du libéralisme ! Cette notion de démocratie tronquée, mise en avant dans le discours dominant accompagnée de la vision néolibérale doctrinaire et unilatérale d'une suprématie de la « loi du marché », creuse le fossé entre droits politiques (multipartisme, élections justes, etc.) et droits sociaux. Loin de prendre acte de la complexité de la question, des difficultés à la résoudre (même de façon progressive) et de l'articulation de la revendication démocratique dans ses différentes dimensions, cette « réponse » simpliste, source de confusion, favorise des pratiques douteuses. Avec la mise en œuvre de la règle « deux poids, deux mesures » (on défend activement les droits d'un peuple, y compris par des interventions militaires, alors qu'on ignore ceux d'un autre), c'est l'ensemble du système qui risque de perdre sa légitimité aux yeux d'un nombre croissant d'individus, de mouvements et d'organisations, voire de peuples entiers.

Dans ce cadre le système dominant s'oriente vers l'octroi au droit international des affaires du statut de référence suprême, primant sur les législations nationales à la fois dans le domaine du droit commercial et dans ceux du droit du travail, du droit des sociétés, du droit civil et, bien sûr, du droit public et privé international. Dans cet esprit l'Organisation mondiale du commerce a élaboré un arsenal de principes et de procédures allant jusqu'à définir un système juridictionnel curieux (l'Organe de règlement des différends), fondé sur la négation du principe démocratique élémentaire de séparation des pouvoirs. La minorité constituée par le monde des affaires s'érige en maître suprême de la vie économique, sociale et politique du monde entier, et se proclame à la fois législateur suprême, corps exécutif placé au-dessus des États et seul « juge » de ses propres actions. On est revenu à la gestion de Venise, assumée par le conseil d'administration de ses marchands les plus riches !

Aux niveaux nationaux, ces pratiques contribuent à la ruine de la crédibilité et de la légitimité de la démocratie. Associer la loi du marché traitée en règle absolue (et, de manière concomitante, donner la suprématie au droit international des affaires tel que nous le connaissons) aux principes démocratiques est impossible : il suffit de songer au cas dramatique de l'Argentine, l'exemple peut-être le plus extrême de l'échec de cette association. Des involutions de ce genre risquent de conduire à un renforcement des attitudes antidémocratiques qui, bien qu'il soit illusoire de penser qu'elles constituent une réaction efficace face aux véritables défis de la mondialisation, n'en font pas moins tache d'huile au Nord et au Sud : néopopulisme ici (dans certains cas pratiquement assimilable à un néofascisme), repli sur des identités prétendues « communautaires » réelles ou imaginaires là (au nom de « nationalismes » dévoyés en chauvinismes, ou de « spécificités religieuses » soumises à la manipulation politique), envahissent déjà la scène politique dans un nombre croissant de pays.

Au niveau mondial, la position monopolistique du Nord est affirmée par l'OMC et le droit international des affaires, à travers la consolidation des droits de propriété (intellectuelle et industrielle) et des licences commerciales, mais aussi par le moyen de l'ouverture des « comptes de capitaux » (le transfert international libre des capitaux, spéculatifs inclus). Le renforcement de cette position monopolistique du Nord réduit d'autant les espoirs des pays dits « émergents » dans leur effort de « rattrapage », conçu sur la base des principes de la concurrence sur des marchés ouverts, et accroît en même temps la marginalisation et l'exclusion d'autres régions (l'Afrique en particulier). Ces évolutions accentuent la polarisation de la richesse et du pouvoir au niveau mondial.

La croyance idéologique quasi-libertarienne selon laquelle les « marchés » représenteraient l'expression la plus évoluée de la « liberté » (entendue comme la liberté des « individus », dont on ignore l'héritage et l'environnement social) et que, de ce fait, tous les aspects de la vie humaine et sociale peuvent et doivent être subordonnés à la logique unilatérale imposée par les marchés, est à l'origine de ces crises. Les différents modèles de contrat social et de sécurité sociale sont alors démantelés au profit de la flexibilité, puis remplacés par des contrats privés, s'adressant à des groupes spécifiques et exclusifs. Dans un grand nombre de segments de la société civile, cette évolution est ressentie comme inéquitable et inacceptable. Les modèles dominants ne préconisent pas une « moindre intervention de l'État » mais au contraire, une concentration extrême du pouvoir loin du contrôle des Parlements et des citoyens, dans une multiplicité d'organismes « autonomes » (dont certains privés, malgré le caractère public de leurs interventions), censés être « techniques » (c'est-à-dire « non-politiques »). De même, un esprit de « juridisation » des relations sociales prévaut, qui, dans les faits, se traduit par une délégation de pouvoir croissante aux « juges ». Les modèles de décentralisation, destinés à l'origine à rapprocher les systèmes de pouvoir des citoyens, deviennent de nouveaux centres où se concentrent des intérêts particuliers libérés de toute responsabilité formelle. La politique en crise devient ainsi un patchwork d'intérêts et le souci d'assurer la cohérence des réponses aux problèmes qu'ils posent est oublié. Cette évolution renforce le préjugé selon lequel « il n'y aurait pas d'alternative ». Les choix d'un système de pouvoir opaque qui n'a plus de comptes à rendre deviennent ainsi des « prophéties auto-réalisatrices ». On oublie alors que la définition même de la démocratie implique précisément la possibilité de choisir entre des alternatives différentes.

Dans la perspective de cette régression générale, les Nations unies n'ont plus de fonctions particulières à remplir. L'ONU perd alors son rôle essentiel, qui est d'une part de soutenir la démocratisation par l'intégration des droits sociaux à l'ensemble des droits des individus et des peuples et d'autre part de promouvoir un droit international authentique, produit de la négociation des compromis d'étapes indispensables au progrès de l'humanité.

L'alternative : la construction simultanée de la justice sociale, de la justice internationale et l'affirmation d'une nouvelle souveraineté des peuples

La démocratie est le produit de la modernité, définie comme l'affirmation que les êtres humains, individuellement et collectivement, sont seuls responsables du façonnement de leur avenir et que, de ce fait, « il y a toujours des alternatives ».

Le choix alternatif véritable est alors : accepter que la socialisation, à tous les niveaux, du national au mondial, soit opérée par les seules vertus du « marché », ou au contraire construire (sur le long terme et par étapes) les formes nécessaires de la socialisation par la démocratie (au sens riche et plein du terme). Car les peuples aspirent simultanément au progrès social, à la démocratisation de la gestion de leur vie, au respect de leurs identités nationales. Et le capitalisme est de moins en moins capable de permettre l'épanouissement effectif de ces aspirations, dans les nations et à l'échelle mondiale.

La dérive libérale annihile les valeurs fondamentales de l'universalisme, et, en cela, illustre la sénilité du mode capitaliste. Dans les phases antérieures de son développement le capitalisme avait été universaliste, quand bien même cet universalisme était demeuré tronqué, du fait de la dimension impérialiste immanente à sa mondialisation. En contrepoint de cette culture politique du capitalisme, celle de l'alternative (le socialisme), est tout également universaliste et de surcroît capable potentiellement de dépasser l'universalisme tronqué du capitalisme. Cette culture de l'avenir n'est pas seulement celle d'une utopie créatrice « théorique » ; elle est déjà présente dans la conscience réelle des peuples d'aujourd'hui. Le véritable conflit idéologique-culturel du 21e siècle n'est donc pas le « choc des civilisations » à la Huntington, mais le conflit qui oppose la culture politique du capitalisme, dérivant dans la direction de la barbarie, et celle du socialisme.

Face aux ambitions démesurées des forces dominantes, on opposera les exigences d'un nouveau droit susceptible de garantir à tous les peuples du monde un traitement digne, condition de leur participation active et créative à la construction de l'avenir et de suggérer un instrument juridique qui soit à la fois suffisamment large et multidimensionnel pour prendre en compte les droits des êtres humains (des hommes et des femmes, en tant qu'êtres absolument égaux), les droits des communautés et des peuples et, enfin, le droit régissant les relations entre États.

Les questions complexes et nombreuses que soulève la réflexion sur ce droit se résument dans la question fondamentale suivante : comment doit opérer la socialisation ? À travers les contraintes exclusives du « marché », dérégulé autant que possible ? Ou par la combinaison du marché et de la démocratie ? Dans ce cas le domaine régi par les « marchés » devrait être clairement identifié et délimité. Tel est le sens de la « régulation sociale du marché ». Par ailleurs, la démocratie doit être conçue dans l'ensemble de ses dimensions politiques, sociales et culturelles ; et, pour en soutenir le déploiement, il faut envisager la réforme les institutions existantes ou en inventer de nouvelles.

Dans ce cadre il faut également affirmer simultanément le double principe de justice sociale et de justice internationale comme constituant l'axe d'un modèle alternatif à la fois légitime et efficace. Cela exige la formulation d'un ensemble de propositions précises concernant la formulation de droits positifs et la mise en place de mécanismes institutionnels appropriés, permettant de traduire ces principes dans la réalité.

La justice sociale – à réaliser en premier lieu dans le cadre des États-nations – constitue la base de tout programme cohérent destiné à garantir les droits des peuples. La « justice internationale » (ou « justice globale ») constitue l'autre dimension d'un programme cohérent capable de garantir le progrès des droits des peuples. Au départ des réflexions sur cette question, on doit reconnaître que le respect simultané de la souveraineté des nations et des droits humains peuvent entrer en conflit. Bien que le respect de la souveraineté des nations doive demeurer la pierre angulaire du droit international, il reste que celle des États doit être interprétée comme étant celle des peuples concernés, sans limiter leur représentation aux seules autorités gouvernementales.

Je proposerai dans les pages qui suivent un programme de réformes de l'organisation institutionnelle de la mondialisation cohérent avec l'objectif de sa multipolarité, capable également de soutenir les formes de la reconstruction démocratique ouvertes sur le progrès social.

Ce programme concerne l'ONU. Car l'ONU doit être l'instance dans le cadre de laquelle s'élabore le droit international : il n'y a pas d'instance plus acceptable pour le faire. Cela implique sans doute des réformes de l'organisation conçues dans une perspective qui dégage les moyens et les voies (y compris pour cela les innovations institutionnelles) permettant aux forces sociales réelles d'être présentes aux côtés des gouvernements qui, au mieux, les représentent imparfaitement. Cela implique que les règles du droit international – fondées sur le respect de la souveraineté – trouvent leur place dans un ensemble régulateur cohérent, régissant les droits des individus et des peuples comme les droits économiques et sociaux passés sous silence dans la vulgate libérale.

Le conflit entre la souveraineté et la démocratie ne peut être surmonté par l'affirmation du « droit d'ingérence » proposé par la société civile occidentale qui, avec la naïveté qui la caractérise, se fait complice des manipulations du capital impérialiste dominant, lequel ne poursuit – à travers ses interventions – rien d'autre que la réalisation de ses objectifs propres. L'ingérence en question n'est d'ailleurs pas nouvelle, mais la pratique quotidienne du capital dominant depuis cinq siècles. Enveloppée dans des discours légitimateurs successifs (la christianisation des « païens », la mission civilisatrice coloniale, aujourd'hui la « croisade » pour la démocratie !), l'ingérence a été vécue par ses victimes comme la catastrophe des temps modernes, n'excluant pas même le génocide (systématique chez les colons anglais en Amérique du Nord, en Australie, en Tasmanie et en Nouvelle-Zélande, pratiquée ailleurs comme par les Argentins et les Chiliens en Patagonie). Loin de « favoriser » le progrès des peuples, l'ingérence impérialiste a toujours cherché à renforcer les pouvoirs de leurs alliés locaux réactionnaires. « L'ingérence » a connu un moment de recul – de 1945 à 1980 – et c'est ce recul qui a permis les avancées (relatives et limitées) des peuples d'Asie et d'Afrique à l'époque. Le retour au principe de l'ingérence ne constitue pas une avancée par l'universalisation de la cause de la démocratie, mais le dévoiement de cette cause. J'appelle donc à condamner sans réserve ce « droit d'ingérence ».

La contradiction en question doit être surmontée par d'autres moyens qui appellent à la mobilisation des forces de progrès à l'intérieur des sociétés concernées et leur soutien par les instances rénovées de la mondialisation multipolaire (le système de l'ONU en premier lieu). Ce soutien peut être actif et efficace, prendre des formes diverses selon la gravité des situations : mesures de contrainte économique, soutien aux insurgés (comme ce fut le cas à l'occasion des luttes de libération nationale – allant jusqu'à la fourniture d'armements). La voie est certainement difficile et le succès n'est jamais garanti. Mais il n'y en a pas d'autre.

Les conditions doivent être créées pour permettre à l'ONU de remplir ses fonctions de gardienne de la paix. Ces conditions concernent en premier lieu le désarmement. Un monde multipolaire est un monde désarmé. Mais sur ce sujet également il faut préciser clairement ce qu'on entend par désarmement. Celui-ci doit être d'abord celui des plus puissants, en premier lieu donc des États-Unis. L'Irak a été attaqué – ne l'oublions pas – non parce qu'il possédait des armes de destruction massive, mais parce qu'il n'en possédait pas. L'arrogance des États-Unis qui ne cachent pas leur intention de faire usage de toutes les armes, y compris nucléaires, s'ils le jugent « utile » (et dans ce domaine la classe dominante américaine peut « convaincre » son opinion, manipulable sans difficulté), légitime l'armement des pays menacés et l'hypocrisie du « traité de non-prolifération » doit être dénoncée. L'argument naïf selon lequel les pays pauvres feraient mieux d'utiliser leurs ressources autrement feint d'ignorer la menace réelle que l'impérialisme fait peser sur ces pays. Sans doute les classes dominantes *compradores,* quand elles achètent des armes, ne le font-elles pas pour faire face à l'« adversaire impérialiste », qui est leur protecteur ! Les achats d'armes américaines par les pays pétroliers du Golfe ne sont guère qu'une forme de subvention au Trésor des États-Unis. Sans doute également le désarmement souhaitable doit-il prévoir le démantèlement des réseaux qui fournissent les armes légères (et les mines antipersonnelles) et alimentent les guerres civiles effroyables accompagnant le déploiement de l'Empire du chaos. Mais l'arbre ne doit pas cacher la forêt : la guerre permanente du Nord contre le Sud décidée par Washington et ses alliés. L'évacuation des bases militaires américaines qui couvrent désormais la planète entière est un préalable au désarmement général.

La reconstruction d'un modèle polycentrique et pluraliste de la mondialisation, offrant une perspective de progrès aux peuples des régions vulnérables dépourvues des moyens qui leur permettraient de tirer un avantage quelconque de leur insertion dans la concurrence mondialisée, implique une reconstruction institutionnelle tant au plan régional qu'au plan mondial. Car le monde multipolaire proposé sera nécessairement un monde régionalisé. Cela constitue un défi pour tous, qu'il s'agisse des peuples de l'Union européenne et de l'Europe de l'Est ou de ceux d'Asie, d'Afrique et d'Amérique Latine. Les structures régionales – Alena et Mercosur, accords de Cotonou conclus entre les pays ACP et l'UE et APER appelés à leur succéder, projet Euromed, Cedeao, Comesa et autres institutions régionales africaines, APEC – doivent être discutées à la lumière des exigences de justice internationale et d'un modèle non-polarisé de mondialisation. Dans quelle mesure ces modèles régionaux à l'œuvre ne sont-ils guère que des courroies de transmission de la mondialisation libérale ? À quelles conditions pourraient-ils constituer des éléments de la construction d'une mondialisation alternative ?

Les régions telles qu'on peut les concevoir à la lumière des exigences de ces transformations ne sauraient donc être de simples groupements économiques *a fortiori* conçus dans l'esprit de l'économie néolibérale. Elles doivent également être conçues comme des espaces politiques et définir des contenus sociaux appropriés susceptibles de promouvoir le renforcement de la position sociale des classes travailleuses et des sous-régions désavantagées.

Le programme de réforme proposé permettrait donc d'associer le respect de la souveraineté des peuples, prenant graduellement la relève de la souveraineté des États, et la démocratie qui en constitue la condition. Ce projet d'une réponse humaniste au défi de la mondialisation ne relève pas de « l'utopique ». Au contraire, il s'agit là du seul projet réaliste possible, en ce sens que les premières avancées dans sa direction – qui d'ailleurs viendraient en réponse à des revendications déjà formulées avec force dans les sociétés contemporaines – trouveraient partout le soutien de forces sociales puissantes capables d'en imposer la progression.

La construction proposée de la souveraineté des peuples fondée sur les principes de la démocratie et de la justice sociale exige la mobilisation de toutes les énergies capables d'imagination créatrice et la reconnaissance de la diversité de leurs apports.

Certes la diversité culturelle est un fait, et le demeurera en dépit des avancées de la globalisation. Le principe démocratique implique un respect réel de la diversité (nationale, ethnique, religieuse, culturelle, idéologique) qui ne tolère aucune infraction. La seule manière de gérer correctement la diversité est de pratiquer une démocratie authentique. À défaut, la diversité sera inévitablement instrumentalisée par des forces politiques opportunistes. Le succès du culturalisme est le produit de la faillite de la gestion non-démocratique de la diversité. À son tour le culturalisme prétend que les différences en question sont « premières » et qu'il faut leur donner la « priorité » (sur les différences de classe, par exemple), parce qu'elles sont « transhistoriques », c'est-à-dire fondées sur des invariants historiques. Cette dernière position est souvent celle des culturalismes religieux, qui risquent de verser de ce fait dans l'obscurantisme et le fanatisme.

Au-delà de la diversité « héritée du passé », dont il faut reconnaître et respecter les exigences même si celles-ci ne constituent pas des réponses adéquates aux problèmes d'aujourd'hui, il y a un autre type de diversité plus intéressante parce que tournée vers le futur, qui opère dans la perspective de la transformation sociale en réponse aux défis. Cette diversité est le produit de celle des principes fondamentaux qui fondent les différentes « écoles d'éthique sociale et économique ». La démocratie et le pluralisme authentiques se fondent sur la reconnaissance des diverses alternatives qu'elles impliquent.

L'éthique économique et sociale fournit la base théorique de toute vision cohérente d'un cadre juridique légitime et équitable. Ce thème important dans les débats philosophiques s'emploie à identifier les principes sur la base desquels opèrent les différentes écoles de pensée comme l'utilitarisme, le libertairianisme (dont s'inspirent certaines pratiques néolibérales prédominantes), le libéralisme dit « égalitaire » (à la Rawls), les socialismes, les théologies de la libération. Les analyses et les propositions de l'économie et de la science politique sont en définitive – même si ce n'est qu'implicitement – déterminées en dernier ressort par les principes d'éthique évoqués ici. Il faut donc ouvrir le débat sur ces questions fondamentales et, dans ce cadre, construire la convergence dans la diversité qui constitue à son tour le seul moyen de « changer le monde ».

Propositions pour une renaissance de l'ONU

Les propositions qui suivent sont groupées dans quatre ensembles correspondant aux fonctions pour lesquelles on souhaite voir l'ONU assumer des responsabilités importantes.

Propositions concernant les fonctions politiques de l'ONU

▪ Rétablir l'ONU dans la pleine responsabilité majeure qui est la sienne – assurer la sécurité des peuples (et des États), garantir la paix, interdire l'agression sous quelque prétexte que ce soit (comme ceux, mensongers, invoqués à l'occasion de la guerre d'Irak). Ce principe doit être à nouveau proclamé clairement.

Dans cet esprit, il est nécessaire de condamner sans ambiguïté les déclarations du gouvernement des États-Unis, de l'OTAN et du G7 par lesquelles les puissances concernées se sont donné des « responsabilités » qui ne sont pas les leurs.

Cette condamnation doit être complétée par l'élaboration de plans politiques de résolution des questions relatives à l'avenir des pays victimes des interventions illégitimes des puissances impérialistes (ex-Yougoslavie, Afghanistan, Irak). Ces plans doivent prévoir explicitement le retrait des forces militaires étrangères. En aucun cas il ne serait acceptable que l'ONU soit réintroduite « par la bande » pour légitimer les états de fait créés par les interventions condamnées. L'ONU ne doit être invitée ici qu'à « faciliter » le retrait des envahisseurs.

■ Rétablir l'ONU dans cette fonction majeure peut impliquer d'évidence certaines réformes de son architecture institutionnelle.

Mais il importe ici d'être vigilants. Certaines « critiques » sont faites et des propositions hâtives en sont déduites qui s'inscrivent non pas dans la perspective du renforcement du rôle de l'ONU mais dans celle de sa domestication par la Triade impérialiste.

D'autres, d'apparence « démocratiques et réalistes », risquent de ne pas valoir davantage. Je pense ici en particulier aux attaques dirigées contre le droit de veto : on peut imaginer sans peine que si la France n'en avait pas été l'un des bénéficiaires, les États-Unis seraient parvenus à « légitimer » leur agression en Irak. Des réformes éventuelles du Conseil de sécurité (son élargissement pour y inclure l'Inde et le Brésil, assurer une représentation plus forte des régions diverses du monde) doivent faire l'objet d'examens approfondis avant d'être proposées. Donner plus d'importance à l'Assemblée générale et mieux en articuler les résolutions (ayant ou n'ayant pas force de loi selon des hypothèses à préciser) sur les actions requises du Conseil de sécurité pourrait constituer l'axe de cette réflexion.

■ Rétablir l'ONU dans cette fonction centrale n'implique pas le retour à l'affirmation de la souveraineté « absolue » des États, considérés comme seuls représentants de leurs peuples. Mais elle implique le respect absolu de la souveraineté des peuples.

■ Rétablir l'ONU dans ses fonctions doit permettre d'avancer effectivement dans la voie de la solution des crises majeures caractéristiques de notre époque et largement produites (ou facilitées) par les stratégies de « généralisation du chaos » mises en œuvre par certaines puissances, les États-Unis en premier.

Dans cet esprit doivent être imposées :

■ la mise en place d'une force d'interposition onusienne entre Israël (dans ses « frontières » de la ligne verte antérieure à 1967) et la Palestine. Israël ne résisterait pas à des sanctions économiques sévères comme celles qui ont été imposées à d'autres ;

▪ la mise en place de forces onusiennes de pacification dans les régions de l'ex-Yougoslavie occupée (Bosnie et Kosovo), comme dans les pays africains victimes de guerres dites « civiles ».

Ces opérations peuvent être conçues en rapport étroit avec les organisations régionales éventuellement concernées (l'Union européenne, l'Europe au sens plus large, l'Union africaine).

▪ L'ONU doit participer activement à l'élaboration d'un « plan de désarmement général ». Celui-ci ne saurait être réduit à la mise en œuvre du « traité de non-prolifération », qui, dans ses modalités actuelles, renforce le monopole de la production des armes de destruction massive au bénéfice de ceux qui se sont avérés en être les usagers les plus fréquents ! Le désarmement doit commencer par celui des puissances et être contrôlé par l'ONU se substituant au contrôle « bipolaire » naguère pratiqué par les deux superpuissances, aujourd'hui disparu.

Le désarmement général doit prévoir l'évacuation de toutes les bases militaires établies à l'extérieur des frontières nationales, et donc singulièrement celles par lesquelles les États-Unis entendent poursuivre la mise en œuvre de leur « contrôle militaire de la planète ».

▪ L'ONU doit participer activement à la définition du cadre « d'interventions humanitaires » éventuelles et de leurs modalités opérationnelles.

Le besoin de telles interventions n'est pas discutable étant entendu que malheureusement dans l'état actuel de développement des sociétés, des plongées dans la sauvagerie (ethnocides, nettoyage « ethniques » ou « religieux », apartheids) sont possibles. Mais ces interventions ne peuvent être abandonnées aux puissances impérialistes, facilitant par là même les manipulations, l'usage de « deux poids deux mesures », etc.

▪ L'ONU doit de la même manière porter la responsabilité collective principale dans la définition de ce que sont les actions

« terroristes ». L'organisation doit également déterminer les conditions des actions visant à en éradiquer les pratiques et surveiller les modalités de mise en œuvre de ces actions. La conduite de la « guerre contre le terrorisme » ne saurait être confiée aux puissances, aux États-Unis en particulier.

Propositions concernant les droits des peuples et l'élaboration du droit international

▪ Le principe qui guide nos propositions ici procède de l'observation faite plus haut que le concept de souveraineté des États doit être redéfini.

Le respect du principe de la souveraineté et la satisfaction des exigences de la démocratie peuvent entrer en conflit dans certaines conditions. Mais cette contradiction ne peut être résolue par l'abolition de l'un de ses termes : celui du droit des peuples (par le maintien du concept ancien de souveraineté) ou celui de la souveraineté (abolie au bénéfice en fait de l'intervention et des manipulations des puissances impérialistes). Cette contradiction ne peut être dépassée que par le progrès réel de la démocratisation de toutes les sociétés. Il s'agit là d'un processus dont il faut admettre qu'il ne peut que suivre son rythme, celui du progrès de l'affirmation du besoin démocratique. L'organisation internationale doit intervenir ici pour soutenir ce progrès, en accélérer la traduction dans le changement réel de l'exercice des pouvoirs. L'ONU est le lieu par excellence où ce débat doit être inlassablement poursuivi.

Il existe déjà un ensemble de déclarations, pactes et conventions relatifs aux droits de l'homme, qui ont amorcé un progrès dans l'élargissement de leurs définitions. À la Déclaration universelle des droits de l'homme de 1948 sont venus en effet s'ajouter deux pactes qui, par leur adoption conjointe, ont clairement confirmé le passage d'une conception restreinte des droits humains, limitée aux droits civiques et politiques, à une vision plus large, englobant des droits sociaux et collectifs. Ces deux pactes sont le Pacte international relatif aux droits économiques, sociaux et culturels et le Pacte international relatif aux droits civils et politiques, tous deux adoptés en 1968 à Téhéran. Et ce mouvement s'est vu confirmé par la proclamation, en 1986 par l'Assemblée générale de l'ONU, d'une Déclaration sur le droit au développement, celle-ci faisant officiellement partie intégrante du corpus des droits humains. Cependant, l'effort doit être inlassablement poursuivi, ces textes restant insuffisants dans leur état actuel mais surtout, étant remis constamment en cause et largement inappliqués – ou prétendus inapplicables, notamment par les puissances de la Triade pour ce qui concerne bien entendu leurs aspects économiques, sociaux et collectifs. Les droits des peuples au développement, qui ont fait l'objet par ailleurs de réflexion approfondie de cercles « privés » (la fondation Lelio Basso pour le droit des peuples par exemple) et qui étaient fortement poussés en avant par des groupements semi-étatiques partiels (les non-alignés par exemple), restent en pratique largement reniés en tant que des droits prioritaires et universels des individus et des peuples. De même, le droit de tous les paysans de la planète (la moitié de l'humanité) à l'accès à la terre et à des conditions humaines et viables de son exploitation, qui relève indéniablement pourtant de la même logique, n'a quant à lui et jusqu'à présent même pas connu l'amorce d'une reconnaissance.

C'est également dans ce cadre universel – celui représenté par les Nations unies – que doivent être poursuivis les efforts de précision des droits dont la reconnaissance n'est jusqu'ici qu'embryonnaire, ou tout au moins loin d'être achevée. Les droits affirmant en principe et prévoyant en pratique l'égalité des hommes et des femmes appartiennent à cette famille. Ceux concernant les droits « collectifs » par lesquels s'expriment les « identités » – culturelles, linguistiques, religieuses entre autres – doivent également être l'objet de débats approfondis permettant leur définition et celle de leurs champs d'application. En aucun cas la reconnaissance de ces droits à la diversité ne doit permettre d'exiger « l'organisation communautaire » des sociétés (niant par là même le « droit à la ressemblance » et les droits de l'individu hors communauté). Autrement dit les droits en question ne sauraient remettre en question le principe de la laïcité.

Beaucoup de « réalistes » n'attribuent que peu d'importance aux chartes de droits qui ne valent que dans la mesure où les dispositions sont prises pour en assurer l'exécution effective. Ceux-là sous-estiment probablement l'importance du droit, qui peut devenir une arme effective utilisée pour en forcer le respect. On peut en soutenir l'action par la création d'un système de tribunaux universels sur lesquels on reviendra plus loin.

▪ L'ONU doit exercer une responsabilité particulière dans l'élaboration du droit international des affaires.

L'approfondissement des rapports économiques mondialisés de toutes natures rend plus que jamais nécessaire l'élaboration d'un droit international des affaires. Néanmoins ce domaine particulier du droit ne saurait prévaloir sur les droits fondamentaux de l'individu et des peuples et sur leurs formulations nationales. L'option faite dans ce domaine par le projet de l'AMI est donc inacceptable.

De surcroît, la rédaction de ce droit ne saurait être confiée au seul partenaire représenté par le collectif des intérêts du capital dominant (le « Club des transnationales ») comme c'est le cas dans les projets de l'OMC. D'autant que le partenaire en question se fait législateur, juge et partie puisque seul maître de son projet de tribunal des affaires. On a rarement piétiné avec autant d'impertinence les principes élémentaires du droit et de la justice ! À défaut, accepter, comme cela devient le cas en fait, que les tribunaux des États-Unis (dont l'impartialité est plus que douteuse) et la loi de ce pays (particulièrement primitive) dominent la pratique en matière de régulation des affaires n'est pas moins inacceptable.

Le droit international des affaires doit être élaboré à travers un débat transparent associant toutes les parties intéressées, c'est-à-dire non seulement le monde des affaires, mais tout autant les travailleurs concernés (des entreprises en question comme des nations entières qui subissent les conséquences des législations mises en œuvre) et les États. Il n'y a pas d'autre enceinte que l'ONU (et l'OIT qui en est une expression) pour conduire ce débat.

▪ L'ONU ne saurait être constituée du jour au lendemain en « État mondial », ni en « gouvernement mondial » et pas même en autorité supranationale dotée de pouvoirs trop larges dans des domaines variés.

Le reconnaître n'exclut pas qu'on s'engage dans la voie qui, à plus long terme, pourrait y conduire. Les propositions avancées dans cette perspective doivent être l'objet de la plus grande vigilance. On voit aujourd'hui fleurir des propositions qui prétendent associer la « société civile » (définie à la manière de Washington comme décrite plus haut) à la vie de l'organisation et certaines de ces propositions voudraient donner à la représentation du « monde des affaires » une place majeure dans cette association ! Par contre, le monde des travailleurs – la majorité des êtres humains face à la minorité des milliardaires – est toujours ignoré des défenseurs de cette « réforme » de l'ONU. Ceux-ci sont allés jusqu'à vouloir réduire les pouvoirs, pourtant anodins, de l'OIT. Hélas l'administration de cette organisation semble bien se faire complice de ce projet de régression sociale.

Les propositions concernant l'institution d'un « Parlement mondial », composé de représentants des Parlements nationaux (qui n'existent pas toujours et ne sont que rarement réellement représentatifs des peuples), ne sont pas nécessairement anodines ou irréalistes. Une évolution allant dans ce sens pourrait être amorcée, même si l'on sait que la démocratie qu'elle est censée soutenir ne saurait avancer à l'échelle universelle plus rapidement qu'elle ne le peut à celle des nations concernées.

Propositions concernant la gestion économique de la mondialisation

▪ La mondialisation dite « dérégulée » comme elle l'est dans le moment actuel est en fait une forme de mondialisation parmi d'autres, laquelle est régulée exclusivement et intégralement par le capital mondialisé dominant (les « transnationales ») et leurs débiteurs politiques (le G7). À cette forme qui n'est ni « incontournable » et « sans alternative » ni même acceptable, il faudra substituer des formes institutionnalisées de la régulation à l'échelle mondiale, venant en soutien et complément éventuels aux formes de régulations nationales et régionales que les peuples finiront par imposer ici et là, acceptant même qu'il puisse y avoir contradiction et conflits entre ces différents niveaux de la gestion économique du monde moderne.

La tâche est donc compliquée et les progrès qu'on pourrait enregistrer à court terme, quand bien même l'ONU se mobiliserait sur ces terrains, resteront longtemps modestes. Mais ils doivent permettre d'amorcer des évolutions favorables aux peuples et à leurs travailleurs et ne sont donc pas à mépriser.

▪ Compte tenu de leurs effets dévastateurs gigantesques, les dettes internationales pourraient constituer une base de départ solide pour l'ouverture du débat sur les fonctions de l'ONU dans la gestion de l'économie mondiale.

Le discours dominant attribue la seule responsabilité de la dette aux pays emprunteurs dont les comportements auraient été injustifiables (corruption, facilité et irrationalité des décideurs politiques, nationalisme outrancier, etc.). La réalité est toute autre. Une bonne partie des emprunts ont été en fait le résultat de politiques systématiques mises en œuvre par les prêteurs cherchant à placer un excédent de capitaux qui – du fait de la crise économique profonde des vingt dernières années – ne trouvaient pas de débouché dans l'investissement productif ni dans les pays riches ni dans ceux censés pouvoir recevoir leurs capitaux. Des débouchés alternatifs factices ont donc été fabriqués pour éviter la dévalorisation des capitaux excédentaires. L'explosion des mouvements de capitaux « spéculatifs » placés à très court terme résulte de ces politiques, comme leur placement dans la « dette » du tiers-monde et des pays de l'Est. La Banque mondiale en particulier, mais tout également beaucoup des grandes banques privées des États-Unis, d'Europe et du Japon, comme les transnationales, ont une part de responsabilité majeure dont on ne parle jamais. La « corruption » s'est greffée sur ces politiques, avec la double complicité des prêteurs (Banque mondiale, banques privées, transnationales) et de responsables des États concernés du Sud et de l'Est. Un audit systématique des « dettes » s'impose en priorité. Il démontrerait qu'une grande partie des dettes en question sont juridiquement illégitimes.

Le poids du service de la dette est rigoureusement insupportable non seulement pour les pays les plus pauvres du Sud, mais même pour ceux qui ne le sont pas. Doit-on rappeler ici que lorsque, aux lendemains de la première guerre mondiale, l'Allemagne fut condamnée à payer des réparations qui s'élevaient à 7 % de ses exportations, les économistes libéraux de l'époque concluaient que cette charge était insoutenable et que l'appareil productif de ce pays ne pourrait s'y « ajuster ». Aujourd'hui les économistes de la même école libérale n'hésitent pas à proposer « l'ajustement » des économies du tiers-monde aux exigences du service d'une dette qui est cinq ou parfois dix fois plus lourde. En réalité donc, le service de la dette est aujourd'hui une forme de pillage des richesses et du travail des peuples du Sud (et de l'Est). Une forme particulièrement juteuse puisqu'elle est parvenue à faire des pays les plus pauvres de la planète des exportateurs de capitaux vers le Nord. Une forme particulièrement brutale qui libère les capitaux dominants des soucis et des aléas de la gestion d'entreprises et des forces de travail que celles-ci mettent en œuvre. Le service de la dette est dû, c'est tout. Il appartient aux États concernés (et non aux capitaux des « prêteurs ») de l'extraire du travail de leurs peuples. Le capitalisme dominant est libéré de toute responsabilité et souci.

Un « classement » des dettes s'impose. Celles-ci peuvent être rangées sous l'une des trois rubriques suivantes :

Les dettes indécentes et immorales : un bel exemple de celles-ci est fourni par les emprunts du gouvernement de l'apartheid de l'Afrique du Sud de l'époque, emprunts destinés à l'achat d'armes pour faire face à la révolte de son peuple africain.

Les dettes douteuses : il s'agit de ces emprunts qui ont été largement suggérés par les puissances financières du Nord (Banque mondiale incluse) et rendus possibles par des procédés de corruption dont les créanciers ont été les acteurs autant que les débiteurs. La plupart de ces emprunts n'ont pas été investis dans les projets qui en déguisaient l'octroi (et le fait était connu des prêteurs complices). Dans ces cas les dettes sont purement et simplement illégales aux yeux d'une justice quelconque digne de ce nom. Dans quelques cas les emprunts ont bien été investis, mais dans des projets absurdes imposés par les prêteurs (et notamment par la Banque mondiale). Ici aussi c'est le procès de la Banque qui mériterait d'être fait. Mais cette institution n'est pas « responsable » financièrement, s'étant placée elle-même au-dessus des lois et des discours du libéralisme sur les « risques » !

Enfin, *les dettes acceptables* : lorsque les emprunts ont été effectivement utilisés aux fins auxquels ils étaient destinés, la reconnaissance de la dette n'est pas discutable.

Non seulement les dettes indécentes et douteuses doivent être unilatéralement répudiées (après audit) mais encore les paiements opérés à leur titre doivent être remboursés par les « créanciers », après leur capitalisation aux taux d'intérêts qui furent ceux que les débiteurs ont dû supporter. On verrait alors que c'est le Nord qui, en fait, est largement débiteur de ses victimes du Sud.

La gestion de la dette proposée aux « pays pauvres très endettés » (PPTE) relève d'une toute autre logique. L'ensemble de la dette est considérée comme parfaitement « légitime » sans examen ni audit. La proposition relève du seul principe – inacceptable – de la « charité ». Il s'agit « d'alléger » la charge pour les « peuples très pauvres », mais par la même occasion de leur imposer des conditions draconiennes supplémentaires qui les placent définitivement dans une catégorie proche de celle de « colonies administrées directement par l'étranger ».

Mais au-delà de l'audit proposé et de l'adoption des mesures qui permettraient d'apurer les comptes, il reste nécessaire de concevoir, pour qu'à l'avenir des situations analogues ne se reproduisent plus, l'élaboration d'un droit international de la dette, jusqu'ici tout à fait embryonnaire, et de tribunaux authentiques qui disent le droit dans ce domaine (ce qui permettrait d'aller bien au-delà de ce qu'on peut attendre de commissions d'arbitrage).

▪ Rétablir la pleine responsabilité des Nations unies dans l'organisation du système économique mondial implique la redéfinition des fonctions des institutions majeures de sa famille (la Cnuced et l'OIT entre autre) ou qui lui sont extérieures (OMC, FMI et Banque mondiale).

Les objectifs prioritaires principaux qu'on s'assignerait dans ces domaines pourraient être les suivants :

- La réanimation de la Cnuced et l'identification de ses fonctions nouvelles (ou renouvelées) comme : (i) l'élaboration du cadre global d'un « code des investissements étrangers » permettant la régulation des délocalisations et la protection des travailleurs de tous les partenaires intéressés ; (ii) la négociation des conditions d'accès aux marchés pour les différents partenaires nationaux et régionaux. Ces propositions remettent en question la marginalisation totale dont la Cnuced est victime, tous ces pouvoirs ayant été transférés à l'OMC. Cette organisation doit être repensée de fonds en comble si l'on souhaite la faire sortir de l'orbite dans laquelle elle est enfermée, strictement définie par le Club des transnationales.
- La réanimation de l'OIT, non pas dans le sens proposé par la direction actuelle de cette organisation, mais très exactement dans le sens inverse, celui du renforcement de la représentation et des droits des travailleurs.
- La renégociation du système monétaire mondial, de l'institutionnalisation d'arrangements régionaux garants de la stabilité des changes, le nouveau FMI (qui n'aurait plus grand chose avec l'organisation en place du même nom) ayant la responsabilité de la gestion de l'interconnexion entre les systèmes régionaux concernés. Dans l'état actuel des choses le FMI, qui n'cst pas responsable des rapports entre les devises dominantes (dollar, euro, yen, livre sterling, franc suisse) opère comme une autorité monétaire coloniale collective (de la Triade) chargée de la gestion des finances des pays dépendants, en les soumettant, à travers « l'ajustement structurel », aux exigences du pillage de leurs ressources au bénéfice du capital flottant et de la ponction tributaire que représente le service de la dette.
- La construction d'un marché mondial des capitaux digne de ce nom conçu pour orienter les placements vers l'investissement productif (au Nord et au Sud), et, en complément nécessaire, outillé pour décourager les flux financiers dits

« spéculatifs » (la taxe Tobin peut être envisagée dans ce cadre). Cette construction remet en question les fonctions de la Banque mondiale et de l'OMC.

Dans le domaine de la gestion économique l'ONU ne peut certes pas faire plus qu'elle ne le pourrait dans celui de la gestion politique du monde. Mais elle peut ici également amorcer la construction d'un gouvernement (et d'une politique) économique mondialisé. Et qui dit gouvernement dit finances.

Le domaine de la gestion des ressources naturelles de la planète constitue sans doute la meilleure porte d'entrée ouvrant sur cette voie.

L'accès aux ressources naturelles relève toujours, en principe, de la souveraineté nationale. Mais celle-ci a été et demeure souvent bafouée dans les faits, non pas seulement dans les situations coloniales (où la souveraineté nationale disparaît) mais par l'exercice des rapports de force qu'on analyse généralement en termes de « géopolitique ». Cet accès, inégal de fait, est à l'origine du gigantesque gaspillage par les sociétés du Nord des ressources de la planète et par l'impossibilité d'entrevoir la généralisation des modes de consommation concernés à l'ensemble des peuples, condamnés donc par la forme de globalisation imposée au statut de victimes d'un « apartheid à l'échelle globale ». Les mouvements écologistes, qui sont à l'origine de la prise de conscience des dimensions dramatiques de ce problème, ne sont pas réellement parvenus à faire accepter par le système mondial des pouvoirs (représentés par les conférences de Rio et de Kyoto, dont le bilan a été l'objet de la conférence de Johannesbourg, août 2002) des formes adéquates et efficaces d'une gestion démocratique mondiale de l'accès à ces ressources. La militarisation de la mondialisation doit également être associée aux objectifs de contrôle des ressources naturelles de la planète par la puissance hégémonique.

L'exploitation des ressources en question relève en principe de ceux du « capitalisme existant ». Or celui-ci est fondé sur l'optique à court terme de la rentabilité financière et les décideurs dans ce domaine – les transnationales – n'en connaissent pas d'autres. Nous sommes ici en plein dans un domaine où la prétendue rationalité de la gestion par le marché est en fait irrationalité du point de vue des intérêts des peuples considérés dans la longue durée. Le discours sur le « développement durable » procède d'une prise de conscience de cette contradiction marché/intérêts de l'humanité mais n'en tire pas souvent les conséquences concrètes et pratiques.

L'alternative d'une gestion rationnelle (« durable ») et démocratique (aux plans locaux et à celui du système mondial) des ressources naturelles pourrait être discutée en partant de propositions toujours jusqu'à présent en pointillé, comme celle d'une taxation mondiale des rentes associées à l'accès et à l'exploitation de ces ressources et à la redistribution du produit de cette taxation au bénéfice des peuples concernés, conçue pour favoriser le développement des pays et régions défavorisées et décourager le gaspillage. On amorcerait par ce moyen l'embryon d'une taxation mondialisée. Le sujet embrasse un grand nombre de ressources (minerais, pétrole, eau, etc.). On suggère d'amorcer le débat dans deux domaines, concernant respectivement le pétrole et l'eau.

▪ La gestion par l'ONU de l'eau, bien commun des peuples.

Pas de vie sans eau, aussi nécessaire que l'air. Parmi les usages multiples de l'eau, ceux qui concernent l'agriculture – qui en consomme la plus grande partie – retiendront seule ici notre attention.

Les disponibilités en eau sont réparties par la nature entre les différentes sociétés rurales de la planète d'une manière inégale à l'extrême. Il y a des régions du monde qui reçoivent gratuitement l'eau du « ciel ». Mais ailleurs – dans les zones arides et semi-arides – il faut aller chercher l'eau : la tirer des puits profonds ou à partir de fleuves et la répartir par irrigation sur toute la surface des terres agricoles. L'eau a ici un coût de production qui est loin d'être nul. Doit-on alors répondre à cette situation de rareté en donnant ici un prix à cette ressource ?

En acceptant de s'enfermer dans le raisonnement de l'économie conventionnelle et de l'aliénation marchande qui en constitue le socle, en acceptant de jouer le jeu de la compétitivité dans le cadre d'une mondialisation débridée, on ne peut qu'accepter soit une rémunération inférieure systématiquement du travail des uns, soit de cesser de produire. La mondialisation libérale condamne à la disparition l'agriculture de vastes régions de la planète.

Or les peuples, les nations, les États existent. Ils occupent sur la surface du globe des espaces qui sont les leurs et qui ne bénéficient pas de conditions naturelles identiques. Une économie politique réaliste doit en tenir compte. L'économie conventionnelle, en feignant d'ignorer ces dimensions de la réalité, lui substitue la théorie d'un monde imaginaire globalisé, défini à la fois par la marchandisation de tous les aspects de la vie sociale et de toutes les conditions entourant l'activité humaine et par son extension à l'échelle planétaire. Ce qui lui permet de légitimer les ambitions unilatérales du capital sans se soucier de la réalité sociale. Si les libéraux, qui défendent cet intégrisme du capital, étaient logiques avec eux mêmes, ils en tireraient la conclusion que l'utilisation optimale des ressources naturelles (ici l'eau) exige une gigantesque redistribution des populations du monde commandée par la répartition inégale de ces ressources sur la surface du globe. Dans ce cas l'eau deviendrait un bien commun de l'humanité entière.

En attendant, l'eau est l'un des biens communs particulier à un peuple – un pays – donné. Si pour ce peuple ce bien est relativement rare, il faut en rationaliser l'accès. Le coût à l'accès à son usage doit être réparti entre tous les habitants d'une manière ou d'une autre, c'est-à-dire par la régulation du marché, par le moyen d'un système acceptable de subventions et d'impositions. La formule de ce système résultera d'un ensemble de compromis définis par les conditions sociales internes et celles que commande le mode d'insertion du pays dans l'économie mondiale. Compromis entre les paysans et les consommateurs de produits alimentaires ; compromis entre les exigences d'un développement défini en termes de projet de société et les besoins éventuels d'exportation que la mise en œuvre de ce projet exige dans une étape donnée de son déploiement (on pourra alors concevoir dans cet esprit la subvention des exportations non-compétitives « naturellement »).

Cette formule ne peut pas être définie en termes absolus une fois pour toutes ; elle reste relative et historiquement datée.

La réponse à ces problèmes se situe dans le champ de ce qu'on doit appeler « le droit des peuples et de l'humanité ». Ce droit est, en ce qui concerne l'eau, à peu près encore inexistant puisque chaque pays est en principe libre d'utiliser comme il l'entend les eaux souterraines et de surface à l'intérieur de ses frontières. Les accords qui en régissent la gestion, quand ils existent, ne sont que le produit de traités internationaux particuliers. Le besoin de faire avancer dans ce domaine un véritable droit des peuples et de l'humanité est désormais déjà devenu une urgence. Le droit international des affaires (« *international business law* ») que les intérêts du capital ont imposé et qui constitue à l'heure actuelle la préoccupation exclusive des institutions internationales conçues à cet effet (l'OMC en particulier) n'est pas un substitut éventuel à l'absence du droit des peuples pour la gestion de ce bien commun à l'humanité qu'est l'eau. Il en est au contraire tout l'opposé.

Propositions concernant l'institutionnalisation d'une justice internationale

▪ Il existe déjà un ensemble de cours internationales de justice dont certaines ont été établies avant même la création de l'ONU ; d'autres sont le produit récent de la dénonciation des crimes de guerre et des crimes contre l'humanité.

L'archipel constitué par ces institutions de justice internationale demeure néanmoins d'une efficacité fort limitée tant par la définition restrictive de leurs compétences que par le refus de certaines puissances (les États-Unis en premier lieu) d'en reconnaître la légitimité.

Une première tâche préalable s'impose : dresser un tableau complet de l'état des lieux, proposer des analyses critiques des insuffisances des institutions concernées, faire apparaître les espaces de vide juridique qu'on souhaiterait voir graduellement comblés.

Il existe par ailleurs des « tribunaux dits d'opinion » qui ne bénéficient pas de statut juridique, mais remplissent néanmoins des fonctions d'une grande utilité pour alerter les opinions publiques (le tribunal Russel contre les crimes de guerre en constitue un bel exemple). Les missions accomplies par ces institutions méritent d'être poursuivies, leur action soutenue et leur écho amplifié. Cela ne doit néanmoins pas faire obstacle à la conduite des campagnes visant à la création de tribunaux internationaux reconnus, chargés de dire le droit. Et parallèlement bien entendu de poursuivre l'action de codification des droits que les tribunaux concernés seront chargés de faire respecter.

En complément indispensable aux propositions faites dans les paragraphes précédents concernant les responsabilités de l'ONU, un ensemble de cours de justice internationale doit être pensé et proposé pour en couronner la mise en œuvre. Ces propositions visant à renforcer les dimensions juridiques de l'action des Nations unies concernent trois ensembles de cours de justice dont la mise en place paraît souhaitable.

▪ Le premier groupe d'institutions juridiques à envisager concerne les aspects politiques de la gestion de la mondialisation.

Si les actions et interventions des États hors de leurs frontières, quels qu'en soient les prétextes, doivent être soumises au jugement des Nations unies, il est recommandé qu'une instance juridique relevant de cette organisation ait son mot à dire pour légitimer ou condamner ces interventions. La Cour internationale de justice de La Haye en a certes les compétences, mais pas le pouvoir d'exécution dans les conditions présentes. Ainsi, par exemple, plainte ayant été déposée auprès d'elle par le Nicaragua sandiniste pour cause de minage de ses ports par la marine états-unienne, la Cour a donné raison au plaignant, exigé du coupable qu'il cesse ses ingérences armées et paye un dédommagement à la victime, mais ce jugement resta lettre morte, seul le Conseil de sécurité, où les États-Unis disposent d'un droit de veto, pouvant pourvoir à son exécution. Le 27 juin 1986 la Cour condamnait les États-Unis à verser une réparation de 17 milliards de dollars au Nicaragua, mais ce dernier n'en a reçu jamais le premier cent ! De même, la récente décision de la même Cour concernant le « mur de la honte » en Palestine occupée, dont les attendus sont sans ambiguïté au demeurant, n'a été suivie que d'une déclaration, sans force exécutoire, de l'Assemblée générale de l'ONU, celle-ci restant confinée à ne prononcer que des recommandations. La révision des compétences de cette Cour pour en élargir les pouvoirs s'impose. On pourrait imaginer que l'État victime, comme aussi l'Assemblée générale de l'ONU, puisse non seulement faire recours à la Cour, mais soit assuré qu'un jugement qui lui est favorable soit suivi d'effets, même dans l'hypothèse de l'opposition de l'État auteur de l'intervention mise en cause.

Faute de quoi les puissances impérialistes (les États-Unis en premier) ne pourront jamais être jugées pour leurs violations du droit international, quand bien même ces violations seraient-elles indiscutables, ou, si elles le sont, elles continueront à ne devoir encourir pour seules sanctions que celles que seront capables de leur infliger la rue et les mobilisations populaires.

▪ Un second groupe d'institutions juridiques mériterait d'être mis en place pour consolider les droits des individus et des peuples reconnus par les Nations unies.

On pourrait s'inspirer ici de la Cour de justice européenne qui, dans les domaines de ses compétences, peut être saisie directement par les victimes – individus et collectivités – sans passer nécessairement par l'autorisation préalable de l'État dont ils relèvent. Mais on pourrait – devrait même – élargir les domaines de compétence de la justice internationale (pour y inclure les droits sociaux entre autre) et peut être prévoir à cet effet des chambres distinctes de la Cour des droits des individus et des peuples de l'ONU.

▪ Un troisième groupe d'institutions juridiques à mettre en place concernant les droits des affaires.

Ici encore on pourrait imaginer diverses chambres de la Cour du droit des affaires de l'ONU, à compétences spécifiées, dont l'une dite chambre criminelle, aurait à juger des actes économiques criminels. Le cas de Bhopal illustre l'impunité scandaleuse dont les transnationales bénéficient à l'heure actuelle.

C'est également dans ce cadre qu'une chambre de la Cour pourrait être habilitée à traiter des contentieux concernant les dettes extérieures.

Plan d'action de mise en œuvre des propositions

Les propositions faites ici sont certainement ambitieuses et la réalisation d'une part seulement de celles-ci exigera du temps. Mais l'avenir commence aujourd'hui et il n'y a pas lieu de remettre à plus tard le démarrage d'un plan d'action pour en assurer le progrès.

Je ne crois pas utile d'appeler les gouvernements à négocier dès aujourd'hui la « réforme de l'ONU ». Ils le feront d'eux-mêmes s'ils le jugent nécessaire. Mais les rapports de force qui prévalent aujourd'hui sont tels qu'il y a peu de chances que ces réformes – si on en poursuit la réalisation – aillent dans le bon sens. Il y a au contraire tout lieu de craindre qu'elles s'inscriront dans les stratégies impérialistes dominantes du moment qui visent à marginaliser et domestiquer davantage l'organisation internationale. Il faut s'attendre à devoir faire plutôt campagne contre les réformes qui seront proposées dans cet esprit qu'à les soutenir !

Je crois donc qu'il faut s'y prendre autrement, en s'adressant d'abord aux opinions publiques. Je propose dans cet esprit de mettre en place des commissions internationales *ad hoc* (sur chacun des thèmes du projet qui nous concerne). Ces commissions pourraient alors alimenter en analyses et propositions la vaste nébuleuse des mouvements qui se reconnaissent dans les forums sociaux, nationaux, régionaux et mondial. Le Forum mondial des alternatives, par le canal des centres de réflexion critique constitué par son réseau de correspondants et d'associés, pourrait aider à coordonner l'entreprise.

Une fois suffisamment avancés, les travaux des commissions pourraient – devraient – devenir l'objet de vastes campagnes de dimension mondiale axés sur des objectifs définis d'une manière précise pour chacune d'elles. On contribuerait ainsi à corriger les déséquilibres qui caractérisent les rapports de force propres au monde contemporain.

Conclusions

Les défis auxquels la construction d'un monde multipolaire authentique est confrontée sont plus sérieux que ne se l'imaginent nombre de mouvements « altermondialistes ». Ils sont de surcroît pluriels, ce que traduit le pluriel mis à ces conclusions.

Il faut d'abord sérier les difficultés, identifier celles qui pourraient (ou devraient) être surmontées dans une première étape (le « court terme ») et celles qui ne pourront l'être que graduellement au cours des décennies à venir. Ces défis d'ailleurs ne prennent leur sens que si on les situe dans « la longue transition au-delà du capitalisme » (ou, en style moins indirect, « la longue transition au socialisme mondial »). Il faut simultanément prendre la mesure des défis en question qui ne sont pas analogues d'un pays et d'une région aux autres. Les pouvoirs en place (ou susceptibles de prendre leur relève dans un horizon visible) ont leur propre vision des défis auxquels ils croient être confrontés, qui ne sont pas nécessairement ceux qui nous paraissent être les « vrais » défis, définis du point de vue de notre projet – celui de la construction de ce monde multipolaire authentique. Néanmoins on ne peut pas traiter par le mépris les visions des pouvoirs, ne serait-ce que parce qu'elles inspirent les actions qu'ils prennent ou prendront dans l'avenir immédiat. Les contestataires eux-mêmes – les mouvements altermondialistes – ne partagent pas nécessairement les mêmes visions des défis. On ne peut pas davantage ignorer la diversité des analyses de la « réalité » et des projets de société des uns et des autres, voire leur conflictualité.

Ce que j'ai voulu mettre en relief dans cet ouvrage implique des identifications explicites des défis à court terme et à plus long terme.

Dans l'immédiat il s'agit de mettre en déroute le projet militaire de Washington. C'est, pour moi, la condition incontournable pour que soient ouvertes les marges de libertés nécessaires sans lesquelles tout progrès social et démocratique et toute avancée en direction de la construction multipolaire resteront vulnérables à l'extrême. Or dans ce court terme et face à ce défi, la « politique » au sens courant du terme, et donc le rôle des politiques d'État et des options des gouvernements resteront décisifs.

Parce qu'il est démesuré, le projet des États-Unis est sans doute appelé à faire faillite, mais certainement à un terrible prix humain.

La résistance de ses victimes – les peuples du Sud – ira en se renforçant au fur et à mesure que les Américains s'enliseront sur les théâtres de guerres multiples dans lesquels ils seront contraints de s'engager. Ces résistances finiront par battre l'ennemi et peut-être par réveiller l'opinion aux États-Unis, comme ce fut le cas avec la guerre du Vietnam. Il vaudrait beaucoup mieux néanmoins arrêter le désastre plus vite, ce que la diplomatie internationale pourrait faire, surtout si l'Europe saisit la portée de sa responsabilité.

À plus long terme, une « autre mondialisation » implique qu'on remette en question les options du capitalisme libéral et la gestion des affaires de la planète par l'impérialisme collectif de la Triade dans le cadre de l'atlantisme extrême ou de sa version « rééquilibrée ». Parce que la construction de l'avenir commence toujours aujourd'hui, il faut s'engager dans cette voie sans attendre. Je n'imagine pas les tâches du court terme (mettre en déroute le plan américain) et celles du long terme (construire le monde multipolaire) définissant des objectifs consécutifs. Ces taches se chevauchent. Au demeurant, les peuples n'attendent pas pour s'engager sur les terrains sociaux et démocratiques chaque fois qu'ils jugent que leurs intérêts y sont menacés ou qu'ils peuvent faire des percées en avant. Il n'y a strictement aucune raison d'appeler à sacrifier ces luttes en attendant la défaite des États-Unis. Au contraire, les avancées sociales ou démocratiques ici et là contribuent à accélérer la déroute du projet de Washington.

La progression dans la voie suggérée ici ne sera certainement pas rapide au point qu'il ne serait pas nécessaire de définir des objectifs d'étape, fussent-ils au départ modestes. Mais l'inscription de ces stratégies d'étapes dans une perspective à long terme, constitue le seul moyen de s'assurer de leur efficacité. Cette perspective est, pour moi, celle de la longue transition au socialisme mondial. Car c'est seulement dans cette perspective que l'objectif de construction d'un monde multipolaire authentique peut être atteint.

Au demeurant, le monde multipolaire n'est pas « la fin de l'histoire », pour moi un non-concept. C'est une construction graduelle, jamais parfaite, toujours évolutive. Ni les systèmes sociaux propres aux différents partenaires (tous les pays du monde), ni donc également les équilibres (ou déséquilibres) caractérisant leur insertion dans la mondialisation n'atteindront le « terme » de leur évolution (si cette expression a un sens, ce qui est douteux) dans l'horizon visible ou même plus lointain.

Concernant le premier objectif prioritaire identifié (mettre en déroute le projet de Washington), les analyses proposées dans les chapitres de cet ouvrage insistent sur les obstacles nombreux et difficiles à surmonter

Le moment actuel est caractérisé par le déploiement d'un projet nord-américain d'hégémonisme à l'échelle mondiale. Ce projet est seul à occuper aujourd'hui toute la scène comme on l'a vu. Il n'y a plus de contre-projet visant à limiter l'espace soumis au contrôle des États-Unis, comme c'était le cas à l'époque du bipolarisme (1945-1990) ; au-delà de ses ambiguïtés d'origine le projet européen est lui-même entré dans une phase d'effacement ; les pays du Sud (le groupe des 77, les non-alignés) qui avaient eu l'ambition au cours de la période de Bandoung (1955-1975) d'opposer un front commun à l'impérialisme occidental y ont renoncé ; la Chine elle-même, qui fait cavalier seul, n'a guère que l'ambition de protéger son projet national (lui-même ambigu d'ailleurs) et ne se pose pas en partenaire actif dans le façonnement du monde.

Le déploiement du « projet européen » tel qu'il est ne va pas dans le sens nécessaire pour faire revenir Washington à la raison. En réalité ce projet demeure « non-européen », n'étant guère que le « volet européen du projet américain ». Le projet de « Constitution » en cours est celui d'une Europe qui s'installe dans sa double option néolibérale et atlantiste. Le potentiel porté par le conflit des cultures politiques évoqué, appelant effectivement à mettre un terme à l'atlantisme, est alors annulé par les options des gauches majoritaires (en termes électoraux, les partis socialistes européens), ralliés au social-libéralisme. Social et libéralisme sont deux termes par eux-mêmes contradictoires puisque le libéralisme est par nature non-social, voire antisocial.

La Russie, la Chine et l'Inde sont les trois adversaires stratégiques du projet de Washington. Les pouvoirs en place dans ces trois pays en prennent probablement une conscience grandissante. Mais ils paraissent croire qu'ils peuvent manœuvrer sans heurter directement l'administration des États-Unis, et même « mettre à profit l'amitié des États-Unis » dans les conflits qui les opposent les uns aux autres (les craintes de la Russie vis-à-vis d'une expansion chinoise en Sibérie, le conflit Inde-Chine). Le « front commun contre le terrorisme » – auquel ils paraissent souscrire – brouille les cartes. Le double jeu de Washington est là : les États-Unis d'une part soutiennent les Tchétchènes, les Ouigours et les Tibétains (comme ils soutiennent les mouvements islamistes en Algérie, en Égypte et ailleurs !) et d'autre part agitent le drapeau du terrorisme islamique pour rallier Moscou, Pékin et Delhi. Mais ce double jeu fonctionne, semble-t-il, jusqu'aujourd'hui tout au moins.

Un rapprochement eurasiatique (Europe, Russie, Chine et Inde), ce qui entraînerait alors certainement l'ensemble du reste de l'Asie et de l'Afrique et isolerait les États-Unis, est certainement souhaitable. Et il y a quelques signes allant dans ce sens. Mais on est encore loin de voir sa cristallisation mettre un terme au choix atlantiste de l'Europe.

« L'histoire universelle » a été longtemps celle de la complémentarité et du choc des grandes sociétés constitutives de « l'ancien monde » (Asie, Europe, Afrique), les Amériques post-colombiennes le théâtre de l'expansion « isolationniste » de la puissance majeure qui s'y est constituée, les États-Unis.

Depuis 1945 cette puissance affirme sa vocation mondiale, contrainte d'abord de la partager (inégalement) avec le concurrent militaire et idéologique soviétique, puis sans égal apparent après l'effondrement du « socialisme ». Face à ce défi américain, des rapprochements sérieux entre les pôles de l'ancien monde ont-ils la possibilité d'imposer de nouveaux équilibres stabilisateurs ?

Les analyses que j'ai proposées invitent à beaucoup de réserve à cet égard. J'ai mis l'accent sur les fragilités des constructions chez deux partenaires majeurs du système, l'Europe enlisée dans l'atlantisme et la Chine. La vulnérabilité du Japon, de l'Inde, de la Russie, n'est pas moindre comme on l'a vu.

Je n'en conclus néanmoins pas que de ce fait le projet américain de leadership mondial unilatéral s'imposera nécessairement. La construction d'alliances politiques entre des États européens majeurs, la Russie et l'Asie (la Chine et l'Inde en particulier) est à l'ordre du jour et, si elle se fait, mettra en déroute définitivement les ambitions démesurées de Washington. Alors la multipolarité fournira le cadre du dépassement possible et nécessaire du capitalisme. Le monde multipolaire stabilisé et authentique sera finalement socialiste ou ne sera pas.

J'ajouterai à ce tableau des obstacles à surmonter pour mettre en déroute le projet de Washington, ce que j'ai dit concernant le Japon et les États-Unis. Le réveil du peuple japonais ne se dessine guère. Et celui du peuple des États-Unis encore moins.

Les Suds peuvent-ils jouer un rôle actif dans la déroute nécessaire des projets militaires des États-Unis ? Les peuples agressés certainement. Au point que, dans le moment actuel, ils sont les seuls adversaires actifs capables de faire reculer les ambitions de Washington. Quand bien même – et justement en partie au moins par le fait qu'ils sont seuls actifs et le ressentent – les méthodes mises en œuvre dans leur combat restent d'une efficacité discutable et font appel à des moyens qui retardent la cristallisation d'une solidarité des peuples du Nord à l'endroit de leur juste combat. D'un autre côté, l'analyse que j'ai proposée de la « *compradorisation* généralisée » des classes dominantes et des pouvoirs dans toutes les régions du Sud invite à conclure qu'il n'y a pas grand-chose à attendre des gouvernements en poste ou susceptibles de l'être dans l'avenir immédiat, fussent-ils évidemment « fondamentalistes » (islamistes, hindouistes ou ethnicistes). Ébranlés certes par à la fois l'arrogance sans limites de Washington et inquiets face à l'hostilité (pour ne pas dire la haine) dont leurs peuples témoignent à l'égard des États-Unis, ces gouvernements le sont certainement. Mais sont-ils capables de faire autre chose que d'accepter le sort qui leur revient ?

Au demeurant, le Sud en général n'a plus de projet propre comme c'était le cas durant l'ère de Bandoung (1955-1975). Sans doute les classes dirigeantes des pays qu'on dit « émergents » (Chine, Corée, Asie du Sud-Est, Inde, Brésil et quelques autres) poursuivent-elles des objectifs qu'elles semblent bien définir elles-mêmes et pour la réalisation desquelles leurs États agissent. Ces objectifs se résumeraient dans la maximation de la croissance au sein du système de la mondialisation. Ces pays disposent – ou croient disposer – d'un pouvoir de négociation qui leur permettrait de tirer un meilleur profit de cette stratégie « égoïste » que d'un vague « front commun » construit avec plus faibles qu'eux. Mais les avantages qu'ils peuvent obtenir de la sorte sont particuliers aux domaines singuliers qui les intéressent et ne remettent pas en cause l'architecture générale du système. Ils ne constituent donc pas une alternative et ne donnent pas à ce vague projet (illusoire) de construction d'un « capitalisme national » la consistance qui définit un véritable projet sociétaire. Les pays du Sud les plus vulnérables (le « quart-monde ») n'ont même pas de projet propre de nature analogue, et le produit éventuel de « substitution » (les fondamentalismes religieux ou ethnicistes) ne mérite pas ce qualificatif. Aussi, comme on l'a vu, c'est le Nord qui prend l'initiative seul d'avancer « pour eux » (on devrait dire « contre eux ») ses propres projets, comme l'association Union européenne-ACP (et les « accords de partenariat économique » appelés à prendre la relève des accords de Cotonou), le « dialogue euroméditerranéen », ou les projets américano-israéliens concernant le Moyen-Orient et même le « grand Moyen-Orient ».

Les perspectives changent dès lors qu'on se situe dans un terme moins immédiat.

Dans le long terme lui-même, tout le monde n'est pas mort, comme le dit le dicton du pragmatisme égoïste (après moi le déluge) ; et le propre de la grande politique est de penser le long terme. Ici le rôle décisif des changements possibles dans les rapports de force sociaux, nationaux et internationaux réapparaît.

Car il n'y a pas de « lois de l'expansion capitaliste » qui s'imposent comme une force quasi surnaturelle. Il n'y a pas de déterminisme historique antérieur à l'histoire. Les tendances inhérentes à la logique du capital se heurtent à la résistance de forces qui n'en acceptent pas les effets. L'histoire réelle est alors le produit de ce conflit entre la logique de l'expansion capitaliste et celles qui découlent de la résistance de forces sociales victimes de son expansion.

Par exemple l'industrialisation de la périphérie au cours de l'après-guerre (1945-1990) n'est pas le produit naturel de l'expansion capitaliste, mais celui des conditions posées à celle-ci par les victoires de la libération nationale qui a imposé cette industrialisation à laquelle le capital mondialisé s'est ajusté. Par exemple l'érosion de l'efficacité de l'État national, produite par la mondialisation capitaliste, n'est pas un déterminant irréversible de l'avenir. Au contraire, les réactions nationales à cette mondialisation peuvent imprimer à l'expansion mondiale des trajets imprévus, pour le meilleur ou pour le pire, selon les circonstances. Par exemple les préoccupations issues de l'environnement, qui sont en conflit avec la logique du capital (parce que celle-ci est par nature une logique à court terme) pourraient imprimer à l'ajustement capitaliste des transformations importantes. On pourrait multiplier les exemples.

La réponse efficace aux défis ne peut être trouvée que si l'on comprend que l'histoire n'est pas commandée par le déploiement infaillible des lois de l'économie « pure ». Elle est produite par les réactions sociales aux tendances que ces lois expriment, qui définissent à leur tour les rapports sociaux dans le cadre desquels ces lois opèrent. Les forces « antisystémiques » – si l'on appelle ainsi ce refus organisé, cohérent et efficace de la soumission unilatérale et totale aux exigences de ces lois prétendues (en fait, tout simplement la loi du profit propre au capitalisme comme système) – façonnent l'histoire véritable autant que la logique « pure » de l'accumulation capitaliste. Elles commandent les possibilités et les formes de l'expansion qui se déploie alors dans les cadres dont elles imposent l'organisation.

La méthode préconisée ici interdit de formuler par avance des « recettes » qui permettraient de façonner l'avenir. L'avenir est produit par les transformations dans les rapports de forces sociaux et politiques, elles-mêmes produites par des luttes dont les issues ne sont pas connues à l'avance. On peut néanmoins y réfléchir dans la perspective de contribuer à la cristallisation de projets cohérents et possibles et, par là même, aider le mouvement social à dépasser les « fausses solutions » dans lesquelles, à défaut, celui-ci risque de s'enliser.

Le projet d'une réponse humaniste au défi de l'expansion mondialisée du capitalisme n'est nullement « utopique ». Il est au contraire le seul projet réaliste possible, dans ce sens que l'amorce d'une évolution allant dans son sens devrait rallier rapidement des forces sociales puissantes capables d'en imposer la logique. S'il y a une utopie, au sens banal et négatif du terme, c'est bien celle du projet d'une gestion du système réduite à sa régulation par le marché.

Pour identifier les conditions de cette alternative humaniste il est indispensable de partir de la diversité des aspirations qui motivent la mobilisation et les luttes sociales, et regrouper peut-être ces aspirations dans cinq rubriques : (i) l'aspiration à la démocratie politique, au respect du droit et à la liberté intellectuelle ; (ii) l'aspiration à la justice sociale ; (iii) l'aspiration au respect des groupes et communautés divers ; (iv) l'aspiration à une gestion écologique meilleure et (v) l'aspiration à occuper une position plus favorable dans le système mondial.

On reconnaîtra facilement que les protagonistes des mouvements répondant à ces aspirations sont rarement identiques. On conçoit par exemple que le souci de donner au pays une place plus élevée dans la hiérarchie mondiale, définie en termes de richesse, de puissance et d'autonomie de mouvements, quand bien même cet objectif bénéficierait-il de la sympathie de l'ensemble du peuple, constituera une préoccupation majeure dans les classes dirigeantes et les responsables au pouvoir. L'aspiration au respect – au sens plein du terme, c'est-à-dire à un traitement réellement égal – peut mobiliser les femmes en tant que telles, ou un groupe culturel, linguistique ou religieux qui est l'objet de discriminations. Les mouvements que ces aspirations inspirent peuvent être transclassistes. Par contre l'aspiration à plus de justice sociale, définie comme on le voudra (comme le veulent les mouvements que cette aspiration mobilise) – pour un mieux être matériel, une législation plus pertinente et plus efficace, ou un système de rapports sociaux et de production radicalement différent – s'inscrira presque forcément dans la lutte des classes. Il peut s'agir ici d'une revendication de la paysannerie ou d'une de ses couches pour une réforme agraire, une redistribution de la propriété, une législation favorable aux tenanciers, des prix plus favorables, etc. Il peut s'agir de droits syndicaux, de législation du travail ou même d'exigence d'une politique d'État capable de rendre plus efficace son intervention en faveur des travailleurs allant jusqu'à la nationalisation, la cogestion ouvrière. Mais il peut s'agir également de revendications de groupes professionnels ou d'entrepreneurs réclamant l'allégement de la fiscalité. Il peut s'agir de revendications s'adressant à l'ensemble des citoyens, comme en témoignent les mouvements en faveur du droit à l'éducation, à la santé ou au logement et, *mutatis mutandis,* à une gestion environnementale convenable. L'aspiration démocratique peut être limitée et précise, notamment lorsqu'elle inspire un mouvement en lutte contre un pouvoir non-démocratique. Mais elle peut être englobante et être alors conçue comme le levier permettant de promouvoir l'ensemble des revendications sociales.

Une carte de la répartition actuelle de ces mouvements montrerait sans aucun doute de gigantesques inégalités dans leur présence sur le terrain. Mais cette carte, nous le savons, est mouvante car là où il y a problème il y a presque toujours mouvement potentiel pour lui trouver une solution. Mais il faudrait faire preuve d'un optimisme naïf pour imaginer que la résultante de la carte des forces opérant sur ces terrains les plus divers donnera une cohérence à un mouvement d'ensemble faisant avancer les sociétés vers plus de justice et de démocratie. Le chaos appartient à la nature autant que l'ordre. Il faudrait faire preuve de la même naïveté pour faire l'impasse sur les réactions des pouvoirs en place à l'encontre de ces mouvements. La géographie de la répartition de ces pouvoirs, les stratégies qu'ils développent pour répondre aux défis auxquels ils sont confrontés, tant au plan local qu'au plan international, répondent à d'autres logiques que celles qui fondent les aspirations en question.

La critique que j'adresse à Hardt et Negri (*L'Empire*) s'inscrit dans ces réflexions. Hardt et Negri poursuivent la voie ouverte par Manuel Castells concernant la prétendue « société de réseaux » en voie de construction (*La Société en réseaux*, Paris, Fayard, 1998), ignorant que les réseaux en question, limités en fait à quelques segments des sociétés de la Triade, restent toujours soumis aux logiques capitalistes dominantes. Le concept flou de « multitudes » sans frontières et sans structures, rejoint alors le discours banal de toujours du libéralisme politique nord-américain et ne constitue guère qu'un synonyme du non-concept de « gens » (« *the people* »), lequel procède d'une vision de la société réduite à la somme des individus qui la composent. Que de telles billevesées reçoivent l'accueil acritique de segments importants de la « société civile » (encore un concept flou, quasi non-concept), que l'ouvrage de Hardt et Negri ait eu l'arrogance de se présenter comme le « manifeste de l'altermondialisme » mériteraient d'être l'objet de critiques sévères et sans concession. Le « mouvement » ne progressera que s'il se libère de ce genre d'illusions, au mieux d'une étonnante naïveté.

C'est dire que la possibilité de dérives des mouvements sociaux, de leur instrumentalisation et de leur manipulation sont également des réalités capables de les conduire à l'impuissance, ou les contraindre à s'inscrire dans une perspective qui n'était pas la leur.

Il y a une stratégie politique globale de la gestion mondiale. L'objectif de cette stratégie vise l'émiettement maximal des forces antisystémiques potentielles par le soutien à l'éclatement des formes étatiques d'organisation de la société. Autant de Slovénie, de Tchétchénie, de Kosovo et de Koweit que possible ! L'utilisation des revendications identitaires, voire leur manipulation, est ici bienvenue. La question de l'identité communautaire, ethnique, religieuse ou autre est de ce fait l'une des questions centrales de notre époque.

Le principe démocratique de base, qui implique le respect réel de la diversité nationale, ethnique, religieuse, culturelle, idéologique ne saurait subir d'entorses. La diversité ne peut pas être gérée autrement que par la pratique sincère de la démocratie. À défaut elle devient fatalement un instrument que l'adversaire peut utiliser à ses fins propres. Or sur ce plan les gauches historiques ont souvent été défaillantes. Pas toujours certes et beaucoup moins d'ailleurs qu'on ne le dit fréquemment aujourd'hui. Un exemple parmi d'autres : la Yougoslavie titiste a été presqu'un modèle de coexistence des nationalités sur pied d'égalité réel ; mais certainement pas la Roumanie ! Dans le tiers-monde de Bandoung les mouvements de libération nationale sont souvent parvenus à unir contre l'ennemi impérialiste des ethnies et des communautés religieuses diverses. Les classes dirigeantes dans les États africains de la première génération ont souvent été réellement transethniques. Mais rares ont été les pouvoirs qui ont su gérer démocratiquement cette diversité et maintenir les acquis, quand il y en avait. Leur faible propension à la démocratie a donné ici des résultats aussi déplorables que dans leur gestion des autres problèmes de leurs sociétés. La crise venant, les classes dirigeantes impuissantes à y faire face, aux abois, ont souvent joué un rôle décisif dans le recours aux repliements communautaires utilisés comme moyen de prolonger leur « contrôle » des masses. Cependant, même dans de nombreuses démocraties bourgeoises authentiques, la diversité communautaire est loin d'avoir toujours été gérée correctement. L'Irlande du Nord en est l'exemple le plus éclatant.

Le succès du culturalisme est à la mesure des insuffisances de la gestion démocratique de la diversité. J'entends par culturalisme l'affirmation que les différences en question seraient « primordiales », doivent être « prioritaires » (par rapport aux différences de classes par exemple), et parfois même sont tenues pour être « transhistoriques », c'est-à-dire fondées sur des invariants historiques (c'est le cas souvent des culturalismes religieux, qui glissent alors sans difficulté vers l'obscurantisme et le fanatisme).

Pour y voir clair dans la jungle des revendications identitaires, je proposerai un critère qui me paraît essentiel. Sont progressistes les revendications qui s'articulent sur le combat contre l'exploitation sociale et pour une plus grande démocratie déployée dans toutes ses dimensions. Par contre toutes les revendications qui se présentent « sans programme social » (parce que soit disant cela serait sans importance !), « non-hostiles à la mondialisation » (parce que cela serait également sans importance !), *a fortiori* qui se déclarent étrangères au concept de démocratie (accusé d'être « occidental ») sont franchement réactionnaires et servent parfaitement les objectifs du capital dominant. Au demeurant celui-ci le sait, soutient ces revendications – même lorsque les médias profitent de leur contenu barbare pour dénoncer les peuples qui en sont les victimes ! – utilise voire manipule ces mouvements.

L'alternative humaniste à l'apartheid à l'échelle mondiale ne peut se nourrir de nostalgies passéistes, ni être fondée sur l'affirmation des diversités héritées du passé. Elle ne sera efficace que si elle s'inscrit dans une perspective ouverte sur l'avenir. Aller au-delà de la mondialisation capitaliste tronquée et polarisante, construire une nouvelle mondialisation post-capitaliste fondée sur l'égalité réelle des peuples, des communautés, des États, des individus.

Les diversités héritées posent problème, puisqu'elles existent. Mais à se fixer sur elles, on perd de vue d'autres diversités, autrement plus intéressantes, celles que l'invention du futur génère nécessairement dans son mouvement. Le concept de ces diversités procède de celui même de la démocratie émancipatrice et de la modernité toujours inachevée qui l'accompagne. Les utopies créatrices autour desquelles peuvent se cristalliser les luttes des peuples pour l'égalité et la justice trouvent toujours leur légitimation à partir de systèmes de valeurs multiples. Leur complément nécessaire – les systèmes d'analyses de la société – s'inspire de théories sociales elles-mêmes diverses. Les stratégies proposées pour avancer avec efficacité dans la direction convenue ne peuvent elles-mêmes être le monopole d'une organisation quelconque. Ces diversités dans l'invention du futur ne sont pas seulement inévitables, elles sont bienvenues.

L'option alternative à l'apartheid à l'échelle mondiale, c'est celle d'une mondialisation pluricentrique, assurant une moins grande inégalité dans les relations économiques et politiques entre les différentes régions et pays, des relations moins défavorables pour ceux qui ont souffert le plus des effets destructifs de la polarisation.

S'engager dans cette voie exige évidemment l'organisation de négociations complexes, et sur cette base, la définition de systèmes de régulation permettant la mise en œuvre de projets de développement dignes de ce nom. Cela implique, comme on l'a vu au chapitre précédent, la remise en cause de l'organisation de l'accès aux marchés, aux capitaux, des systèmes monétaires, de la taxation des ressources naturelles, des procédures de démilitarisation.

Dans cette perspective conciliant mondialisation et autonomies locales et régionales (ce que j'appelle une déconnexion cohérente avec les défis nouveaux), place est faite pour une révision sérieuse des concepts de démocratisation du système des Nations unies, qui pourrait alors s'atteler efficacement à des objectifs de désarmement (rendus possibles par les formules de sécurité nationale et régionale associées à la reconstruction régionale), amorcer la mise en place d'une fiscalité mondialisée (en relation avec la gestion des ressources naturelles de la planète), compléter l'organisation inter-États qu'est l'ONU par l'amorce d'un « Parlement mondial » capable de concilier les exigences de l'universalisme (droits de l'individu, des collectivités et des peuples, droits politiques et sociaux, etc.) et la diversité des héritages historiques et culturels.

Bien entendu l'ensemble de ce « projet » n'a de chance de voir sa réalisation avancer progressivement que si, d'abord à l'échelle des États-nations, se cristallisent des forces sociales et des projets capables de véhiculer les réformes nécessaires, impossibles dans le cadre imposé par le libéralisme et la mondialisation polarisante. Qu'il s'agisse de réformes sectorielles (comme celles concernant la réorganisation de l'administration, la fiscalité, l'éducation, les formules de développement participatif soutenu) ou de visions plus générales de la démocratisation des sociétés et de leur gestion politique et économique, ces étapes préliminaires sont incontournables. Sans elles, la vision d'une réorganisation planétaire capable de faire sortir le monde du chaos et de la crise et de faire « redémarrer le développement » restera fatalement parfaitement utopique.

Dans cette dernière perspective force est de donner de la place à des propositions d'action à terme immédiat, autour desquels peuvent être mobilisées des forces politiques et sociales réelles, aux plans locaux en premier lieu, même si leur visée est d'une ampleur plus large (« mondialiser les luttes »). Je pense ici à la longue série des formes de régulation qu'on pourrait mettre en œuvre rapidement dans tous les domaines : l'économie (exemples : la taxation des transferts financiers, l'abolition des paradis fiscaux, l'annulation de la dette), l'écologie (la protection des espèces, l'interdiction des produits et méthodes nocifs, l'amorce d'une fiscalité mondialisée sur la consommation de certaines ressources non renouvelables), le social (législations du travail, codes d'investissement, participations de représentants des peuples dans les instances internationales), le politique (démocratie et droits de la personne), le culturel (refus de la marchandisation des biens culturels).

Le programme à moyen terme que j'ai suggéré ne vise pas seulement à moduler les formes de régulation des marchés dans la perspective de protéger les faibles (classes et nations).

Son volet politique n'est pas moins important. Les idées centrales qui ont guidé cette rédaction concernent le désarmement et l'élaboration d'un nouveau droit international des individus, des peuples et des États.

En conclusion, le défi et les alternatives en réponse à celui-ci peuvent être exprimés en une phrase simple : ou bien la mondialisation néolibérale qui conduit inexorablement à l'apartheid à l'échelle mondiale, ou bien l'ouverture de négociations véritables dans la perspective de la construction d'une mondialisation alternative, pluricentrique.

Le monde multipolaire authentique ne sera devenu une réalité que lorsque les quatre conditions qui suivent auront été remplies

- Que l'Europe soit réellement avancée sur la voie d'une « autre Europe » sociale (et donc engagée dans la longue transition au socialisme mondial) et qu'elle ait amorcé son désengagement par rapport à son passé et présent impérialiste. Cela implique, d'évidence, plus que simplement sortir de l'atlantisme et du néolibéralisme extrême.
- Qu'en Chine la voie du « socialisme marché » l'ait emporté sur les tendances fortes à la dérive illusoire de la construction d'un « capitalisme national » dont on a vu qu'il serait impossible à stabiliser parce qu'il exclut les majorités ouvrières et paysannes.
- Que les pays du Sud (peuples et États) soient parvenus à reconstruire un « front commun », condition à son tour pour que des marges de mouvements permettent aux classes populaires non seulement d'imposer des « concessions » en leur faveur mais au-delà de transformer la nature des pouvoirs en place, substituant aux blocs *compradores* dominants des blocs « nationaux, populaires et démocratiques ».
- Qu'au plan de la réorganisation des systèmes de droits, nationaux et internationaux, on ait avancé dans la direction de construction conciliant le respect des souverainetés nationales (en progressant de la souveraineté des États à celle des peuples) et celui de tous les droits individuels et collectifs, politiques et sociaux.

Revenant aux analyses proposées dans cet ouvrage, on peut alors mesurer la distance qui sépare encore l'état actuel des luttes de ces objectifs, identifiant par là même la nature des obstacles à surmonter.

L'Europe des gouvernements n'est pas engagée dans la voie requise et les mouvements populaires sociaux et politiques à l'œuvre sont loin d'avoir pris la mesure du défi. Je résumerai celui-ci dans une phrase : que l'Europe cesse de « placer l'excédent de ses capitaux sur les marchés financiers de New York » permettant ainsi aux États-Unis de surmonter leur handicap majeur (leur déficit d'épargne) et de poursuivre leur offensive hégémoniste. Cela implique une gestion de l'euro autre que celle prévue par les accords en vigueur, une gestion politique de la monnaie « européenne », laquelle à mon avis est impossible sans pouvoir politique européen qui, à son tour, est impensable dans l'horizon visible tant que les forces atlantistes et celles qui s'alignent sur le ralliement libéral restent dominantes. Dans ces conditions le monopole de ce que j'appelle l'étalon dollar-pétrole (*oil dollar standard* associant le monopole de l'usage du dollar comme seule monnaie internationale véritable au contrôle – largement militaire – des principales régions productrices de pétrole du grand Moyen-Orient et du golfe de Guinée) ne risque pas d'être menacé. Du coup l'Europe est contrainte de s'aligner sur les politiques de Washington à l'égard de la Russie, de la Chine, du monde arabe et de l'Afrique. Elle le fait, et le « mouvement social » l'aide souvent à le faire en posant mal les questions relatives aux déficits de démocratie caractéristiques des pays et régions mentionnés. Ces déficits sont réels ; mais l'opinion européenne n'aidera pas à les surmonter en navigant dans le sillage des États-Unis (vus comme un pays qui souhaite sincèrement la démocratie chez les autres, ce qui n'est pas vrai), se faisant l'écho des campagnes orchestrées par Washington (sur des questions comme celles concernant les libertés politiques en Chine, le sort du Sinkiang et du Tibet, les « ambitions » – pourtant légitimes – de la Russie, accusée de vouloir « reconstruire l'URSS », ou toutes celles qui concernent la dénonciation des autocraties arabes et africaines). Au jeu des États-Unis, cynique et manipulateur, il faut opposer une stratégie subtile qui favorise le rapprochement des peuples, victimes à la fois des pratiques inacceptables des pouvoirs et des ambitions de Washington. On en est loin. L'adoption éventuelle du projet de « constitution européenne » qui grave dans le marbre la double option libérale et atlantiste, le ralliement solide semble-t-il des socialistes au « social-libéralisme » n'inaugurent rien de bon. Loin de s'accuser, le conflit des cultures politiques, porteur d'un renouvellement possible des gauches européennes, risque d'être graduellement érodé par « l'américanisation de la pensée européenne ».

La Chine a opté pour un « profil bas » sur la scène mondiale. Le pouvoir est sûr de lui et croit pouvoir manœuvrer sans prendre définitivement position dans un camp ou un autre. D'ailleurs, dans le terme immédiat, la Chine utilise les dollars qu'elle gagne par l'excédent considérable de ses exportations vers les États-Unis pour payer ses importations. De ce fait, la Chine soutient l'étalon-dollar. Au plan interne, les luttes ouvrières ne sont pas inexistantes, loin de là, et la résistance (« semi-organisée ») des majorités paysannes est parvenue, jusqu'à présent, et en dépit du caractère autocratique du pouvoir, à faire reculer les tentatives de privatisation de l'accès au sol. Mais en sens inverse l'attraction du « modèle américain » sur les nouvelles classes moyennes, que j'ai signalée, constitue un danger certain pour l'évolution de la culture politique de ce grand pays.

En Europe orientale et dans les pays de l'ex-Union soviétique l'horizon paraît encore sombre. Le mécontentement est grand, mais le pessimisme encore plus visible, le tout nourrissant soit des nostalgies du passé soviétique, soit la survie d'illusions dévastatrices sur la « démocratie » (de type « occidental »). Aucune gauche post-soviétique ne paraît proche de faire percée. Les « mouvements sociaux » les plus apparents, qui occupent de temps à autre le devant de la scène, sont manipulés sans grande difficulté par les relais de Washington, comme on a pu le voir en Géorgie ou en Ukraine.

Dans les Suds les obstacles ne sont pas moindres. La répression brutale domine encore sur la majeure partie des scènes de l'Asie et de l'Afrique. Sur ce plan, l'Amérique latine bénéficie effectivement d'une avance incontestable ; l'attachement de ses peuples à la démocratie interdit un retour éventuel facile aux pratiques des dictatures. Il reste que, associé au néolibéralisme, cet attachement à la démocratie est désormais vulnérabilisé. En Asie et en Afrique, faute d'enracinement de la démocratie minimale, les nostalgies passéistes opèrent avec succès. Ne pas oublier que les « mouvements sociaux » qui mobilisent le plus d'acteurs et bénéficient de la neutralité bienveillante des majorités sont les mouvements réactionnaires des fondamentalismes religieux et ethniques. Aussi les luttes sociales des classes dominées, qui ne sont pas absentes (et s'expriment souvent par des explosions violentes), comme les mouvements progressistes (notamment ceux des femmes) et démocratiques ne parviennent pas beaucoup à faire reculer les illusions idéologiques passéistes.

Il y a tout de même des signes indicateurs d'une remise en question possible de l'ordre libéral par les pouvoirs eux-mêmes. J'en ai signalé les principaux indices concernant le contrôle des mouvements de capitaux et la régulation des investissements étrangers, les échecs répétés des tentatives de la Triade d'imposer ses points de vue au sein de l'OMC. Mais ici encore le chemin à parcourir pour voir s'amorcer les ruptures nécessaires reste encore long. Faire sortir l'agriculture de l'agenda de l'OMC constitue un volet incontournable du redressement. Cela n'est pas encore à l'ordre du jour et les gouvernements du Sud se contentent sur ce point de livrer bataille sur des terrains adjacents, comme la question des subventions aux exportations agricoles du Nord soulevée à Cancun. Beaucoup des organisations paysannes elles-mêmes n'envisagent guère plus. Une campagne mondiale pour la reconnaissance du droit d'accès au sol de tous les paysans des trois continents n'est pas même amorcée. Abolir la dette extérieure en imposant dans ce domaine un droit international digne de ce nom n'est pas davantage envisagé, pas même par beaucoup de ceux qui dénoncent – à juste titre – les injustices criminelles que la priorité au service de la dette entraîne. Les gouvernements les meilleurs, issus des vagues des luttes récentes, comme celui de Lula au Brésil, demeurent d'une étonnante timidité. Celui de Chavez parviendra-t-il à cristalliser autour de ses intentions de réformes radicales des formes d'organisations politiques adéquates ?

Le front du Sud n'existe certainement pas encore, en dépit des signes qui en indiquent l'amorce de la reconstitution possible. Les institutions régionales en place, produits du passé, ont été conçues dans un tout autre esprit, celui de servir d'échelons intermédiaires de la mondialisation libérale. Instruments inadaptés pour faire face aux défis véritables, ces institutions ne fonctionnent guère qu'en trompe-l'œil comme on l'a montré pour l'Afrique et le monde arabe. Le Mercosur d'Amérique du Sud, présenté en contrepoint comme un modèle du genre, capable de mettre en échec le projet de l'Alena de Washington, reste malgré tout limité par ses options semi-libérales de « marché commun ». La formation récente du « groupe des 20 » au sein de l'OMC (animé par le Brésil, l'Inde, l'Afrique du Sud et la Chine) reste ambiguë. Le Brésil, candidat le plus favorisé à l'échelle mondiale par une marchandisation de l'agriculture, grâce à ses latifundia modernisés bénéficiant de surcroît d'une main-d'œuvre à bon marché et de réserves immenses de terres permettant son expansion, n'a pas les mêmes intérêts dans ce domaine que les pays d'Asie !

Faut-il ajouter que si les opinions publiques (occidentales en particulier et il faut leur en savoir gré) sont parvenues à faire reculer quelques-unes des formes les plus extrêmes de la régression des droits des peuples (comme l'AMI), elles n'ont pas pu faire capoter l'adoption des principes qui, à l'OMC, ont donné la priorité au droit des affaires sur les droits des peuples. Et la réforme de l'ONU, quand elle est envisagée, l'est dans le sens qui va exactement à l'inverse de nos propositions : elle vise à réduire le rôle de l'organisation et à la domestiquer davantage !

En contraste avec la note pessimiste que les réflexions qui précèdent pourraient inspirer, je noterai l'immense victoire déjà remportée par le « mouvement » mondial. « Le monde n'est pas à vendre », « Un autre monde est possible » ne sont pas des slogans creux, mais des mots d'ordre de bataille justes qui ont déjà conquis la sympathie de l'opinion populaire à travers le monde entier.

Le « mouvement » en question est multiple et cette multiplicité en fait précisément la force, même si elle rend plus difficile la convergence autour d'objectifs stratégiques prioritaires. Gagner des batailles importantes sur des points précis, aux plans nationaux, régionaux et mondiaux, constitue le seul moyen de réaliser des avancées irréversibles dans le combat pour « un autre monde ». Cela implique des débats systématiques approfondis, le choix des objectifs en question et l'organisation de campagnes d'actions adéquates. La seule addition des revendications des victimes du système – qui sont parfaitement légitimes – ne constitue ni une alternative, qui exige cohérence politique, ni même une stratégie permettant d'avancer. Or le « mouvement » est fortement menacé d'en rester là et d'aucuns tentent de légitimer cette option de principe.

La multiplicité est d'abord celle des objectifs et, derrière eux, des intérêts sociaux (« de classes »). Le « mouvement » mobilise désormais des segments importants des classes moyennes éduquées – surtout dans les pays du centre du système. Leurs organisations sont toujours centrées sur un objectif singulier (la promotion des femmes, la prise en considération des exigences de respect de l'environnement et des équilibres écologiques, la défense des « minorités » culturelles et autres opprimés, le progrès des droits, etc.). Ces organisations peuvent être conçues dans la durée (« permanente ») ou être construites pour une bataille particulière déterminée. Elles sont souvent « interclassistes » par principe. Il faut se féliciter de cette transformation positive dans l'intervention de couches sociales qui souvent se contentaient jusqu'ici d'utiliser leur droit de vote et les moyens de la démocratie représentative (lobbies, interventions auprès des partis politiques et des élus). La défense de l'« individu » (et des libertés d'initiatives individuelles) et la forte dimension morale caractéristiques de beaucoup de ces mouvements ne sont pas une « déviation petite-bourgeoise » comme une certaine tradition du mouvement ouvrier les considérait souvent, mais un progrès de la pratique politique, au bénéfice à plus long terme de toutes les classes dominées.

Il reste que ces mouvements « nouveaux » n'ont pas fait disparaître ceux des classes populaires en lutte pour leurs intérêts dits « matériels ». Les luttes ouvrières pour l'emploi, les salaires, la sécurité dans le travail, les luttes paysannes pour des prix rémunérateurs, l'accès au sol et aux moyens de la cultiver correctement, pour des réformes agraires quand cela est nécessaire, continueront à constituer l'axe central des combats susceptibles de modifier les rapports de force sociaux. Syndicats et organisations paysannes constituent de ce fait des organisations essentielles du mouvement. Cela n'est pas toujours accepté comme il le faudrait. Car dans les « grands bazars » de rencontre des mouvements (les forums) le devant de la scène est trop souvent occupé par les classes moyennes. Sans doute les organisations « classiques » à travers lesquelles s'expriment et agissent les classes dominées sont-elles loin d'être adaptées aux défis nouveaux. Les transformations dans l'organisation du travail et de la gestion de la vie économique produites par l'évolution du capitalisme imposent celles des formes d'organisations et de luttes des mouvements ouvriers et paysans, sur lesquelles j'ai insisté ailleurs et qui constituent, entre autre, le programme de travail du Forum mondial des alternatives (on peut se reporter ici au site du Forum du tiers-monde). Mais ces exigences ne justifient pas le mépris dans lequel beaucoup des autres mouvements tiennent les syndicats et les organisations paysannes dits « traditionnels ».

Pour tous, les chances de succès dépendent de facteurs nombreux. Entre autre de leur capacité de mobiliser des ressources de « savoir faire » de militants capables d'analyser – en « experts » – les données des problèmes, de formuler des stratégies et des tactiques, d'accéder aux médias, de conduire des négociations. La mobilisation de ces capacités implique certainement ici également la « révision » des traditions fondées sur les expériences d'un passé révolu, parce que dépassé par les transformations objectives des sociétés. Mais le succès – ou l'échec – dépend également de la conjoncture économique et politique, de l'acuité éventuelle des conflits au sein des systèmes de pouvoirs. C'est la raison pour laquelle le « mouvement » se manifeste par des vagues successives d'essor et de déclin. Analyser en permanence ces conjonctures reste une tâche indispensable.

D'une manière générale les formes du « militantisme » sont en mutation. Engagements moins « intenses », moins « permanents » dit-on. Je n'en suis pas persuadé. Engagements plus exigeants en matière de respect de la diversité des opinions et de la pratique démocratique (« méfiance » à l'égard des « leaders »), j'en suis convaincu et considère cette évolution comme positive.

L'expansion du mouvement a donné la visibilité à des segments importants des « sans-voix », c'est-à-dire des plus démunis, les moins tenus en considération par les institutions de la démocratie représentative. Ces « sans-voix » (comme les émigrés « sans-papiers », ou les « déviants » – pour la morale conventionnelle) ont eu souvent besoin, pour faire leur apparition sur la scène, du soutien de « personnalités » ou de militants provenant d'autres milieux que le leur. Il n'y a pas à s'en offusquer, même si la gestion du rapport des uns aux autres fait toujours problème.

Le « mouvement social » ne mobilise pas exclusivement des forces « progressistes ». Il y a des mouvements parfaitement réactionnaires, puissants, qui n'œuvrent pas pour la construction d'un « autre monde » (entre autre multipolaire). Aux États-Unis, les syndicats ont presque toujours défendu la politique impérialiste du pouvoir, et entretenu avec la CIA des rapports non moins étroits que ceux qui associaient les syndicats soviétiques à leur pouvoir. Aux États-Unis encore, les « associations patriotiques » et les « sectes » sont celles qui comptent, par millions, le plus d'adhérents. En Europe, l'offensive obscurantiste des mouvements communautaristes et parareligieux se déploie avec succès. Dans certaines régions de la périphérie les mouvements fondamentalistes, parareligieux ou ethnicistes, occupent le devant de la scène.

Les mouvements se heurtent à des difficultés considérables pour transgresser les frontières de l'État. Ne s'en étonneront que ceux qui croient – naïvement – au « village mondial » ou aux « multitudes » indéfinies. Les problèmes et les défis sont spécifiques à chacun des pays de la planète. Les intérêts des paysans chinois – qui défendent un droit égal d'accès au sol, conquis mais menacé – n'ont pas grand-chose à voir avec ceux des agriculteurs « compétitifs » d'ailleurs. Même dans le cas de l'Europe, la seule coordination syndicale reste introuvable, annulée dans son potentiel par le poids encore décisif du social-libéralisme des partis socialistes.

Comment surmonter tous ces obstacles ? Je ne vois pas d'autre moyen ici que par l'organisation de grandes campagnes mondiales autour d'objectifs stratégiques prioritaires. Je suggérerai ici – pour la discussion – quelques exemples : (i) une campagne contre les guerres américaines (dites de prévention), et, au-delà, pour l'évacuation de toutes les bases (« *US go home* ») ; (ii) une campagne pour le droit au sol dont la reconnaissance est vitale pour trois milliards de paysans des trois continents ! ; (iii) une campagne pour l'organisation régulée des délocalisations industrielles ; (iv) une campagne pour l'abolition des dettes extérieures du tiers-monde. D'autres propositions sont bienvenues. Aucune de ces campagnes n'engagera « tout le monde », leurs centres de gravité seront divers de l'une à l'autre, mais toutes devraient trouver un écho fort non seulement dans les pays les plus directement concernés mais également dans les autres permettant ainsi de faire avancer concrètement les expressions d'un nouvel internationalisme des peuples.

La menace principale qui pèse sur le « mouvement » est à mon avis le risque de croire naïvement qu'on peut « transformer le monde sans chercher à conquérir le pouvoir ». Il reste vrai que des mouvements sociaux puissants sont parvenus dans certains moments de l'histoire à « changer la société ». 1968 en est sur ce plan l'exemple majeur récent. 1968 a changé beaucoup de choses (en Occident), et d'une manière positive : l'essor de la revendication féministe, l'approfondissement de la responsabilité démocratique individuelle, entre autres sont à porter à son actif. Mais le capitalisme a montré qu'il était capable d'absorber ces évolutions sans que soient remis en question ses modes fondamentaux d'exploitation et d'oppression. Aujourd'hui, les écrits de Castells à Negri se proposent de donner une légitimité d'apparence « scientifique » à cet appel à ne finalement rien faire, car tout se ferait par lui-même, « naturellement ».

En contrepoint, le débat sur les exigences de la progression du mouvement social appelé à devenir la force politique du changement des rapports de force sociaux et, par ce moyen, des systèmes de pouvoir, reste centrale. Que cela implique l'invention d'une « autre façon de faire de la politique » ne fait pas l'ombre d'un doute. Mais la proposition ainsi formulée est trop vague pour être autre chose que creuse.

Les forums sociaux sont aujourd'hui confrontés à un choix décisif. Ils peuvent devenir les lieux de la construction patiente de fronts capables de faire avancer la convergence dans la diversité de toutes les forces progressistes de la planète. Je suggérerai ici à cet effet la définition de plateformes communes articulées autour du double refus du néolibéralisme et de la militarisation de la mondialisation sous le contrôle des États-Unis. Cette alliance ouverte et large des mouvements qui s'inscrivent dans cette perspective permettrait de placer l'accent sur la construction d'alternatives positives. Il va de soi, pour moi, que cette alliance exclut les mouvements sociaux réactionnaires, ce qui exige qu'un terme soit mis aux attitudes ambiguës à leur égard de segments importants de la gauche. À défaut, les forums sociaux deviendront des bazars dont il n'y aura pas grand-chose à attendre. Le système dominant encourage bien entendu cette option qui lui permet de laisser entendre qu'il « joue le jeu de la démocratie », en fait d'une démocratie impuissante et incapable de produire des stratégies politiques alternatives cohérentes et efficaces, et qui de ce fait conforte son pouvoir.

Annexe 1

La multipolarité au 20e siècle

Les systèmes mondiaux anciens ont généralement été presque toujours multipolaires, même si cette multipolarité n'a, jusqu'à présent, jamais été véritablement générale et égale. L'hégémonie a toujours été de ce fait plus un objectif recherché par les puissants qu'une réalité. Les hégémonies, quand elles ont existé, ont toujours été relatives et provisoires.

Les partenaires du monde multipolaire du 19e siècle (prolongé jusqu'en 1945) n'étaient guère que les « puissances » de l'époque. Au sein de la Triade contemporaine il y a probablement des nostalgiques de cette époque et du retour à ce genre d'« équilibre des puissances ». Ce n'est pas la multipolarité souhaitée par la majorité des peuples de la planète (85 % !).

Le monde multipolaire inauguré par la Révolution russe, puis imposée, partiellement, par les mouvements de libération de l'Asie et de l'Afrique, était d'une autre nature. Je n'analyse pas la période de l'après-deuxième-guerre-mondiale dans les termes conventionnels de la « bipolarité » et de la « guerre froide » qui ne donnent pas aux avancées du Sud de l'époque la place qui leur revient. J'analyse cette multipolarité dans les termes du conflit de civilisation fondamental qui, au-delà des expressions idéologiques déformantes, concerne le conflit entre le capitalisme et la possibilité de son dépassement socialiste. L'ambition des peuples de la périphérie, qu'ils aient fait une révolution socialiste ou pas – abolir les effets de la polarisation produite par l'expansion capitaliste – s'inscrivait nécessairement dans une perspective anticapitaliste.

C'est pourquoi je proposerai dans ce qui suit une lecture centrée sur les solidarités politiques fortes que ce conflit inspirait, lesquelles, à leur tour, commandaient les conceptions de la multipolarité propres à cette seconde moitié du 20e siècle.

Le drame des grandes révolutions

Les « grandes révolutions » se distinguent par le fait qu'elles se projettent loin en avant vers l'avenir, par opposition aux autres (les « révolutions ordinaires »), qui se contentent de répondre aux exigences des transformations à l'ordre du jour du moment.

Il n'y a eu dans l'époque moderne que trois grandes révolutions majeures (la française, la russe et la chinoise) et quelques autres comparables (comme celles du Mexique des années 1910, de Yougoslavie, du Vietnam et de Cuba). La Révolution française n'est pas seulement une « révolution bourgeoise », substituant l'ordre capitaliste à l'Ancien Régime et le pouvoir bourgeois à celui de l'aristocratie ; elle est tout autant une révolution populaire (et singulièrement paysanne) dont les revendications remettent en cause l'ordre bourgeois lui-même. La République démocratique et laïque radicale, qui se donne pour idéal la généralisation de la petite propriété pour tous, ne procède pas de la logique simple de l'accumulation du capital (fondée sur l'inégalité), mais la nie (et elle en proclame avec lucidité la conscience en déclarant le libéralisme économique ennemi de la démocratie). En ce sens, la Révolution française contenait déjà les germes des révolutions socialistes à venir, dont les conditions « objectives » n'étaient évidemment pas réunies dans la France de l'époque (les babouvistes en constituent le témoignage). Les Révolutions russe et chinoise (auxquelles on peut associer celles du Vietnam et de Cuba) s'assignent l'objectif du communisme, bien en avance lui également sur les exigences objectives de la solution des problèmes immédiats des sociétés concernées.

De ce fait, toutes les grandes révolutions subissent le contrecoup de leur avance sur leur temps. Aux moments brefs de leur radicalisation succèdent des reculs et des restaurations réactionnaires. Ces révolutions éprouvent donc toujours de grandes difficultés à se stabiliser (la stabilisation de la Révolution française prendra un siècle). Par opposition les autres révolutions (comme celles de l'Angleterre et des États-Unis) inaugurent le déploiement stable et calme du système, se contentant d'enregistrer les exigences des rapports sociaux et politiques en fait déjà mis en place dans le cadre du capitalisme naissant. De ce fait ces « révolutions » méritent à peine leur nom, tant sont marquants leurs compromis avec les forces du passé et leur absence de vision de l'avenir plus lointain.

En dépit de leurs « échecs », les grandes révolutions font l'histoire – à plus longue portée. Par les valeurs d'avant-garde qui définissent leur projet, elles permettent aux utopies créatrices de poursuivre la conquête des esprits et en définitif de réaliser l'ambition suprême de la modernité, qui est de faire des êtres humains les sujets actifs de leur histoire. Ces valeurs font contraste avec celles de l'ordre bourgeois instauré ailleurs qui promeuvent des comportements d'ajustement passif aux exigences dites objectives du déploiement du capital, et donnent toute sa puissance à l'aliénation économiciste qui soustend cette soumission.

Le poids de l'impérialisme, stade permanent de l'expansion mondiale du capitalisme

Le déploiement mondial du capitalisme a toujours été polarisant dès l'origine et à chacune des étapes de son histoire. Cette caractéristique du capitalisme réellement existant, pourtant essentielle, a toujours été sous-estimée pour le moins qu'on puisse dire, du fait de l'eurocentrisme qui domine la pensée moderne, y compris dans les formulations idéologiques d'avant-garde propres aux grandes révolutions ; et le marxisme historique des Internationales successives n'a échappé que partiellement à cette règle générale.

Comprendre la portée immense de cette réalité impérialiste et en tirer toutes les conséquences stratégiques concernant la transformation du monde qu'elle implique constitue l'exigence incontournable première pour toutes les forces sociales et politiques victimes du déploiement du capitalisme, dans ses centres comme dans ses périphéries. Car l'impérialisme a mis à l'ordre du jour non pas tant la maturation des conditions permettant des « révolutions socialistes » (ou des accélérations des évolutions allant dans cette direction) dans les centres du système mondial, que des remises en cause de son ordre à partir des révoltes de ses périphéries. Ce n'est donc pas un hasard si la Russie de 1917 constitue le « maillon faible » du système, ni que la révolution au nom du socialisme se déplace par la suite vers l'Est (la Chine entre autre), tandis que sont déçues les attentes d'un effondrement à l'Ouest, dans lequel Lénine plaçait ses espoirs. De ce fait, les sociétés révolutionnées en question sont confrontées à la tâche double et contradictoire, à la fois de « rattraper » (ce qui implique le recours à des méthodes analogues à celles du capitalisme) et de « faire autre chose » (« construire le socialisme »). La combinaison de ces tâches a été ici ou là ce qu'elle a été ; elle aurait peut-être pu être meilleure, au sens qu'elle aurait permis le renforcement progressif des aspirations communistes au fur et à mesure des avancées du rattrapage. Toujours est-il que cette contradiction réelle est au cœur du façonnement des conditions objectives de l'évolution historique des sociétés post-révolutionnaires.

Les formes d'organisation et d'action politiques inventées dans les circonstances par les « partis révolutionnaires » (les communistes de la 3e Internationale en l'occurrence) ont été prisonnières de l'idée que le mouvement se faisait de la révolution considérée comme « imminente », ses conditions « objectives » étant considérées comme réunies. Le « parti » devait alors pallier ce qui seul manquait : la constitution d'une organisation chargée de « faire la révolution », ce qui impliquait dans les circonstances que l'accent soit mis sur l'homogénéité (par la suite le « monolithisme ») et la discipline quasi militaire. Les partis en question ont conservé ces formes d'organisation alors même que la perspective de l'assaut révolutionnaire immédiat avait été abandonnée, à partir de la fin des années 1920. Elles ont alors été mises au service d'un tout autre objectif prioritaire : la protection de l'État soviétique, de l'intérieur comme de l'extérieur.

Dans les périphéries du capitalisme mondialisé – par définition « la zone des tempêtes » dans le système impérialiste – une forme de la révolution demeurait bien à l'ordre du jour. Mais son objectif demeurait par nature ambigu et flou : libération nationale de l'impérialisme (et maintien de beaucoup, ou même de l'essentiel, des rapports sociaux propres à la modernité capitaliste), ou davantage ? Qu'il s'agisse des révolutions radicales de la Chine, du Vietnam et de Cuba ou de celles qui ne le furent pas ailleurs en Asie, en Afrique et en Amérique latine, le défi demeurait : « rattraper » et/ou « faire autre chose » ? Ce défi s'articulait à son tour à une autre tâche considérée également prioritaire : défendre l'Union soviétique encerclée.

La défense des États post-révolutionnaires au cœur des choix des stratégies d'avant-garde

L'Union soviétique, plus tard la Chine, se sont trouvées confrontées à des stratégies d'isolement systématique déployées par le capitalisme dominant et les puissances occidentales. Doit-on rappeler que durant un tiers de la brève histoire des États-Unis, la stratégie de cette puissance hégémonique du système capitaliste, s'est toute entière articulée sur l'objectif de détruire ses deux adversaires, fussent-ils véritablement socialistes ou pas ? Et que Washington est parvenu à la fois à entraîner dans cette stratégie et à subalterniser ses alliés tant dans les autres centres de la Triade (Europe et le Japon) que dans les périphéries, substituant progressivement les pouvoirs de classes *compradores* à ceux issus de la libération nationale à vocation populaire ?

On comprend alors que, la révolution dans l'immédiat n'étant pas à l'ordre du jour ailleurs, la priorité ait été généralement donnée à la sauvegarde des États post-révolutionnaires. Les stratégies politiques mises en œuvre – dans l'Union soviétique de Lénine puis de Staline et de ses successeurs, dans la Chine maoïste puis post-maoïste, celles déployées par les pouvoirs d'État nationaux-populistes en Asie et en Afrique, celles proposées par les avant-gardes communistes (qu'elles se soient situées dans le sillon de Moscou, ou de Pékin, ou qu'elles aient été indépendantes), se sont toutes définies par rapport à la question centrale de la défense des États post-révolutionnaires.

L'Union soviétique et la Chine ont à la fois connu les vicissitudes des grandes révolutions et été confrontées aux conséquences de l'expansion inégale du capitalisme mondial. L'une et l'autre ont progressivement sacrifié les objectifs communistes d'origine aux exigences immédiates du rattrapage économique. Ce glissement, abandonnant l'objectif de la propriété sociale par lequel se définit le communisme de Marx, pour lui substituer la gestion étatique et s'accompagnant par le déclin de la démocratie populaire, étouffée par la dictature brutale (et parfois sanglante) du pouvoir post-révolutionnaire, préparait l'accélération de l'évolution vers la restauration du capitalisme, commune aux deux expériences en dépit de la diversité de leurs cheminements. Dans les deux expériences la priorité a été donnée à la « défense de l'État post-révolutionnaire » et les moyens internes déployés à cette fin ont été accompagnés de stratégies extérieures priorisant cette défense. Les partis communistes ont été alors invités à s'aligner sur ces choix non seulement dans leur direction stratégique générale mais même dans leurs ajustements tactiques au jour le jour. Cela ne pouvait produire rien d'autre qu'un affadissement rapide de la pensée critique des révolutionnaires dont le discours abstrait sur la « révolution » (toujours « imminente ») éloignait de l'analyse des contradictions réelles de la société, soutenu par le maintien des formes d'organisation quasi militaires contre vents et marées.

Les avant-gardes qui refusaient l'alignement, et parfois osaient regarder en face la réalité des sociétés post-révolutionnaires, n'ont néanmoins pas renoncé à l'hypothèse léniniste d'origine (la « révolution imminente »), sans tenir compte que celle-ci était de plus en plus visiblement démentie dans les faits. Il en a été ainsi du trotskisme et des partis de la 4e Internationale. Il en a été ainsi d'un bon nombre d'organisations révolutionnaires activistes, inspirées parfois par le maoïsme, ou par le guévarisme. Les exemples en sont nombreux, des Philippines à l'Inde (les naxalistes), du monde arabe (avec les nationalistes arabes et leurs émules au Yémen du Sud) à l'Amérique latine (guévarisme).

Construction nationale et/ou construction socialiste dans les périphéries radicalisées

Les grands mouvements de libération nationale en Asie et en Afrique, entrés en conflit ouvert avec l'ordre impérialiste, se sont heurtés, comme ceux qui ont conduit des révolutions au nom du socialisme, aux exigences conflictuelles du « rattrapage » (la « construction nationale ») et de la transformation des rapports sociaux en faveur des classes populaires. Sur ce second, plan les régimes « post-révolutionnaires » (ou simplement post-indépendance reconquise) ont certainement été moins radicaux que les pouvoirs communistes, raison pour laquelle je qualifie les régimes en question en Asie et en Afrique de « nationaux-populistes ». Ces régimes se sont d'ailleurs parfois inspirés des formes d'organisation (parti unique, dictature non-démocratique du pouvoir, gestion étatiste de l'économie) mises au point dans les expériences du « socialisme réellement existant ». Ils en ont généralement dilué l'efficacité par leurs options idéologiques floues et les compromis avec le passé qu'ils ont acceptés.

C'est dans ces conditions que les régimes en place comme les avant-gardes critiques (le communisme historique dans les pays en question) ont été invités à leur tour à soutenir l'Union soviétique (et plus rarement la Chine) et à bénéficier de son soutien. La constitution de ce front commun contre l'agression impérialiste des États-Unis et de leurs partenaires européens et japonais a certainement été bénéfique pour les peuples d'Asie et d'Afrique. Ce front anti-impérialiste ouvrait une marge d'autonomie à la fois pour les initiatives des classes dirigeantes des pays concernés et pour l'action de leurs classes populaires. La preuve en est fournie par ce qui est advenu par la suite, après l'effondrement soviétique. Avant même celui-ci, celles des classes dirigeantes qui ont opté pour l'« Occident » (l'exemple majeur en est fourni par Sadate) nourrissant l'illusion que ce retournement serait favorable (dans le cas égyptien, que les États-Unis détenaient 90 % des cartes dans la question palestinienne et que leur amitié permettrait de

« retourner » la situation en faveur de la cause arabe et palestinienne, etc.) n'ont finalement rien obtenu ; au contraire leur capitulation a favorisé le déploiement des stratégies offensives de l'impérialisme (et en l'occurrence renforcé l'axe Washington-Tel Aviv).

Ce qui était par contre discutable c'était les conditions que l'Union soviétique a imposées aux forces politiques engagées aux côtés des classes populaires dans les pays alliés (et singulièrement aux partis communistes). On aurait pu imaginer que dans ce front anti-impérialiste ces partis conservent l'autonomie entière de leur mouvement, reconnaissant par là même la dualité conflictuelle des intérêts et des projets sociaux des partenaires associés dans le front. Car les classes dirigeantes poursuivaient dans ce cadre un projet de nature capitaliste en définitive, bien que « national », tandis que la satisfaction des intérêts des classes populaires exigeait de dépasser cette perspective dont l'histoire a d'ailleurs démontré les limites étroites. Tout au contraire les choix de l'État soviétique ont nourri les illusions que le projet capitaliste national portait en lui, affaiblissant par là même l'expression autonome des classes populaires. L'invention de la prétendue « voie non-capitaliste » exprimait ce choix.

Sans doute à l'époque – celle de Bandoung –, faire la distinction entre les intérêts des pouvoirs et ceux de leurs peuples était-il difficile. Ces pouvoirs étaient fraîchement issus d'immenses mouvements de libération qui avaient mis en déroute l'impérialisme dans ses formes anciennes (« coloniales » et « semi-coloniales »), parfois de véritables révolutions associées à ces mouvements (Chine, Vietnam, Cuba). Ils étaient encore « proches » de leurs peuples et bénéficiaient d'une forte légitimité

L'exemple du communisme arabe jette quelque lumière sur les conséquences tragiques de ce ralliement à la thèse de la « voie non-capitaliste ». Les communistes arabes, dans leur grande majorité, ont en effet accepté les propositions de la direction soviétique : devenir, au mieux, « l'aile gauche » des régimes nationaux-populistes anti-impérialistes. Soutien à peine critique, pratiquement inconditionnel. L'autodissolution du Parti communiste égyptien en 1965, dans l'espoir illusoire d'être autorisé à réanimer le Parti socialiste nassérien, le ralliement de Khaled Bagdache en Syric à la thèse que ce qui était à l'ordre du jour ne pouvait être que la construction nationale, gommant sa qualification de capitaliste, constituent des exemples de ce choix. Je me suis exprimé sur cette question centrale ailleurs, notamment à l'occasion de la publication en Égypte des mémoires de nombreux militants de l'époque. Ma conclusion était que le communisme arabe, dans son ensemble, n'était pas sorti du cadre essentiel du projet « national-populiste », ignorant que celui-ci s'inscrivait dans une perspective finalement strictement capitaliste. Cette option n'a pas été conjoncturelle et « opportuniste » ; elle était de nature structurelle et traduisait les déficiences d'origine des communismes en question, l'ambiguïté des idéologies qu'ils véhiculaient et finalement leur ignorance des classes populaires dont ils étaient censés défendre les intérêts sociaux immédiats et à long terme. Le résultat de cette option malheureuse a été que les communistes ont perdu leur crédibilité dès lors que les régimes nationaux-populistes ayant atteint leurs limites historiques sont entrés dans la phase de l'érosion de leur légitimité. La gauche communiste ne s'étant pas posée en alternative au-delà du populisme national, le vide était créé sur la scène politique, ouvrant la voie au déploiement désastreux de l'islam politique.

Sans doute quelques-uns des communistes arabes, ici et là, ont-ils refusé ce ralliement inconditionnel à la défense de la politique d'État soviétique. Les exemples des « Qawmiyin » et de leurs émules au Yémen du Sud et ceux de quelques autres noyaux « maoïstes » en constituent le témoignage. Mais ceux-là ne sont pas sortis de l'hypothèse d'origine du léninisme, à savoir que la « révolution était imminente ». En cela ils partageaient la vision des guévarismes en Amérique latine et des naxalistes en Inde. L'échec des mouvements courageux qu'ils ont inspirés démontre *a posteriori* que la thèse léniniste procédait de simplifications tragiques et était finalement erronée.

L'histoire non moins tragique du Parti communiste d'Afrique du Sud s'inscrit à sa manière dans une dérive de même nature. Dans les années 1930, ce parti bénéficiait du soutien de la majorité des classes populaires africaines, tandis que l'ANC ne rassemblait qu'une minorité de petits-bourgeois. Sur les conseils de Moscou, le Parti s'est sabordé et a offert à l'ANC sur un plateau d'argent la direction du mouvement de libération, avec les conséquences qu'on sait.

En contrepoint, les communistes indiens, influencés par le maoïsme, avaient, dans leur majorité, tenu leur distance critique à l'égard du Congrès et refusé la « voie non-capitaliste ». Comme je l'ai rappelé dans le chapitre consacré à l'Inde, c'est sans doute la raison pour laquelle ils ont survécu au désastre et sont en meilleure posture que d'autres pour faire face aux nouveaux défis.

En contrepoint également, on notera qu'une fraction importante de la gauche latino-américaine, influencée par Cuba, s'était détachée du communisme officiel. Les polémiques ouvertes à cette occasion – sous le drapeau de la *dependencia* première mouture – ont rempli des fonctions utiles et expliquent, en partie tout au moins, le meilleur enracinement de l'attachement à la démocratie qui caractérise le continent.

Ouvrir le débat sur la longue transition au socialisme mondial

L'erreur de Lénine dans son appréciation des défis réels et de la maturité des conditions révolutionnaires reconnue, il nous faut aller au-delà de la critique et de l'autocritique de l'histoire du communisme au 20e siècle, pour ouvrir de manière inventive le débat sur des stratégies alternatives positives pour le 21e siècle.

Je ne reviendrai pas ici sur ce que j'ai proposé ailleurs, dont je résumerai l'essentiel dans les points suivants :

- Il nous faut envisager des stratégies répondant au défi d'une perspective de « longue transition » du capitalisme mondial au socialisme mondial.
- Au cours de cette longue transition se combineront dans la réalité des systèmes sociaux, économiques et politiques produits par les luttes sociales des éléments de reproduction de la société capitaliste et, contradictoirement, des éléments amorçant et développant des rapports sociaux

socialistes. Deux logiques conflictuelles en combinaison et contradiction permanentes.

- Les progrès dans cette direction sont nécessaires et possibles dans toutes les régions du système capitaliste mondial, tant dans ses centres impérialistes que dans ses périphéries *compradorisées*. Bien entendu, les stratégies d'étapes de ces développements doivent être par la force des choses concrètes et spécifiques, notamment pour ce qui concerne les contrastes centres/périphéries.
- Des forces sociales, idéologiques et politiques à travers lesquelles s'expriment, fût-ce dans la confusion, les intérêts populaires, œuvrent déjà dans ces directions. Les mouvements dits « altermondialistes » en constituent la preuve matérielle. Il reste que ces mouvements véhiculent des alternatives différentes, les unes progressistes (allant dans le sens indiqué ci-dessus), les autres illusoires ou même franchement réactionnaires (des réponses parafascistes aux défis). Politiser le débat au bon et vrai sens du terme constitue la condition de la construction de ce que j'ai appelé la « convergence dans la diversité » des forces progressistes.
- Les victimes du déploiement du capitalisme libéral rassemblent les majorités dans toutes les régions du monde. Le socialisme doit être capable de mobiliser cette chance historique nouvelle. Mais il ne pourra le faire que s'il sait tenir compte des transformations, produites par les révolutions technologiques, qui ont modifié de fond en comble et durablement l'architecture des structures sociales. Le communisme ne doit plus être le drapeau de la seule « classe ouvrière industrielle » au sens ancien du terme. Il peut devenir celui de l'avenir des larges majorités de travailleurs, en dépit de la diversité de leurs statuts. Reconstruire l'unité des travailleurs, de ceux qui bénéficient d'une certaine stabilisation dans le système et de ceux qui en sont exclus, constitue aujourd'hui un défi majeur pour la pensée inventive d'un renouveau communiste. Dans les périphéries, cette reconstruction implique également l'organisation de vastes mouvements capables d'imposer le

droit d'accès égal à la terre pour tous les paysans. Ce renouveau s'impose d'autant qu'on a souvent fini par oublier que la paysannerie rassemblait encore la moitié de l'humanité et que le capitalisme dans toutes ses formes est incapable de résoudre ce problème majeur.

▪ Une stratégie d'action efficace s'inscrivant dans la perspective souhaitée doit être capable de produire des avancées dans trois directions simultanées : le progrès social, la démocratisation et la construction d'un système mondial pluricentrique. La démocratie politique proposée pour accompagner l'option économique du capitalisme libéral est appelée à faire perdre dramatiquement toute crédibilité à la démocratie. En sens inverse, le progrès social apporté d'en haut se substituant à l'invention de ses formules par le déploiement du pouvoir démocratique des classes populaires n'est plus acceptable. Il n'y aura pas de socialisme sans démocratie, mais également pas d'avancées démocratiques sans progrès social. Enfin, compte tenu de la réalité des diversités nationales (et singulièrement des cultures politiques qui les façonnent) et de l'inégalité produite par l'histoire du déploiement du capitalisme mondial, l'ouverture de marges rendant possibles les avancées sociales et démocratiques requises impose la construction d'un système mondial pluricentrique. La condition première de celle-ci est évidemment la mise en déroute du projet de Washington de contrôle militaire de la planète.

Annexe 2

Géopolitique multipolaire et systèmes sociaux

Orientations pour des lectures complémentaires

Cet ouvrage est axé sur la dimension géopolitique des questions abordées. J'ai fait ce choix délibérément. Je constate en effet que les « mouvements sociaux » de notre époque se désintéressent de ces questions de géopolitique. Celle-ci fait partie de la « politique ». Or les mouvements en question croient généralement que la « politique », c'est « mauvais », qu'il ne peut rien en sortir de bon et qu'il faut « transformer le monde » en s'en désintéressant. Certains tentent de donner une légitimité « théorique » à cette attitude, que je juge pour ma part démissionnaire. Si la « politique » est mauvaise, la solution n'est pas de l'abolir (impossible d'ailleurs) mais d'en faire une bonne.

Le lecteur aura certainement pris la mesure de la distance qui sépare mes analyses géopolitiques des usages conventionnels qui en sont fait généralement. J'ai toujours mis en relief les rapports étroits qui relient entre elles les logiques propres aux différents systèmes sociaux (et partant politiques) et celles qui commandent les formes de la mondialisation en œuvre ou proposée.

L'ouvrage étant axé sur les seules questions de géopolitique, le rapport que celles-ci entretiennent avec les systèmes sociaux n'a été qu'entrevu dans le texte. Je souhaiterais apporter quelques ajouts qui ne sont ici qu'une invitation à des lectures complémentaires.

Concernant la nature du capitalisme réellement existant

1. Rappel de la critique de « l'économie pure » (l'économie d'un système capitaliste imaginaire) et, en contrepoint, des exigences de l'économie politique du « capitalisme réellement existant » (ce que j'appelle la « sous-détermination » dans l'histoire) ; lecture critique de l'idéologie libérale ; identification des limites de la socialisation par le marché (en contrepoint de la socialisation par la démocratie).

▪ L'économie pure ou la sorcellerie du monde contemporain (*Critique de l'air du temps*, chapitre 8, L'Harmattan, 1997).

▪ Sur détermination ou sous-détermination dans l'histoire (*Critique de l'air du temps*, chapitre 3).

▪ L'idéologie libérale (*Le Virus libéral*, p. 9-20, Le Temps des cerises, 2003).

▪ La démocratie de basse intensité, socialisation par le marché ou socialisation par la démocratie (*Le Virus libéral*, p. 50-62).

2. Rappel de la dimension impérialiste immanente à l'expansion mondialisée du capitalisme.

▪ Les phases successives de l'expansion impérialiste et les caractères majeurs des rapports « centres/périphéries » qui en découlent (*Les Défis de la mondialisation*, chapitre 4, p. 111-114, L'Harmattan, 1996).

▪ La nouvelle étape de l'impérialisme en construction ; les cinq nouveaux monopoles des centres (*Les Défis de la mondialisation*, op. cit., chapitre 4, p. 114-117). L'analyse proposée récuse le concept trompeur de « pays émergents » qui ne sont en réalité que les périphéries de demain.

▪ La distinction entre la forme valeur, la loi de la valeur en général et la « loi de la valeur mondialisée » aux étapes successives de l'expansion mondiale du capitalisme (*Les Défis de la mondialisation*, op. cit., chapitre 5, p. 131-134).

▪ Les expressions idéologiques dominantes de l'économie politique du capitalisme-impérialisme réellement existant aux étapes successives de son déploiement (Unité et mutation dans l'idéologie dominante du capitalisme ; *Critique de l'air du temps*, chapitre 2).

▪ La formation récente d'un « impérialisme collectif de la Triade » et les instruments de sa gestion économique et politique. *Au-delà du capitalisme sénile*, chapitre 4, PUF, 2001.

Concernant les transformations du capitalisme contemporain et la critique du discours dominant

1. Critique des thèses post-modernistes concernant le travail, la valeur, la révolution technologique et le capitalisme « cognitif », la financiarisation et le capitalisme « patrimonial ».

La portée de la révolution technologique en cours, ses effets sur le travail et la loi de la valeur ont donné lieu à une littérature volumineuse. Les thèses dominantes prétendent que des rapports sociaux «horizontaux» («en réseaux») sont substitués aux rapports hiérarchiques antérieurs, que la «connaissance» est devenue le «facteur de production le plus important» et que de ce fait les théories «anciennes» (celles de Marx bien entendu) concernant le travail et la valeur seraient désormais caduques. L'initiateur de ce mouvement de pensée est incontestablement Castells, dont Hardt et Negri ont récemment repris les thèses.

L'analyse que j'ai proposée des transformations du capitalisme en cours est toute autre. D'abord parce qu'elle relativise les observations factuelles mises en relief dans les discours dominants, qui, en fait, ne concernent que des segments des sociétés du centre impérialiste. Ensuite parce que la reconnaissance de l'importance des savoirs dans l'efficacité des systèmes de production n'est pas nouvelle. Enfin parce que les rapports sociaux de subordination du travail au capital (le capital emploie le travail, et en aucun cas nous ne sommes sur la voie du renversement de ce rapport au bénéfice d'un rapport inverse dans lequel le travail ferait usage du capital), toujours en place, réduisent à néant la portée du discours postmoderniste en question.

Mon analyse met l'accent sur d'autres aspects dominants caractéristiques des transformations en cours : les cinq monopoles des centres, l'inversion des proportions capital «mort/capital vivant» dans certains segments de la nouvelle «économie». À partir de ces caractéristiques, je propose une nouvelle définition du contenu de la loi de la valeur mondialisée et des formes d'exploitation du travail.

Le discours dominant met également l'accent sur la financiarisation du système et prétend que celle-ci traduirait un changement qualitatif durable sur la base duquel se constituerait un capitalisme de forme nouvelle, dit patrimonial. Mon analyse voit la financiarisation comme une caractéristique de la crise de la transition. Le capitalisme patrimonial apparaît alors pour ce qu'il me paraît être : une formulation prétentieuse du vieux mythe du «capitalisme populaire».

- *Au-delà du capitalisme sénile*, op. cit., chapitre 6.
- *Critique de l'air du temps*, op. cit., chapitre 5.
- Globalism or apartheid on a global scale ; *in* Immanuel Wallerstein (ed.), *The Modern World System in the Longue Durée*, Paradigm, 2004.

▪ *La Révolution technologique et le capitalisme cognitif,* à paraître.

2. J'ai proposé également, en rapport avec les questions soulevées par les transformations du capitalisme contemporain :

▪ Une critique du concept de mondialisation ; rappel des formes antérieures de la mondialisation prémoderne (*Les Défis de la mondialisation*, chapitres 1 et 2).

▪ Une critique du langage du discours contemporain dominant : société civile, gouvernance, communautés, pauvreté, consensus, alternance, etc.

Concernant les contradictions au sein de la Triade contemporaine

1. L'hégémonie des États-Unis : fait établi ou seulement aspiration de leur classe dirigeante ? Expression d'une puissance économique réelle ou au contraire moyen de compenser des déficiences graves ? La militarisation de la mondialisation, les guerres « préventives » successives et « l'Empire du chaos » (expression que j'ai utilisée dès 1990). Que peut-on attendre du peuple des États-Unis ?

▪ *Au-delà du capitalisme sénile*, op. cit., chapitre 5.

▪ Bill Fletcher, Can US Workers embrace anti-imperialism ? *in* J B Foster (ed.), *Pax Americana*, MR, 2004.

▪ PNAC, *Project for the New American Century*, Washington, 1997.

▪ *The National Security Strategy*, Washington, 2002.

2. L'effacement du projet européen (projet européen ou volet européen du projet américain ?) ; racines et potentialités du conflit des cultures politiques.

▪ *Au-delà du capitalisme sénile*, op. cit., p. 111-117.

▪ *Le Virus libéral*, op. cit., p. 62-106.

▪ Judaïsme, Christianisme, Islam, *Social Compass*, vol. 46, n° 4, 1999, p. 545-560.

▪ Marie Thérèse Bitsch, *Histoire de la construction européenne*, Complexe, 2004.

Concernant la perspective socialiste et la critique des socialismes réellement existants

1. Au-delà des variantes concernant l'imaginaire du socialisme, on s'accordera peut-être que celui-ci procède d'une affirmation que les choix collectifs ne peuvent résulter « spontanément » des choix individuels (comme l'affirme l'idéologie libérale), qu'ils doivent donc être élaborés de manière collective par l'approfondissement de la démocratie, et qu'ils n'ont de sens que s'ils s'inscrivent dans la perspective d'une affirmation grandissante de l'égalité. Socialisme est alors synonyme d'émancipation et d'égalité, appelant une gestion démocratique de la politique et de l'économie.

Cette définition, que je partage avec d'autres (cf. Tony Andréani, *Le Socialisme est (a)venir*, 2 volumes, Syllepse, 2004), appelle à son tour l'identification des étapes stratégiques permettant sa construction, à l'échelle mondiale, à travers une « longue transition » au cours de laquelle se combinent de manière conflictuelle les formes et les valeurs commandant la reproduction capitaliste et d'autres qui procèdent de logiques socialistes.

Dans cette perspective, un « socialisme de marché » (ou « avec marché » comme l'écrit Tony Andréani) associant des régulations démocratiques du marché et des méthodes de planification (elle-même conçue comme résultant de débats démocratiques en contraste avec les visions de commandements technocratiques) peut être imaginé comme constitutif d'une étape de la transition (on reviendra sur ces perspectives à partir de l'expérience en cours en Chine, voir plus loin). Le débat est également ici ouvert sur le « socialisme lointain » et la place éventuelle que le « marché » pourrait y occuper. Ce débat interpelle d'évidence les théories de l'aliénation, entre autres marxistes.

Par ailleurs, la perspective du socialisme n'a pas de sens autre que « mondiale ». La vision de « socialismes » réservés aux peuples des pays « économiquement les plus avancés » (15 % de la population de la planète) ne se distinguerait pas de la perspective de « l'apartheid à l'échelle mondiale » propre au capitalisme impérialiste. D'ailleurs, le « besoin de socialisme » s'est exprimé jusqu'ici avec force dans les périphéries du système, à travers les révolutions conduites au nom du socialisme et la radicalisation des mouvements de libération nationale (réf. annexe 1).

Les problèmes des diversités culturelles « héritées » et ceux concernant la diversité des imaginaires socialistes tournés vers la construction de l'avenir est à replacer également dans ce contexte.

▪ *Les Défis de la mondialisation,* op. cit., chapitre 2 (Pour une stratégie de la libération) et conclusion (Retour sur la question de la transition au socialisme) ; dans Révolution ou décadence (conclusion de *Classe et Nation,* Minuit, 1979), j'avais esquissé dès 1979 l'alternative : capitalisme finissant dans le chaos ou transition maîtrisée au-delà.

▪ *Critique de l'air du temps*, op. cit., chapitre 4 (Révolution sociale et révolution culturelle – le communisme étant alors entendu comme porteur et produit d'une culture nouvelle), chapitre 5 (Le dépérissement de la loi de la valeur – la portée contradictoire de ce dépérissement, porteur d'un potentiel de construction de rapports sociaux socialistes, ou de la dérive du capitalisme en direction d'un « empire tributaire » de type nouveau, fondant l'apartheid à l'échelle mondiale).

▪ Identification des défis de la modernité (*Au-delà du capitalisme sénile*, op. cit., annexe 1).

▪ Distinction entre les diversités héritées et celles concernant l'invention du futur (*Au-delà du capitalisme sénile*, op. cit., annexe 7)

▪ Le débat sur le socialisme de marché (voir plus loin, à propos du soviétisme et de l'expérience de la Chine).

▪ La centralité des défis nouveaux auxquels le mouvement vers le socialisme est confronté – le droit au sol des paysans de la planète, la construction de fronts unis du travail, la construction de solidarités des peuples des périphéries, la construction d'une souveraineté des peuples (voir plus loin).

2. La critique des expériences du socialisme réellement existant ne peut faire abstraction des conditions historiques propres aux nations concernées (Russie, Chine, Vietnam, Cuba).

Russie

▪ La Russie, géographie ou histoire (*Les Défis de la mondialisation*, op. cit., chapitre 8).

▪ Trente ans de critique du soviétisme (*Itinéraire intellectuel*, op. cit., chapitre 7).

▪ Moshe Lewin, *Le Siècle soviétique*, Fayard, 2003.

▪ Boris Kagarlitsky, *La Russie aujourd'hui*, Parangon, 2004.

▪ Engel-Guez, *La Grande alliance*, Flammarion, 2003.

Chine, maoïsme, socialisme de marché

▪ *L'Avenir du maoïsme*, Minuit, 1981.

▪ *Les Défis de la mondialisation*, op. cit., chapitre 7.

▪ Théorie et pratique du projet chinois de socialisme de marché, *Alternatives Sud*, vol. 8, n° 1, 2001.

Vietnam

▪ Marie Lavigne, *Économie du Vietnam*, L'Harmattan, 1999.

▪ Cuong Le Van (éd.), *L'Économie vietnamienne en transition*, L'Harmattan, 1998.

- Philippe Langlet (éd.), *Introduction à l'histoire contemporaine du Viet Nam*, Les Indes Savantes, 2001.

Cuba

- Rémy Herrera (éd.), *Cuba révolutionnaire*, 4 vol., premier vol. paru, L'Harmattan, 2003.

L'analyse critique des politiques de l'Union européenne vis-à-vis de l'Europe de l'Est est, me semble-t-il, pratiquement inexistante. Pourtant la logique de l'expansion de l'Union européenne est dans ses aspects dominants analogue à celle de l'expansion des États-Unis en Amérique latine. Le silence des gauches de l'Europe occidentale sur ces questions est inquiétant.

Concernant l'insertion mondiale des différentes régions du « Sud »

L'Afrique tropicale

Analyse des spécificités du « sous-développement » africain.

- Sous développement et dépendance en Afrique noire, *Tiers Monde*, 1972, tome 13, n° 52.
- Philippe Hugon, *Économie de l'Afrique*, La Découverte, 2003.

Concernant les projets en cours d'insertion de l'Afrique dans la mondialisation libérale (Convention Union européenne-ACP de Cotonou, Accords de partenariat économique, le Nepad, etc.).

- Samir Amin (éd.), *L'Afrique, exclusion programmée ou renaissance* ?, en cours de publication.
- Jacques Berthelot, *L'OMC et la question agraire : les principaux pièges contre le Sud*, en voie de publication, FTM.

L'Afrique du Sud

Complément aux analyses de synthèse présentées dans ce livre :

- Hein Marais, L'intégration régionale en Afrique australe, *in* Samir Amin (éd.), *Afrique, exclusion programmée ou renaissance* ?, op. cit.
- Langa Zita, L'Afrique du Sud est-elle le maillon faible de l'impérialisme ? *in* Samir Amin (éd.), *Afrique, exclusion programmée ou renaissance* ?, op. cit.

Les mondes arabe et islamique

Renvoi à ma critique de l'autocratie des pouvoirs (le « système mamelouk »), l'échec de la Nahda du 19e siècle et l'islam politique.

- Samir Amin et Ali El Kenz, *Le Monde arabe, enjeux sociaux, perspectives méditerranéennes*, L'Harmattan, 2003, chapitre 1.

▪ L'islam politique, *Au-delà du capitalisme sénile*, op. cit., annexe 6.

Critique des projets de « dialogue euroméditerranéens ».

▪ Samir Amin et Ali El Kenz, op. cit., chapitres 3 et 4.

Asie de l'Est, du Sud et du Sud-Est.

▪ Diana Hochraich *et alii* (éd.), *Après la crise, les économies asiatiques face aux défis de la mondialisation*, Karthala, 2003.

▪ David Camroux (ed.), *Tigers in Trouble*, Zed, 1998.

Asie centrale et occidentale

▪ Ali Banuazizi (ed.), *The New Geopolitics of Central Asia and its Borderlands,* Indiana University Press, 1994.

▪ Ahmed Rashid, *The Resurgence of Central Asia*, Zed, 1994.

Amérique latine et Caraïbes

Les débats autour du *desarrollismo* et de la *dependencia* ont fourni matière à des ouvrages importants connus. Non moins importantes sont les conclusions d'action politique que la gauche du continent en a tirées.

▪ Marta Harnecker, *La Gauche à l'aube du 21ᵉ siècle*, Laucht, 1999.

Des avancées sont repérables avec l'accès au pouvoir du PT au Brésil, de Chavez au Venezuela, le mouvement néozapatiste du Mexique, les mobilisations des peuples indiens. À la hauteur des défis ? Forces et faiblesses de ces amorces d'un « nouveau départ pour l'Amérique latine ». À l'actif : l'enracinement de la demande démocratique (par comparaison à l'Asie et l'Afrique) ; peut-être l'amorce d'une régionalisation capable de se propulser en alternative à l'expansion du marché commun dominé par les États-Unis (Mercosur contre Alena). Mais aussi les indicateurs des faiblesses du continent : la « culture européenne » et l'adhésion au modèle *consumista* qui l'accompagne, La puissance des forces politiques réactionnaires qui dominent les institutions élues (dont témoigne la présence en force des latifundiaires au Congrès brésilien) et celles de la justice (faisant obstacle aux réformes au Venezuela).

▪ Coral Wynter, The Revolutionary process in Venezuela, *Links*, n° 26, 2004, Chippendale, Australia.

▪ Pablo G. Casanova, *Las nuevas Ciencias y las humanidades, de la Academia a la Politica*, en cours de publication.

▪ Felipe de J. Perez Cruz, El Neo liberalismo en Brasil ; et Atilio Boron, El Alca, mas alla de la economia, in *Cuadernos de Nuestra America*, n° 33, 2004, La Havane.

Questions relatives à l'émergence « ethniciste »

▪ *L'Ethnie à l'assaut des nations*, L'Harmattan, 1994. (sur la Yougoslavie et l'Éthiopie).

Concernant les conflits en cours et les géométries des alliances possibles

1. Le respect des souverainetés nationales et l'équilibre militaire des pouvoirs.

Ce respect passe-t-il, à défaut de désarmement organisé des puissances majeures (les États-Unis en premier lieu), par la « prolifération » ? Critique du « droit d'ingérence ». La nouvelle question de la souveraineté des peuples et de ses fondements démocratiques.

▪ Samir Amin, Jean de Maillard, François Rigaux *et al, Droits marchands, droits des peuples ; dérives du droit international*, en cours de publication.

2. La nouvelle question agraire, la réforme foncière et le droit au sol ; débats anciens (Marx-Vera Zassoulitch, 2e Internationale – Kautsky et Lénine, Les débats africains des années 1950 et 1960) ; renouvellement nécessaire des thèmes en discussion.

▪ Les réformes foncières nécessaires en Asie et en Afrique, à paraître.

▪ Samir Amin (éd.), *Les Luttes paysannes et ouvrières face aux défis du 21e siècle*, Les Indes Savantes, 2005, première partie.

3. La nouvelle question de la construction de l'unité des travailleurs, associant les segments « stabilisés » et ceux qui ne le sont pas.

▪ *Les luttes paysannes et ouvrières*..., op. cit., deuxième partie.

4. La nouvelle question de la construction de la solidarité des peuples du Sud.

Laying new Foundations for the Solidarity of the Peoples of the South, *Social Sciences Probings*, vol. 15, n° 3-4, 2003, Delhi.

5. Quelques avancées dont la portée, ambiguë, reste à apprécier.

Lors de la dernière réunion de l'OMC à Cancum (2003), les pays du Sud ont remis en question les « propositions » que les États-Unis et l'Union européenne (représentée par Pascal Lamy) ont tenté d'imposer avec toute l'arrogance qui les caractérise, pour ce qui concerne l'ouverture de l'agriculture du Sud à la « compétition » (le paysan africain qui produit par an environ une tonne de céréales est mis en « concurrence » avec l'agriculteur des États-Unis et d'Europe qui produit 1 000 à 2000 tonnes !). Mais les pays du Sud se sont contentés de discuter ici les questions relatives aux subventions aux exportations agricoles, qui ne sont que des problèmes secondaires, n'osant pas remettre en question l'essentiel et exiger que les productions agricoles et vivrières soient exclues de l'agenda de l'OMC.

▪ WTO Recipe for World Hunger, *Ahram Weekly*, n° 657, octobre 2003.

Toujours à l'occasion de cette réunion de l'OMC s'est dessinée la constitution d'un « groupe des 20 », animé par le Brésil, l'Afrique du Sud, l'Inde et la Chine. Les objectifs de ce groupe n'en demeurent pas moins ambigus, dans la mesure où les latifundia du Brésil et de l'Afrique du Sud sont des agro-exportateurs compétitifs. Les paysanneries du Sud en général ne partagent pas ces mêmes intérêts. De surcroît, la priorité politique qu'il faut donner à la sécurité alimentaire est ignorée par le Brésil et l'Afrique du Sud.

6. Les géométries variables des conflits en perspectives. Le Sud « zone des tempêtes ».

La permanence de l'impérialisme et le renouvellement de ses formes s'accompagnent par ceux de la *compradorisation* des classes dominantes dans les périphéries. Le nouveau bloc *compradore* des pays émergents rassemble les patrons de l'industrie dépendante, les technocrates et bureaucrates, les classes moyennes et des segments de la paysannerie riche bénéficiaires de l'expansion. Ce bloc exclut les majorités paysannes et ouvrières et de ce fait n'est pas « stabilisable ». Il implique que les moments de démocratie, généralement dévoyée, soient ponctués de retours de manivelles dictatoriaux brutaux. Il nourrit des dérives « fondamentalistes » (religieuses et ethnicistes) dévastatrices. L'alternative : construire des blocs nationaux, populaires et démocratiques ; imposer l'ajustement de la mondialisation à leurs exigences.

▪ *Au-delà du capitalisme sénile*, op. cit., p. 117-123.

7. Consulter également le site des Forums du tiers-monde : < http://forumtiersmonde.net >.

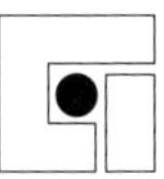

IMPRESSION, BROCHAGE
IMPRIMERIE CHIRAT
42540 ST-JUST-LA-PENDUE
AOÛT 2005
DÉPÔT LÉGAL 2005 N° 6628

IMPRIMÉ EN FRANCE